信託の全景
～法務・税務・活用～

共著

安井和彦　増渕　実

税務研究会出版局

はしがき

　本書の企画が筆者のところに持ちこまれたのは、2019年2月頃のことです。

　完成までに約2年かかったことになります。

　信託税制は、納税義務者を個人及び法人とする所得税、法人税、相続税、消費税という現行の税制の体系に、横断的に割り込んだような税制です。

　そして、ひとくちに信託といっても、家族信託あり、事業信託あり、家産承継のための信託あり、資産の流動化のための信託ありと、いろいろな使われ方があり、どのあたりに焦点を当てて信託をとらえるのか、なかなか容易ではありません。

　このように、信託というのはいろいろな顔をもっており、筆者にとって信託の本を書くということは、山梨県から見た富士山、神奈川県から見た富士山、静岡県から見た富士山を1枚の絵として描くというようなものでした。

　実際に、書き始めてからも、内容を並べる順序は二転三転し、また、重複する記載も、それをどの程度とするか何度も編集者を含めて検討を重ねました。

　信託を分類するといっても、信託契約に基づく信託、遺言に基づく信託、信託宣言に基づく信託があり、税法上の分類でも受益者等課税信託、法人課税信託、集団投資信託があり、また、法人課税信託といっても、受益者等の存しない信託、受益証券発行信託、それ以外の法人課税信託があり、それぞれ、税法上の取扱いが異なっています。また、信託受益権に基づく利益の分配についても、その信託の形態によって、事業所得になるものあり、不動産所得になるものあり、配当所得になるものあり、利子所得になるものあり、また、配当所得になるものでも、配当控除・受取配当等の益金不算入制度が適用になるものとならないものがあります。

　これらのものをどのように並べて説明したら分かり易いか、最後まで、筆者の頭を悩ませました。実際に当初書いた原稿と本書を比較すると、その構成も大きく変わっています。

また、信託税制においては、みなし規定が多くあります。例えば、法人課税信託の受託者が個人の場合には会社とみなされ「受託法人」と呼ばれます（法人税法4条の7第1項、所得税法6条の3）。受益者等課税信託においては、信託に帰属する資産及び負債、収益及び費用は、受益者に帰属するものとみなされます（法人税法12条1項、所得税法13条1項）。

　これらのみなし規定を前提に法令が作られ、またその解説も行われているので、これらのみなし規定を知らないと、法令そのものやその解説も何を言っているのかが理解できないというところも、信託税制の難解なところであろうと思います。

　山梨県から見た富士山、神奈川県から見た富士山、静岡県から見た富士山を1枚の絵として描ききれたかどうか、心もとないところがありますが、筆者としては、検討に検討を重ねた結果完成したのが本書であると考えています。

　本書の企画が筆者のところに持ちこまれた当初は、編集者と議論を重ねても、なかなかその完成品のイメージがまとまりませんでした。

　税務研究会で出版させていただいた「所得税　重要事例集」と「不動産賃貸の所得税Q＆A」の共著者であり、また、30年以上もお付き合いいただいている先輩である増渕実税理士に相談したところ、手探りながら、2人で書こうということになりました。

　編集者にも、書きながら形にして行くということで、了解をいただき本書の執筆が始まりました。

　そんな経緯があり執筆に約2年を要したということです。

　信託制度は、いろいろな思惑をもってできた制度ですが、筆者の感想としては、「非常に面白い道具ではあるが非常に危険な道具である」と考えています。

　本書が、信託という「非常に面白い道具」を使おうと考えている方がその使い方を誤り、大けがをしないための道しるべとして役に立てば、本書を世に送り出した甲斐があると考えています。

　　令和3年3月

　　　　　　　　　　　　　　　　　　　　　安井　和彦

目　次

◆◆◆◆　第1編　信託法　◆◆◆◆

第3章　信託の受託者　　　　　　　　　　　12

第 4 章　信託の受益者 35

第 5 章　信託管理人・信託監督人・受益者代理人 45

第7章　信託の終了及び清算　59

第8章　信託の種類　70

第9章　信託の利用方法　90

第10章　信託に係る法規制　93

◆◆◆ 第2編　信託と税務 ◆◆◆

第1章　信託税制の概要　　　　　　　　　　　　96

第2章　信託の税法上の分類　106

第3章　受益者等課税信託　112

第4章 法人課税信託
131

第5章　特定受益証券発行信託　　　　　155

第6章　その他の信託の種類と収益の分配に係る
　　　　所得区分　　　　　159

第7章　信託に関する相続税法の特例　164

第8章　信託に関する消費税法の特例 　194

第 12 章　信託の会計

第 13 章　信託と国際課税

◆◆◆◆ 第3編 信託の活用事例と留意点 ◆◆◆◆

第1章 受益者等課税信託 256

第2章　遺言信託と遺言代用信託　283

第5章　事業信託 363

凡　例

本書で用いる略語は、おおむね以下のとおりです。

信託法	→	法
信託法施行令	→	令
信託法施行規則	→	規
法人税法	→	法法
法人税法施行令	→	法令
法人税法施行規則	→	法規
法人税基本通達	→	法基通
所得税法	→	所法
所得税法施行令	→	所令
所得税法施行規則	→	所規
所得税基本通達	→	所基通
相続税法	→	相法
相続税法施行令	→	相令
相続税法施行規則	→	相規
相続税法基本通達	→	相基通
財産評価基本通達	→	評基通
消費税法	→	消法
消費税法施行令	→	消令
消費税法基本通達	→	消基通
国税通則法	→	通法
国税通則法施行規則	→	通規
租税特別措置法	→	措法
租税特別措置法施行令	→	措令
租税特別措置法施行規則	→	措規
租税特別措置法関係通達	→	措通

※　本書の内容は、令和3年3月1日現在の法令・通達に基づいています。

第1編　信託法

はじめに

　旧信託法は、1922年（大正11年）に制定されましたが、その後85年間は実質的な改正が行われませんでした。

　このため、旧信託法は、多様化する現代の社会情勢の変化に対応していないとして、平成18年12月8日、新信託法である「信託法」（平成18年法律第108号）及び「信託法の施行に伴う関係法律の整備等に関する法律」（平成18年法律第109号）が成立して同月15日に公布され、平成19年9月30日に施行されました。

　新信託法は、信託に関する私法上の法律関係の通則を定めた旧信託法を全面的に見直し、受託者の義務、受益者の権利等に関する規定を整備するほか、信託の併合及び分割、委託者が自ら受託者となる信託、受益証券発行信託、限定責任信託、受益者の定めのない信託等の新たな制度を導入するとともに、国民に理解しやすい法制とするため現代用語で表記されました。

　新信託法には次のような特色があります。

1　当事者の私的自治を基本的に尊重する観点から、受託者の義務の内容を適切な要件の下で合理化しました。

　　例えば、信託事務の処理の第三者への委託（法28）や受託者の忠実義務（法30）などが挙げられます。

2　受益者のための財産管理制度としての信頼性を確保する観点から、受益者の権利行使の実効性・機動性を高めるための規定や制度を整備しました。

　　例えば、帳簿等の作成等、報告及び保存の義務の整備（法37）、2人以上の受益者による意思決定の方法の特例の導入（法第4章3節）、

信託監督人及び受益者代理人の制度の創設（法第4章4節）などが挙げられます。

3　多様な信託の利用ニーズに対応するため、新たな類型の信託の制度を創設しました。

例えば、自己信託（法3③）、受益証券発行信託（法第8章）、限定責任信託（法第9章）、受益者の定めのない信託（目的信託、法第11章）などのほか、いわゆる事業型信託を可能とする環境整備が挙げられます。

第1章　信託の概要

 1 「信託」の定義

　信託とは、特定の者が一定の目的（専らその者の利益を図る目的を除く。）に従い財産の管理又は処分及びその他のその目的の達成のために必要な行為をすべきものとすることをいいます（法2①）。

　（注）　「特定の者」とは、信託法2条5項に規定する「受託者」をいいます。

(1)　信託の方法

　信託は、次に掲げる方法のいずれかによってすることとされています（法3）。

---

　①　信託の契約の方法による信託（契約信託）

　②　遺言の方法による信託（遺言信託）

　③　公正証書等による意思表示の方法による信託（自己信託）

　（注）　これらの信託については「第8章　信託の種類」において詳説しています。

(2)　用語の定義

　信託法において、「信託財産」、「委託者」、「受託者」、「受益者」及び「受益権」は、次のとおり定められています。

①　信託財産

　受託者に属する財産であって、信託により管理又は処分をすべき一切の財産をいいます（法2③）。

②　委託者

　契約信託、遺言信託又は自己信託の方法により、信託をする者をい

います（法2④）。

③　受託者

　信託行為の定めに従い、信託財産に属する財産の管理又は処分及びその他の信託の目的の達成のために必要な行為をすべき義務を負う者をいいます（法2⑤）。

④　受益者

　受益権を有する者をいいます（法2⑥）。

⑤　受益権

　信託行為に基づいて受託者が受益者に対し負う債務であって、信託財産に属する財産の引渡しその他の信託財産に係る給付をすべきものに係る債権（受益債権）及びこれを確保するために法の規定に基づいて受託者その他の者に対し一定の行為を求めることができる権利をいいます（法2⑦）。

〈信託財産の税法上の取扱い〉

　信託法では、信託財産の所有者は受託者とされますが、税法上は、原則として、受益者を所有者とみなして課税します（受益者等課税信託）。

　ただし、「受益者が存しない信託」の場合は、税法上、信託財産を所有する者がいなくなることから、受託者が信託財産を所有しているものとみなします。また、受益証券発行信託の場合、受益者は存在しますが、受益証券は転々流通することが想定されるため、受益者が信託財産に属する資産及び負債を有するとみなすことは適当でなく、実務上もその計算が困難となることが想定されることから、受託者（法人）が信託財産を所有しているものとみなします（法人課税信託）。

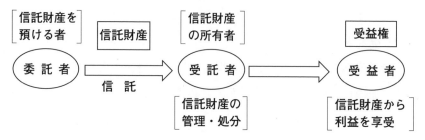

信託の基本のイメージ

2 信託の基本的な機能である倒産隔離機能

一般に、信託財産に属する財産は、独立性を有していることから、信託における委託者及び受託者の倒産リスクから隔離されています。

したがって、信託財産に属する財産に対しては、信託財産責任負担債務（受託者が信託財産に属する財産をもって履行する責任を負う債務）に係る債権に基づく場合を除き、強制執行、仮差押え、仮処分若しくは担保権の実行若しくは競売又は国税滞納処分をすることができません（法23①）。

(1) 委託者からの倒産隔離機能

信託においては、委託者から受託者に対して信託財産が信託されると、その財産は既に委託者が所有する財産ではないため、当然に、委託者が破産等した場合であっても、その信託財産が委託者の破産財団等に組み込まれることはありません（法23①）。

(2) 受託者からの倒産隔離機能

受託者が破産手続開始の決定を受けた場合であっても、信託財産に属する財産は破産財団に属しないとされています（法25①）。

この場合、受益債権は、破産債権とはならず、また、信託債権であっ

て受託者が信託財産に属する財産のみをもってその履行の責任を負うものも破産債権とはなりません（法25②）。

　また、受託者が再生手続開始の決定を受けた場合であっても、信託財産に属する財産は、再生債務者財産に属しないとされています（法25④）。

　この場合、受益債権は、再生債権とはならず、また、信託債権であって受託者が信託財産に属する財産のみをもってその履行の責任を負うものも再生債権とはなりません（法25⑤）。

信託財産の倒産隔離機能のイメージ

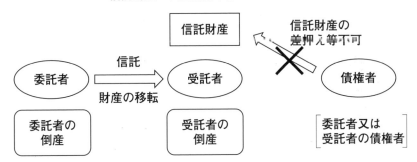

ワンポイント！

　再生計画、再生計画認可の決定又は民事再生法235条1項の免責の決定による信託債権（法25条5項に規定する信託債権を除く。）に係る債務の免責又は変更は、信託財産との関係においては、その効力を主張することができないとされています（法25⑥）。

　なお、信託法25条4項から6項までの規定は、受託者が更生手続開始の決定を受けた場合について準用するとされています（法25⑦）。

第2章 信託の委託者

1 委託者の定義

委託者とは、信託財産を出捐する者であり、一定の目的のために契約信託、遺言信託又は自己信託の方法によって信託をする者をいいます（法2④）。

2 委託者の能力

委託者は、信託行為によって財産権の移転その他の処分が行われるので、財産権を処分する能力を有しなければなりませんが、委託者の信託行為における当事者としての能力については、信託法に特別な規定がないため、民法の規定に従うことになります。

委託者が法人である場合は、定款又は寄附行為により定められた目的の範囲内において、信託を設定することができます。

ワンポイント！

自然人が信託行為を行う場合、信託契約では、民法総則の規定（民法4〜19）に従って、その財産権を処分する能力を必要とし、これを欠くときは「取り消すことができる行為」となります（民法120）。一方で、遺言信託の場合、委託者は行為能力までは必要とせず、遺言能力があれば足ります。

したがって、満15歳に達した者は、遺言信託を設定することができるのが原則であり、制限行為能力者であっても遺言信託を設定できる場合があります（民法961〜963、973）。

3　委託者の地位

　信託は、受益者のために、受託者を介して財産を管理又は処分させる制度であり、信託設定後は、委託者は信託関係から分離しても差し支えない立場にあるといえます。

　しかし、信託法は、委託者が信託設定の当事者であることに鑑み、信託財産ないし受益者を保護するための諸権能、及び信託終了の場合において信託財産の帰属権利者がいないときに、委託者が信託財産を取得する権利を認めています（法 182 ②）。

　(注)　「帰属権利者」とは、信託行為において残余財産の帰属すべき者となるべき者として定められた者をいいます（法 182 ①二）。

　委託者の地位の内容は、次の(1)～(3)の 3 つに区分されます。

(1)　信託行為の当事者としての地位

　委託者は、信託の当事者として、信託行為の無効を主張したり、信託行為を取り消したりすることができます（法 145 ②）。

(2)　信託財産の出捐者としての地位

　委託者は、信託の設定者として、信託財産の出捐者となります。そこで、委託者自身あるいは他の信託関係人が信託行為を無効又は取消しとした場合には、信託財産は委託者に復帰します。

　信託の終了に際して、信託行為で定めた残余財産受益者や帰属権利者がいないときは、委託者が信託財産の帰属権利者とされます（法 182 ②）。

　(注)　「残余財産受益者」とは、信託行為において残余財産の給付を内容とする受益債権に係る受益者となるべき者として定められた者をいいます（法 182 ①一）。

(3)　信託目的の設定者としての地位

委託者は、信託目的の設定者として信託財産に対し深い利害関係を有します。

このような地位に基づいて、次のような権能が認められています。

① 信託の変更の申立権（法150①）

② 財産状況開示資料の閲覧請求権（法38⑥）及び事務処理の状況の報告を請求する権利（法36）

③ 受託者の辞任に同意を与える権利（法57①）

④ 受託者の解任の申立権（法58④）

⑤ 信託管理人の選任申立権（法123④）

⑥ 受託者の選任を請求する権利（法6①、62④）

⑦ 信託の終了の合意権（法164①）

⑧ 信託の終了の申立権（法165①）

(4)　委託者の地位の承継

①　譲渡性

委託者の地位は、受託者及び受益者の同意を得て、又は信託行為において定めた方法に従い、第三者に移転することができます（法146）。

したがって、自益信託の受益権が譲渡された場合でも、委託者の地位は当然には随伴しません。委託者と受益者の地位は、別人に帰属し、他益信託の形態になります。

（注1）「自益信託」とは、委託者＝受益者である信託をいいます。

（注2）「他益信託」とは、委託者≠受益者である信託をいいます。

② 相続性

　委託者の地位は、相続によって相続人に承継されることが認められます。

　ただし、遺言信託においては、委託者の相続人は、委託者の地位を相続により承継しないこととされています（法147）。

　これは、遺言信託の場合には、法定相続分と異なる財産承継を目的とするものであり、委託者の相続人と受益者とは利益相反する関係になるため、委託者の相続人に適切な権利行使を期待することは困難であると考えられたことによります。

委託者の地位の移転

〔譲渡による場合〕

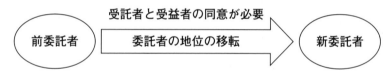

〔相続による場合〕

※　遺言信託の場合、委託者の相続人は委託者の地位を承継しません。

第3章　信託の受託者

1　受託者の定義

　受託者とは、信託行為の定めに従い、信託財産に属する財産の管理又は処分及びその他の信託の目的の達成のために必要な行為をすべき義務を負う者をいいます（法2⑤）。

2　受託者の地位

　信託は、委託者の受託者に対する強い信頼を基礎として、受託者を財産権者として権限の行使を委ねることから、受託者は、その職責上委託者の信頼に応え、その管理者としての任務を全うしなければなりません。

　また、法人の場合は、その信託の引受けが法人の権利・行為能力の範囲に属している必要があり、特に営業信託の受託者は、信託業を営むことについて内閣総理大臣の免許・登録・認可を得なければなりません（信託業法3、7、金融機関の信託業務の兼営等に関する法律1）。

　なお、委託者が受託者を兼ねることは自己信託として認められていますが（法3三）、受託者が受益者を兼ねることについては、受託者が受益権の全部を1年を超えて固有財産で保有することはできないこととされています（法163二）。

ワンポイント！

1　未成年者は、受託者となることが禁止されているため、法定代理人等の同意があっても、受託者となることはできず、民法の「追認」、「催告」の定めの適用もありません（法7）。

2　受託者が法163条2号に規定する「1年」という制限を超えて、専ら自己の利益を図ることを目的として信託財産の管理又は処分等を行う場合には、受託者が他人である受益者のために信託財産の管理又は処分等を行うという信託の本質に反しており、信託とは認められません（法2①）。

　なお、受託者が受益権の全部又は一部を保有していても1年未満の場合には、受託者が受益者を兼ねることは認められます。

3　受託者の権限

　受託者は、信託財産の所有者であるとともに信託財産に属する財産の管理又は処分及びその他の信託の目的の達成のために必要な行為をする権限(注)を有します（法2⑤、26）。

　なお、信託の目的を達成するために必要な行為には、信託事務に必要な資金調達のための借入れや、裁判所に対する信託管理人等の選任の申立て（法123④等）、特別の事情による信託の変更・終了の申立て（法150、165）などが該当します。

　（注）　信託の定めによりこれらの行為をする権限に制限を加えることができます（法26）。

4　受託者の義務

　受託者がその職務を執行する場合の義務として、次のものがありま

す。

(1)　信託事務遂行義務

　受託者は、信頼を受けて他人の財産を管理する者であって、信託行為の定めに従って信託目的を実現することがその職務であり、その職務を遂行する上で必要な権限を授与されています。

　このため、受託者は、委託者がその信託を設定することにより実現しようとした信託本来の趣旨に従い、信託事務を処理しなければならないという「信託事務遂行義務」が課されています（法29①）。

(2)　善管注意義務

　受託者は、信託事務を処理するに当たっては、善良な管理者の注意をもって、これをしなければならないとする「善管注意義務」が定められています（法29②）。

　受託者が善管注意義務を怠ったことにより、信託財産に損失等が生じた場合には、その損失のてん補等の責任を負います（法40）。

ワンポイント！

1　「善良な管理者の注意」とは、物又は事務を管理する場合に、管理者の個人的・具体的能力差は考慮せず、その者の従事する職業や社会的地位に応じて一般的に通常要求される程度の注意のことをいいます。

　受託者は、無償が原則ですが（法54）、信頼を受けて他人の財産を管理する者であるため、「自己の財産に対するのと同一の注意」（民法659）では足りず、「善良な管理者の注意」が必要とされました。

2　善管注意義務は強行規定ではないことから、注意義務の内容について信託行為で別段の定めを設けることはできますが（法29②ただし書）、故意・重過失についても責任を負わないとする特約は無効と解されています。

(3)　忠実義務

①　忠実義務の一般規定

　信託は、委託者から信認を受けた受託者が受益者のために財産管理を行うものであり、受託者は、受益者の利益のために忠実に信託事務を処理しなければならないので、「利益相反行為」は禁止されます。

　このため、受託者は、受益者のため忠実に信託事務の処理その他の行為をしなければならないとして、「忠実義務」が規定されています（法 30）。

ワンポイント！

　信託法 30 条の規定は単なる訓示規定ではなく効力規定であり、典型的な忠実義務違反となる行為については、同法 31 条《利益相反行為の制限》1 項各号及び 32 条《競合行為の禁止》1 項が個別、具体的に列挙しているので、受託者の行為がこれらの行為類型のいずれかに該当する場合には、それぞれ同法 31 又は 32 条の規定に従ってその行為の効力を判断します。

　なお、これらの規定によって補足しきれない行為については、信託法 30 条の一般規定の対象となります。

②　利益相反行為の制限等

　受託者は、次に掲げる行為（利益相反行為）をすることは、原則として禁止されます（法 31 ①）。

〈利益相反行為の制限規定〉

イ　信託財産に属する財産（その財産に係る権利を含む。）を固有財産に帰属させ、又は固有財産に属する財産（その財産に係る権利を含む。）を信託財産に帰属させること（自己取引）。

ロ　信託財産に属する財産（その財産に係る権利を含む。）を他の信託の信託財産に帰属させること（信託財産間取引）。

八　第三者との間において信託財産のためにする行為であって、自己が
　　その第三者の代理人となって行うもの（双方代理に類似する行為）
二　信託財産に属する財産につき固有財産に属する財産のみをもって履
　　行する責任を負う債務に係る債権を被担保債権とする担保権を設定す
　　ることその他第三者との間において信託財産のためにする行為であっ
　　て受託者又はその利害関係人と受益者との利益が相反することとなる
　　もの（間接取引）

　しかし、形式的には利益相反行為に当たるものの、実質的な観点か
らは受益者の利益を害するおそれのない次に掲げる行為は、「利益相
反行為の制限」の例外とされています（法31②）。

〈利益相反行為の制限規定の例外〉

i　信託行為にその行為をすることを許容する旨の定めがあるとき。

ii　受託者がその行為について重要な事実を開示して受益者の承認を得
　　たとき。

iii　相続その他の包括承継により信託財産に属する財産に係る権利が固
　　有財産に帰属したとき。

iv　受託者がその行為をすることが信託の目的の達成のために合理的に
　　必要と認められる場合であって、受益者の利益を害しないことが明ら
　　かであるとき、又はその行為の信託財産に与える影響、その行為の目
　　的及び態様、受託者の受益者との実質的な利害関係の状況その他の事
　　情に照らして正当な理由があるとき。

　そして、利益相反行為の禁止に違反した場合の受益者に対する通知
及びその効果については、次のとおりです。

〈利益相反行為をした場合の通知と効果〉

a　受託者は、利益相反行為をした場合は、例外規定の要件に該当する

か否かにかかわらず、受益者に対してその行為についての重要な事実を通知すること（法31 ③）。

b　受託者が自己取引（法31 条 1 項 1 号の取引）又は信託財産間取引（同項 2 号の取引）をした場合には、これらの行為は無効となること（ただし、受益者がこれらの行為を追認した場合は、その行為の時に遡及してその効力が生じます。）（法31 ④⑤）。

c　受託者が無効となる自己取引又は信託財産間取引をしたうえで、その行為に係る財産について第三者との間で処分等をした場合において、受益者は、その自己取引又は信託財産間取引が違法な利益相反行為であることにつき、その第三者が、悪意（重過失を含む。）があるときはその行為を取り消すことができ、善意無重過失であるときはその行為を取り消すことはできないこと（双方代理に類似する行為又は間接取引の行為も同様です。）（法31 ⑥⑦）。

③　競合行為の制限等

受託者は、受託者として有する権限に基づいて信託事務の処理としてすることができる行為で、これをしないことが受益者の利益に反するものについては、これを固有財産又は受託者の利害関係人の計算ですることは禁止されています（法32 ①）。

【例】 信託財産で購入する予定であった優良不動産を、受託者が横取りして固有財産として購入するというような場合がこれに当たります。

しかし、このような競合行為は、次に掲げるように、受益者の利益が害されるおそれのない場合には、例外的に認められます（法32 ②）。

イ　信託行為にその行為を固有財産又は受託者の利害関係人の計算ですることを許容する旨の定めがあるとき。

ロ　受託者がその行為を固有財産又は受託者の利害関係人の計算で

することについて重要な事実を開示して受益者の承認を得たとき。

　そして、競合行為を行った場合の受益者に対する通知とその効果については、次のとおりです。

　ⅰ　受託者は、受益者に対して、その行為についての重要な事実を通知しなければならないこと（法32③）。

　ⅱ　受益者は、その選択により、その行為が信託財産のためにされたものとみなすことができること（法32④）。

　（注）　これは、受益者の救済を実効的なものにするため、商法におけるいわゆる介入権を認めたものですが、その権利は1年で消滅します（法32⑤）。

　【例】信託事務の処理として行うこととされている土地の購入につき、受託者が受託者として取引を行ったところ、その取得した土地の価額が値上がりしたために受託者個人が利益を得たという場合には、受益者は、その選択により、その土地の値上り益を含むその土地取引の効果が信託財産に帰属するものとみなすことができます。

⑷　公平義務

　受益者が2人以上ある信託においては、受託者は、受益者のために公平にその職務を行わなければなりません（法33）。

ワンポイント！

　公平義務における「公平」とは、例えば、優先受益権と劣後受益権という2つの受益権が信託行為で定められている場合には、その内容に応じた給付を行っても公平義務には反しないというように、信託行為の定めに従って実質的に捉えるべき概念であり、必ずしも一律に同じ取扱いが要請されるものではありません。

(5)　分別管理義務

　受託者は、信託財産について、受託者の固有財産はもとより他の信託の信託財産との間でも、財産の区分に応じて分別して管理しなければならないとされています（法34）。

　信託財産は、受託者名義の財産ですが、信託法上、混同の特例（法20）、相殺の制限（法22）、強制執行・競売の制限（法23）など種々の規定が設けられていることから明らかなように、受託者の固有財産及び他の信託の信託財産との間において、独立性を有しています。

　しかし、信託財産が特定され、信託財産であることについて対抗できなければ、信託財産の独立性についてのこれらの規定が機能しないため、分別して管理することによって、信託財産の特定や対抗要件を満たすことが義務付けられています。

　そして、分別管理は、その財産の区分に応じて、それぞれ次に定める方法により行います。

　ただし、信託行為に定めることによって、他の方法も認められます。

〈分別管理の方法〉
① 　信託の登記又は登録をすることができる財産
　　→ 　その信託の登記又は登録
② 　信託の登記又は登録をすることができない財産
　　ⅰ 　動産（金銭を除く。）
　　　→ 　信託財産と固有財産及び他の信託の信託財産とを外形上区別することができる状態で保管する方法
　　ⅱ 　金銭その他のⅰに掲げる財産以外の財産
　　　→ 　その計算を明らかにする方法
③ 　法務省令で定める財産
　　→ 　その財産を適切に分別して管理する方法として法務省令（規4

> → 　その財産を適切に分別して管理する方法として法務省令（規4
> ②）で定めるもの

ワンポイント！

　不発行株式や振替株式など信託財産の記載又は記録によらなければ第
三者対抗要件が認められない制度のある有価証券は、信託財産の記載又
は記録と計算を明らかにする方法によることとなります。

(6)　信託事務の処理の委託に関する義務

　受託者は、次に掲げる場合には、信託事務の処理を第三者に委託する
ことができます（法28）。

① 　信託行為に信託事務の処理を第三者に委託する旨又は委託するこ
とができる旨の定めがあるとき。

② 　信託行為に信託事務の処理の第三者への委託に関する定めがない
場合には、信託事務の処理を第三者に委託することが信託の目的に
照らして相当であると認められるとき。

③ 　信託行為に信託事務の処理を第三者に委託してはならない旨の定
めがある場合には、信託事務の処理を第三者に委託することが信託
の目的に照らしてやむを得ない事由があると認められるとき。

　そして、受託者が信託事務の処理を第三者に委託するときは、信託の
目的に照らして適切な者に委託しなければならず、また、その委託した
第三者に対しては、信託の目的達成のために必要かつ適切な監督を行わ
なければなりません（法35①②）。

　なお、受託者が信託事務の処理を委託する第三者について、信託行為
において指名されている場合や委託者又は受益者が指名する旨の定めが
ある場合は、受託者の選任監督上の責任は免除されます。ただし、この

場合でも、その第三者が不適任若しくは不誠実であること、又はその第三者による信託事務の処理が不適切であることを知ったときは、その旨の受益者に対する通知、その第三者への委託の解除その他必要な措置をとらなければならないとされています（法35③）。

(7)　帳簿等の作成、報告及び保存の義務

　信託財産は、受託者の固有財産及び他の信託の信託財産に対して独立性を有するものであるため、受託者は、各信託について、信託事務の処理状況及び信託財産の現況を明らかにして、受益者をはじめとする関係当事者がいつでもこれを知ることができるようにしておく必要があります。

　このため、受託者は、信託事務に関する帳簿その他の書類又は電磁的記録の作成が義務付けられています。また、毎年1回一定の時期において、各信託につき貸借対照表、損益計算書等の財務状況開示資料又は電磁的記録を作成して受益者に報告しなければなりません（法37①〜③）。

　そして、これらの書類又は電磁的記録の保存期間は10年とされています。ただし、受益者に対し、これらの書類若しくはその写しを交付し、又は電磁的記録に記録された事項を一定の方法により提供したときは、この限りではありません。（法37④〜⑥）。

　なお、委託者及び受益者は、受託者に対し、信託事務の処理の状況並びに信託財産に属する財産及び信託財産責任負担債務の状況について報告を求めることができます（法36）。また、受益者は受託者に対し、信託財産に係る帳簿や信託財産の処分に係る契約書等の閲覧又は謄写の請求をすることができます（法38①）。

　これらの求めに対しては、受託者は、正当な理由なくこれを拒むことができません（法38②）。

⑻　物的有限責任の原則

　受託者は、受益債権に係る債務については、信託財産に属する財産のみをもってこれを履行する物的有限責任を負うとされています（法100）。

　したがって、信託財産に属する財産のみで責任を負うことから、信託財産が受託者の責めに帰すべからざる事由によって滅失又は減少したときは、受託者は、そのままの状態で給付義務を履行すればよく、損失は受益者の負担となります。

⑼　損失てん補・原状回復の義務

①　受託者がその任務を怠ったことにより信託財産に損失又は変更が生じたとき（法40①）

イ　損失が生じた場合

　受益者は、受託者に対して損失のてん補を請求することができます。

ロ　変更が生じた場合

　受益者は、受託者に対して原状の回復を請求することができます。

　ただし、原状の回復が著しく困難であるとき、原状の回復をするのに過分の費用を要する等特別の事情があるときは、この限りではありません。

②　受託者が信託事務の処理を第三者に委託したことにより信託財産に損失又は変更が生じたとき（法40②）

　受託者は、信託財産に生じた損失のてん補責任等につき、第三者への委託と損失等の発生との間に因果関係がないことを証明しなけれ

ば、その責任を免れることができません。

③　受託者が分別管理義務に違反して信託財産に属する財産を管理し
た場合において、信託財産に損失又は変更が生じたとき（法40④）

分別管理義務に従い分別して管理したとしても損失又は変更が生じ
たことを証明しなければ、その責任を免れることができません。

なお、受託者が忠実義務の規定（法30）、利益相反行為の制限の規
定（法31）及び競合行為の制限の規定（法32）に違反する行為をした
場合には、受託者は、その行為によって、受託者又はその利害関係人
が得た利益の額と同額の損失を信託財産に生じさせたものと推定され
ます（法40③）。

ワンポイント！

「損失のてん補」とは、生じた損害を金銭で埋め合わせることをいい
ますが、この金銭による賠償は、直接、受益者に交付されるのではな
く、信託財産に編入されることになります。

⑽　信託財産責任負担債務とその範囲

①　信託財産責任負担債務

信託事務の処理のために信託財産を管理する受託者は、第三者に対
して債務を負うことがあります。例えば、土地信託において、受託者
として建築業者に建物の建築を発注したり、金融機関から資金を借り
入れる場合などです。

このような債務は受託者の名において負担することから、債権者に
対しては、特約のない限り、受託者としての地位のみならず受託者個
人としても責任を負うことになります。このため、受託者は、信託財

産に属する財産の限度を超えて自己の固有財産によっても債権者に弁済しなければなりません。

　また、受託者は、受益者に対しては、受益債権の性質上、信託財産に属する財産を限度とした有限責任とする規定がありますが（法100）、これは、信託の仕組みによるものであり、第三者に対してはそのような特則はありません。

　そして、受託者の権限に基づいて信託財産のために負担した債務は、受託者が信託財産に属する財産をもって履行する責任を負う債務（「信託財産責任負担債務」という。）とされ（法2⑨）、その範囲については、①信託財産のみが責任財産になるものと②信託財産と受託者の固有財産が責任財産となるものがあります。

　なお、信託財産責任負担債務とは、次に掲げる権利に係る債務をいいます（法21①）。

〈信託財産責任負担債務に係る権利等〉

イ　受益債権

ロ　信託財産に属する財産について信託前の原因によって生じた権利

ハ　信託前に生じた委託者に対する債権であって、その債権に係る債務を信託財産責任負担債務とする旨の信託行為の定めがあるもの

ニ　受益権取得請求権

ホ　信託財産のためにした行為であって受託者の権限に属するものによって生じた権利

ヘ　信託財産のためにした行為であって受託者の権限に属しないもののうち、次に掲げるものによって生じた権利

　i　受託者が信託財産のためにした権限違反行為のうち取り消すことができない行為によって生じた権利（行為の相手方が、その行為が信託財産のためにされた行為であることを知らなかったものを除く。）

> ⅱ　受託者が信託財産のためにした権限違反行為のうち取り消すこと
> 　　ができる行為であって取り消されていないものによって生じた権利
> ト　利益相反行為の制限の規定に違反した受託者と第三者との間の行為
> 　のうち、取り消すことができない行為によって生じた権利又は取り消
> 　すことができる行為であって取り消されていないものによって生じた
> 　権利
> チ　受託者が信託事務を処理するについてした不法行為によって生じた
> 　権利
> リ　上記以外の信託事務の処理について生じた権利

②　信託財産責任負担債務の範囲

イ　信託財産のみが責任財産となるもの

　受託者は、次に掲げる権利に係る債務については、信託財産に属する財産のみをもってその履行の責任を負います（法21②）。

　　ⅰ　受益債権

　　ⅱ　限定責任信託における信託債権（受益債権を除く。）

　　ⅲ　ⅰ、ⅱのほか信託財産に属する財産のみをもってその履行の責任を負うものとされる場合の信託債権

　　ⅳ　信託債権を有する者との間で信託財産に属する財産のみをもってその履行の責任を負う旨の合意がある場合の信託債権

ロ　信託財産と受託者の固有財産が責任財産となるもの

　上記イ以外の権利に係る信託財産責任負担債務については、信託財産だけではなく受託者の有する固有財産も責任財産となります。

　したがって、限定責任信託以外の信託の場合、受託者が信託行為を行う際に上記イⅳのような合意がなければ、信託における対外取引により生じた債務については受託者個人（受託者が個人の場合）

も債務を負うことになります。

> **ワンポイント！**
>
> 1　「限定責任信託」とは、受託者がその信託のすべての信託財産責任負担債務について信託財産に属する財産のみをもって履行する責任を負う信託をいいます（法2⑫）。
> 2　「信託債権」とは、信託財産責任負担債務に係る債権であって受益債権でないものをいいます（法21②二）。

5　受託者の権利

(1)　報酬請求権

　受託者は、原則として無報酬ですが、信託の引受けについて商法512条《報酬請求権》の適用がある場合又は信託行為に受託者が信託財産から信託報酬を受ける旨の定めがある場合に限り、信託財産から信託報酬を請求できます（法54）。

　報酬請求権の行使は、受託者が職務を適正に行使していることが前提となりますが、仮に、受託者に信託法違反の事実があり、受託者が信託財産の損失をてん補し、信託財産の原状回復をする義務を負っている場合には、受託者は、その義務の履行後でなければ報酬請求権を行使できません（法48④、54④）。

　（注1）　商法512条《報酬請求権》
　　　　　商人がその営業の範囲内において他人のために行為をしたときは、相当の報酬を請求することができます。
　（注2）　「信託報酬」とは、信託事務の処理の対価として受託者が受ける財産上の利益をいいます（法54①）。

(2)　信託報酬の額及び算定方法

　信託報酬の額については、信託行為に信託報酬の額又は算定方法に関する定めがあるときはその定めるところにより、その定めがないときは相当の額とするとされています（法54②）。

　なお、信託行為に報酬の額の定めがないときは、受託者は、信託財産から信託報酬を受けるには、受益者に対し、信託報酬の額及びその算定根拠を通知しなければなりません（法54③）。

(3)　費用及び損害賠償請求権

　信託事務を処理するのに必要な費用は、信託財産責任負担債務として、通常は信託財産から弁済されます。また、信託事務の処理のために、受託者が過失なくして自己に受けた損害についても同様に弁済されます（法53）。

　しかし、信託財産にのみ責任負担の債務が限定されていないことから、債権者に対しては、受託者がその固有財産から債務の弁済をすることがありますが、この場合には、受託者は、信託財産からその債務の弁済に相当する費用等の償還を受けることが認められます（法48①）。

　費用等の償還等の方法については次のとおりです。

①　受託者は、信託財産から費用等の償還又は費用の前払を受けることができる場合には、その額の限度で、信託財産に属する金銭を固有財産に帰属させることができます（法49①）。

②　①の場合において、必要があるときは、受託者は、信託財産に属する財産（その財産を処分することにより信託の目的を達成することができないこととなるものを除く。）を処分することができます（法49②）。

③　利益相反行為の制限規定の例外（法31②）に該当する場合には、

受託者は、①の規定により有する権利の行使に代えて、信託財産に属する金銭以外のものを固有財産に帰属させることができます（法49③）。

④　信託財産に属する財産に対して強制執行又は担保権の実行の手続が開始したときは、①により受託者が有する費用等の償還請求権は金銭債権とみなされ、配当要求をすることができます（法49④⑤）。

⑤　各債権者（信託財産責任負担債務に係る債権を有する債権者に限る。）の共同の利益のためにされた信託財産に属する財産の保存、清算又は配当に関する費用等について、①の規定により受託者が有する権利は、強制執行又は担保権の実行の手続において、他の債権者の権利に優先します（法49⑥⑦）。

6　受託者の変更等

信託は、受託者への信頼を基礎とするものですが、受託者の個人的事情によって任務が終了することもあります。他方、信託は、受託者とは独立した存在として、その目的達成まで存続すべきものです。そこで、受託者の任務終了は、信託の終了事由とならないことを原則として、新受託者の選任という形で信託の存続が図られています。

(1)　受託者の任務の終了

受託者は、次に掲げる場合にその任務が終了します（法56①）。

①　信託の清算の結了

②　受託者である個人の死亡

③　受託者である個人が後見開始又は保佐開始の審判を受けたこと。

④　受託者（破産手続開始の決定により解散するものを除く。）が破産手続開始の決定を受けたこと。

⑤　受託者である法人が合併以外の理由により解散したこと。

⑥　受託者の辞任（法 57 条の規定による。）

⑦　受託者が解任された場合（法 58 条の規定による。）

⑧　信託行為に定めた事由

(2)　受託者の辞任

受託者は、信託行為に別段の定めがある場合を除いて、委託者及び受益者の同意がなければ辞任することができません（法 57 ①）。

受託者の任意の辞任を認めることは、委託者の意図に反して信託関係の安定を害するとともに、受益者の利益にも反するからです。しかし、受託者は、やむを得ない事由があるとき（天災地変、受託者の病気等）は、裁判所の許可を得て辞任することができます（法 57 ②）。

(3)　受託者の解任

委託者及び受益者は、いつでも、その合意により受託者を解任することができます（法 58 ①）。

ただし、委託者及び受益者が受託者に不利な時期に受託者を解任したときは、委託者及び受益者は、やむを得ない事由があるとき又は信託行為に別段の定めがあるときを除き、受託者の損害を賠償しなければなりません（法 58 ②③）。

なお、受託者がその任務に違反して信託財産に著しい損害を与えたことその他重要な事由があるときは、裁判所は、委託者及び受益者の申立てにより、受託者を解任することができます（法 58 ④）。

(4)　前受託者の引継ぎ等

受託者の任務が終了した場合には、別段の定めがない限り、受託者で

あった者（前受託者）は、上記(1)に掲げる「受託者の任務の終了」の事
由別に、新たな受託者（新受託者）等に対して引継ぎ等の手続を行いま
す（法59、60）。

① 　受託者である個人が死亡した場合

　　イ　前受託者の相続人等は、知れている受益者に対して前受託者が
　　　死亡により任務が終了した旨を通知する義務があります（法60
　　　①）。

　　ロ　前受託者の相続人等は、新受託者等又は信託財産法人管理人が
　　　信託事務の処理をすることができるに至るまで、信託財産に属す
　　　る財産を保管し、かつ、信託事務の引継ぎに必要な行為をしなけ
　　　ればなりません（法60②）。

② 　受託者である個人が後見開始又は保佐開始の審判を受けた場合

　　イ　前受託者の成年後見人又は保佐人は、知れている受益者に対し
　　　て、前受託者が後見開始又は保佐開始の審判を受けたことにより
　　　任務が終了した旨を通知する義務があります（法60①）。

　　ロ　前受託者の成年後見人又は保佐人は、新受託者等又は信託財産
　　　法人管理人が信託事務の処理をすることができるに至るまで、信
　　　託財産に属する財産を保管し、かつ、信託事務の引継ぎに必要な
　　　行為をしなければなりません（法60②）。

③ 　受託者が破産手続開始の決定を受けた場合

　　イ　前受託者は、受益者に対して、自身が破産手続開始の決定を受
　　　けたことにより任務が終了した旨を通知する義務があります（法
　　　59①）。

　　ロ　前受託者は、破産管財人に対して、信託財産に属する財産の内

容及び所在、信託財産責任負担債務の内容等を通知しなければな
りません（法59②）。

④　委託者及び受益者の同意による受託者の辞任の場合

　イ　前受託者は、受益者に対して、自身が辞任により任務が終了し
　　た旨を通知する義務があります（法59①）。

　ロ　前受託者は、新受託者等が信託事務の処理をすることができる
　　に至るまで、引き続き受託者としての権利義務を有します（法
　　59④）。

⑤　上記以外の場合

　イ　前受託者は、受益者に対して、受託者の任務が終了した旨を通
　　知する義務があります（法59①）。

　ロ　前受託者は、新受託者等が信託事務の処理をすることができる
　　に至るまで、引き続き信託財産に属する財産の保管をし、かつ、
　　信託事務の引継ぎに必要な行為をしなければなりません（法59
　　③）。

(5)　新受託者の選任

　受託者の任務が終了した場合において、信託行為に新受託者に関する
定めがないとき、又は信託行為の定めにより新受託者となるべき者とし
て指定された者が信託の引受けをせず、若しくはこれをすることができ
ないときは、委託者及び受益者は、その合意により、新受託者を選任す
ることができます（法62①）。

　ただし、信託行為の中で受託者の選任方法について特別の定めをして
いる場合には、その定めに従って新受託者を選任することになります。

(6)　新受託者の信託に関する権利義務等の承継

受託者の任務が終了した場合において、新受託者が就任したときは、新受託者は、前受託者の任務が終了した時に、その時に存する信託に関する権利義務を前受託者から承継したものとみなされます（法75①）。

ただし、前受託者の辞任により任務が終了した場合には、新受託者は、新受託者が就任した時に、その時に存する信託に関る権利義務を前受託者から承継したものとみなされます（法75②）。

なお、受託者が2人以上ある信託において、その1人の任務が終了したときは、その任務が終了した時に存する信託に関する権利義務は、他の受託者が当然に承継し、その任務は他の受託者が行います（法86④）。

(7)　信託財産管理者

①　信託財産管理命令と選任

受託者の任務が終了した場合において、新受託者が選任されておらず、かつ、必要があると認めるときは、新受託者が選任されるまでの間、裁判所は、利害関係人の申立てにより、信託財産管理者による管理を命ずる処分（信託財産管理命令）をすることができます（法63①）。そして、裁判所がこの命令をする場合には、信託財産管理者を選任した旨とその氏名又は名称を公告しなければなりません（法64①③）。

②　信託財産管理者の権限

信託財産管理者が選任された場合には、受託者の職務の遂行並びに信託財産に属する財産の管理及び処分をする権利は、信託財産管理者に専属します（法66①）。

ただし、信託財産管理者の権限の範囲は、保存行為及び信託財産に

属する財産の性質を変えない範囲内における利用又は改良を目的とする行為に限られ、その行為の範囲を超える行為をする場合には、裁判所の許可を得る必要があります（法 66 ④）。

▌ 7　受託者が 2 人以上ある信託の特例

受託者は 1 人である必要はなく、2 人以上あってもよいのですが、その場合、信託財産の帰属・管理の形態がどのようになるのか、受託者の行動基準はどうかといった点について、信託法は特例を置いています（法 79 〜 87）。

(1)　信託財産の合有

受託者が 2 人以上ある信託においては、信託財産は、その合有とされます（法 79）。

「合有」は、民法の定める「共有」と並んで共同所有の一形態ですが、持分権がない点及び分割ができない点において共有と異なっています。

(2)　信託事務の処理方法

受託者が 2 人以上ある信託において、信託事務の処理は、受託者の多数決で決定し（法 80 ①）、保存行為については、各受託者が単独で決定することができます（法 80 ②）。

信託事務の処理について決定がされた場合には、各受託者は、その決定に基づいて単独で信託事務を執行することができます（法 80 ③）。

なお、受託者が 2 人以上ある信託においては、第三者の意思表示はその 1 人に対してすれば足り、共同受託者の 1 人にした意思表示は、他の受託者にもその効力が及びます（法 80 ⑦）。

8　受託者に対する監督

(1)　受益者による受託者の行為の差止め

次の場合には、受益者は、受託者に対して、その行為をやめることを請求できます（法44①②）。

① 受託者が法令若しくは信託行為の定めに違反する行為をし、又はこれらの行為をするおそれがある場合において、その行為によって信託財産に著しい損害が生じるおそれがあるとき。

② 受託者が公平義務に違反する行為をし、又はこれをするおそれがある場合において、その行為によって一部の受益者に著しい損害が生じるおそれがあるとき。

(2)　検査役の選任

受託者の信託事務の処理に関して、不正行為又は法令若しくは信託行為の定めに違反する重大な事実があることを疑うに足りる事由があるときは、受益者は、信託事務の処理の状況並びに信託財産に属する財産及び信託財産責任負担債務の状況を調査させるため、裁判所に対し、検査役の選任を申し立てることができ、これに応じて裁判所は、検査役を選任します（法46①②）。

検査役は、受託者に対して、信託事務の処理の状況並びに信託財産に属する財産及び信託財産責任負担債務の状況について報告を求め、又はその信託に係る帳簿、書類その他の物件を調査することができます（法47①）。

これによって、裁判所は、受益者保護の観点から、信託法の個々の規定で認められた権限のほか、信託事務について包括的に監督する制度になっています。

第4章　信託の受益者

1　受益者

　受益者とは、信託行為に基づいて、信託の利益を享受する者をいいます。

　信託の目的は、受益者に対して信託の利益を享受させることにあるので、信託には受益者の定め^(注)が必要です。

　受益者は、信託行為の設定当初には必ずしも特定し、かつ、存在している必要はありませんが、信託行為によって、受益者を特定するか又は特定し得る程度まで明示する必要があります。

　なお、信託行為において、委託者自身を受益者として指定することは可能であり、このような信託を自益信託といいます。

　（注）　受益者の定めのない信託として、目的信託（法258）と公益信託（公益信託ニ関スル法律1）があります。

(1)　受益権の取得

　信託行為の定めにより受益者となるべき者として指定された者は、別段の定めがない限り、当然に受益権を取得します（法88①）。

　受託者は、受益者となるべき者として指定された者が受益権を取得したことを知らないときは、その者に対し、遅滞なく、その旨を通知しなければなりません（法88②）。

ワンポイント！

　第三者のためにする契約において、第三者が利益を享受するには、債務者に対する受益の意思表示が必要とされます（民法537③）。

　信託法では、信託の受益者は、受益の意思表示をしなくとも、当然に受益権を行使することができるとして、民法の一般原則の例外を規定しています。

　なお、受益者に指定されたとしても、信託の利益の享受を強制されるわけではないことから、受益者は、受託者に対して受益権を放棄する旨の意思表示をすることができますが、この場合、受益者は、当初から受益権を有していなかったものとみなされます（法99）。

　受益者が受益権の放棄により信託の目的を達成することができなくなった場合は、信託は終了します（法163一）。

(2)　受益者指定権等

　信託行為の定めにより、受益者を指定し、又はこれを変更する権利（受益者指定権等）を有する者の定めのある信託においては、受益者指定権等は、受託者に対する意思表示又は遺言によって行使します（法89①②）。

　ただし、遺言によって受益者指定権等が行使された場合において、受託者がこれを知らないときは、これにより受益者となったことをもってその受託者に対抗することができません（法89③）。

　また、受託者は、受益者を変更する権利が行使されたことにより受益者であった者がその受益権を失ったときは、その者に対し、遅滞なくその旨を通知しなければなりません（法89④）。

　なお、受益者指定権等は、相続によって承継されないことを原則としますが、信託行為に別段の定めがある場合には、その定めるところによります（法89⑤）。

(3)　受託者の権限違反行為の取消権

①　受託者が信託財産のためにした行為がその権限に属しない場合において、次のいずれにも該当するときは、受益者はその行為を取り消すことができます（法 27 ①）。

イ　その行為の相手方が、その行為の当時、その行為が信託財産のためにされたものであることを知っていたこと。

ロ　その行為の相手方が、その行為の当時、その行為が受託者の権限に属しないことを知っていたこと又は知らなかったことにつき重大な過失があったこと。

②　受託者が信託財産に属する財産について権利を設定し又は移転した行為がその権限に属さない場合には、次のいずれにも該当するときに限り、受益者は、その行為を取り消すことができます（法 27 ②）。

イ　その行為の当時、その信託財産に属する財産について信託の登記又は登録がされていたこと。

ロ　その行為の相手方が、その行為の当時、その行為が受託者の権限に属しないことを知っていたこと又は知らなかったことにつき重大な過失があったこと。

ワンポイント！

受託者の違反行為について受益者に取消権が与えられたのは、受益者の保護のためですが、この取消権は、受益者は信託行為の当事者ではないことから、瑕疵ある法律行為をした者を保護する趣旨の一般的な取消権（民法 120）ではありません。

また、詐害行為取消権（民法 424 以下）に似ていますが、受益者の取消権は、総債権者のために認められているものではないため、詐害行為取消権とも異なります。結局、信託財産の管理者たる受託者の権限違反

行為に対し、受益者において、信託財産を追求するか又は権限違反行為を是認して代位物を信託財産とするかの選択権を認めたものと解されています。

　そして、受益者は、受託者の権限違反行為について、信託法40条の規定に基づき、損失のてん補又は原状の回復を求めることができますが、同条の権利を行使するか又は同法27条の取消権を行使するかは、受益者の任意です。受益者の取消しは、裁判上のものである必要はなく（この点でも民法の詐害行為取消権と異なります。）、裁判外の意思表示によってもよく、この意思表示によって一方的に効力を生じます。

③　2人以上いる受益者のうちの1人が受託者の権限違反行為に対する取消権を行使したときの取消しの効果は、その利益、不利益を問わず、受益者全員に対して画一的に及びます（法27③）。

④　受託者の権限違反行為に対する取消権は、受益者が取消しの原因があることを知った時から3か月間行使しないとき、又は行為の時から1年を経過したときは、時効により消滅します（法27④）。

ワンポイント！

　取消権の行使期間を短期間に限ったのは、取消権発生の要件である権限違反が第三者にとって明確でないことが多く、このため、処分の相手方又は転得者が不安定な状態に置かれることから、これを速やかに確定させるという趣旨のものです。

(4)　受益者連続の信託（後継ぎ遺贈型の受益者連続の信託）

　受益者の死亡により、その受益者の有する受益権が消滅し、他の者が新たな受益権を取得する旨の定め（受益者の死亡により順次他の者が受益権を取得する旨の定めを含む。）のある信託を「後継ぎ遺贈型の受益者連

続の信託」といいます（「第8章9」参照）。

　この信託は、その信託がされた時から30年を経過した時以後に新た
に受益権を取得した受益者が、死亡するまで又はその受益権が消滅する
までの間に限り、その効力を有します（法91）。

2　受益権

(1)　受益権と受益債権

①　受益権

　受益権とは、受益債権及びこれを確保するために受託者その他の者
に対して一定の行為を求めることができる権利をいい（法2⑦）、受
益者が有する信託に関する権利の総称ということができます。

> **ワンポイント！**
>
> 　受益者が有する信託に関する権利については、受益者の利益の確保と
> 受託者に対する実効的な監督を可能とするため、受益者に付与される権
> 利の多くのものが、信託行為の定めにより制限することができないと規
> 定されています（法92）。
> 　信託法92条《信託行為の定めによる受益者の権利行使の制限の禁止》
> に列挙する権利は、信託行為の定めにより制限することが受益者の権利
> を著しく損なうと考えられる権利であり、この規定に違反した信託行為
> の定めは無効となります。

②　受益債権

　受益債権とは、信託行為に基づいて受託者が受益者に対して負う債
務に係る債権であり、信託財産の引渡しその他信託財産に係る給付を
すべきものに係る債権をいいます（法2⑦）。

　受益債権に係る債務に対して、受託者は、信託財産に属する財産のみをもって履行する責任を負うこととされており（法21②一、100）、また、受益債権の弁済順位は、他の信託債権に劣後すると定められています（法101）。

　なお、受益債権の消滅時効は、債権の消滅時効の例によるとされており、受益債権を行使できる時から20年を経過したときは消滅すると定められています（法102①④）。

　ただし、受益者が受益者に指定されたことを知るまでは時効は進行せず、消滅時効の期間経過後、援用前に受益者への通知義務が原則であるという、受益者保護のための規定が設けられています（法102②③）。

ワンポイント！

　「信託債権」とは、受託者が信託財産に属する財産をもって履行する責任を負う債務（信託財産責任負担債務）に係る権利で受益債権以外のものをいいます（法21②二、2⑨）。

　受益債権と信託債権の優先劣後の関係が問題となるのは、信託財産の破産（破産法244の2以下）や信託財産への強制執行の場合であり、通常時において優先劣後の関係が問題となることはありません。

---

(2)　受益権の譲渡等

①　受益権の譲渡性

　受益者は、原則として、その有する受益権を譲渡することができますが、受益権の性質上その譲渡が許されない場合や信託行為の定めによりその譲渡が禁止されている場合は、譲渡することができません（法93①）。

ワンポイント！

　受益権は、信託行為の定めなどにより、これを数量的に分割してその一部を譲渡することも可能です（投資信託や資産流動化信託）。

　しかし、例えば、受益債権とこれを確保するために受託者等に一定の行為を求める権利とを分離するような形で分割譲渡することは認められません。

　受益権の分割は、信託行為に定めがない場合には、受益者のみの意思で行うことはできず、信託の変更として、委託者、受託者及び受益者の合意を原則とします（法149）。

②　受益権の譲渡の対抗要件等

　受益権の譲渡については、信託行為による譲渡禁止の定めがあったとしても、その定めは善意の第三者に対抗することができません（法93②）。

　また、受益権の譲渡は、譲渡人が受託者に通知をし、又は受託者が承諾をしなければ、受託者その他の第三者に対抗することができません（法94①）。

　そして、その通知又は承諾は、受託者以外の第三者に対しては確定日付のある証書によってしなければなりません（法94②）。

　また、受益権の譲渡における受託者の抗弁については、受託者は、譲渡人からの受託者への通知又は受託者による承諾がされるまでに譲渡人に対し生じた事由をもって、譲受人に対抗することができます（法95）。

ワンポイント！

(1)　相続による受益権の承継

　相続により受益権が承継された場合において、法定相続分（民法900、901）を超えてその受益権を承継した共同相続人がその受益権に係る遺言の内容（遺産の分割によりその受益権を承継した場合にあっては、その受益権に係る遺産の分割の内容）を明らかにして受託者にその承継の通知をしたときは、共同相続人の全員が受託者に通知をしたものとみなされますが（法95の2）、その法定相続分を超える部分については、登記、登録その他の対抗要件を備えなければ、第三者に対抗することができません（民法899の2）。

(2)　信託の変更の登記の申請

　受益権の譲渡において、受益権の対象たる信託財産が登記又は登録すべき財産であるときは、受託者は、受益者に関する事項を変更するため、信託の変更の登記を申請しなければなりません（不動産登記法103）。しかし、信託に関する記載が変更されなくとも、受益権譲渡の第三者に対する対抗力に影響はありません。

(3)　受益証券発行信託における受益権の譲渡の対抗要件

　受益証券発行信託によって受益証券が発行されている場合は、受益証券の交付が受益権の譲渡の効力要件となります（法194）。

(3)　受益権の質入れと質入れの効果

①　受益権の質入れ

　受益者は、その有する受益権に質権を設定することができますが、受益権の性質上これを許さないときは設定できません（法96①）。

　また、受益権の質権設定については、信託行為の定めにより禁止することができますが、受益権を譲渡した場合と同様、善意の第三者に対抗することはできません（法96②）。

> **ワンポイント！**
>
> 　受益権の譲渡が禁止されると、その受益権に対する質権設定も当然に禁止されるのですが（民法 343）、受益権の譲渡が禁止されている場合でも、受益権を相続することや差し押えることは可能です。非譲渡性は必ずしも一身専属性を意味しないからです。
> 　なお、登記又は登録すべき信託財産について、受益権の譲渡禁止を登記又は登録したり、信託証書にこれを記載したりすると、第三者の悪意が認定されやすくなります。

②　受益権の質入れの効果

　受益権を目的とする質権は、次に掲げる金銭等（金銭その他の財産）について存在します（法 97）。

　イ　その受益権を有する受益者が受託者から信託財産に係る給付として受けた金銭等

　ロ　受益権取得請求によってその受益権を有する受益者が受ける金銭等

　ハ　信託の変更による受益権の併合又は分割によってその受益権を有する受益者が受ける金銭等

　ニ　信託の併合又は分割によってその受益権を有する受益者が受ける金銭等

　ホ　上記イ〜ニに掲げるもののほか、その受益権を有する受益者がその受益権に代わるものとして受ける金銭等

　　（注）「受益権取得請求」とは、信託の目的の変更、併合又は分割により損害を受けるおそれのある受益者が、受託者に対し、自己の有する受益権について公正な価格で取得することを請求できることをいいます（法 103 ①②）。

⑷　受益権の放棄

　受益者は、その受益者が信託行為の当事者（委託者及び受託者）である場合を除いて、受託者に対し、受益権を放棄する旨の意思表示をすることができます（法99①）。

　この場合、受益者は、当初から受益権を有していなかったとみなされますが、受益権の放棄によって、第三者の権利を害することはできません（法99②）。

ワンポイント！

　信託行為の定めにより受益者として指定された者は、当然に受益権を取得して信託の利益を享受するのです（法88①）が、自己の意思に反して利益も不利益も強制されることはないという民法の一般原則に基づき、受益者は受益権を放棄することができます。

　その結果、受益権を放棄した受益者は、当初から受益権を有していなかったものとみなされ、それまでに信託から利益の給付を受けていれば、不当利得として信託財産に返還することになります。そして、他に受益者がいない限り、その信託は、当初から受益者が存在しないこととなって、信託目的の不達成により信託は終了し、清算されます。

　なお、清算終了後の残余財産の帰属については、信託行為の定めにより、残余財産の給付を内容とする受益債権に係る受益者（残余財産受益者）として指定された者、又は残余財産の帰属すべき者（帰属権利者）として指定された者が存在すれば、これらの者に残余財産が帰属しますが、これらの指定された者が存在しない又はその権利を放棄した場合には、委託者又は委託者の相続人その他の一般承継人を帰属権利者として指定する旨の定めがあったものとみなされます（それでも残余財産の帰属が定まらないときは、清算受託者に帰属します。）（法182②③）。

第5章　信託管理人・信託監督人・受益者代理人

　信託では、受益者の利益を保護し、受託者の信託事務の処理を監督すべき地位にある者として、信託管理人、信託監督人及び受益者代理人の3つの類型を設けています。

　これらの類型を比較対照すると、次のとおりです。

区　　　　　分		信託管理人	信託監督人	受益者代理人
選任の方法	受益者が現に存しない信託で選任	○	－	－
	受益者が現に存する信託で選任	－	○	○
	信託行為の定め又は裁判所の決定による選任	○	○	○
	信託行為の定めによる選任	－	－	○
権限の範囲	受益者が有する一切の権限を行使可能	○	－	－
	受益者の有する受託者の監督のための権限を行使可能	－	○	－
	自己の名をもって権利行使	○	○	－
	受益者の代理人として権利行使	－	－	○

1　信託管理人

(1)　信託管理人の選任

　信託において、受益者に信託財産に係る給付をするためには受益者が特定され、現存していることが必要ですが、必ずしも信託行為の当時において特定されていることや現実に存在することは必要ありません。ただ、この場合には、信託の利益が受益者に帰属しないという浮動的な状

態が生じるため、この状態においても、将来的に特定され、存在するに至るべき受益者のために信託財産は保全される必要があります。

　そこで、受益者が現に存しない場合には、受益者として権利を行使する者が誰もいないこととなり、受益者に代わって受託者を管理、監督して信託に関する意思決定をすべき者が必要となるため、受益者が有するすべての権利を行使する権限を有する者として、信託行為の定めや利害関係人の申立てによる裁判所の選任により、信託管理人を置くことができます（法123）。

　なお、信託行為において、あらかじめ信託管理人を指定しているときは、その指定された者が信託管理人（指定信託管理人）となり、信託管理人を選任すべき方法を指定したときは、その指定された方法により選任された者が信託管理人になります（法123①②）が、信託行為に指定がない場合は、私益信託では裁判所が、公益信託では主務官庁がそれぞれ利害関係人の請求により信託管理人（選任信託管理人）を選任します（法123④、公益信託ニ関スル法律8）。

〈「受益者が現に存しない場合」の例示〉

　例えば、次のような1人も受益者が現存していない場合がこれに当たります。

① 　まだ生まれていない子を受益者として指定する場合
② 　ある大会の優勝者を受益者として指定したが優勝者が決定していない場合
③ 　受益者となるべき者の資格や要件が決まっているだけでその要件を具備する者が未だ決定していない場合
④ 　信託行為の定めにより受益者を指定する権利を有する者が未だその権利を行使していない場合
⑤ 　受益者の定めのない信託の場合

⑵　信託管理人の権限

　信託管理人は、受益者のために、受託者の権限違反行為の取消権（法27、31）や受託者への損失てん補等の請求権（法 40）など、自己の名をもって受益者の権利に関する一切の裁判上又は裁判外の行為をする権限を有します（ただし、信託行為で別段の定めをすることによって権限を制限することができます。）（法 125 ①）。

　この場合、信託管理人が複数存在する場合は、信託行為に別段の定めがない限り、共同して権限を行使しなければなりません（法 125 ②）。また、受託者が信託法上受益者に対してすべき通知は、受益者がいないため、信託管理人に対してすることになります（法 125 ③）。

⑶　信託管理人の義務等

　信託管理人は、権限の行使について善良な管理者の注意義務を負い、また、受益者のために誠実かつ公平に権限を行使する義務を負っています（法 126）。

　このほか、信託法には、信託管理人の費用等及び報酬（法 127）、信託管理人の任務の終了（法 128）、新信託管理人の選任等（法 129）、信託管理人による事務の処理の終了等（法 130）の規定があります。

2　信託監督人

⑴　信託監督人の選任

　信託において、年少者、高齢者あるいは身体障害者等を受益者として財産の管理や生活支援等を行うことを目的とする、いわゆる福祉型の信託の利用促進を図る等の観点から、その受益者のために受託者を監視、監督する信託監督人の制度が設けられています。

　信託監督人は、受益者が現に存する場合に、信託行為の定めにより指定され、又は利害関係人の申立てによる裁判所の選任により、置くことができます（法131①④）。

(2)　信託監督人の権限

　信託監督人は、受益者のために自己の名をもって、信託行為に別段の定めがない限り、信託法92条各号に掲げる権利に関する一切の裁判上又は裁判外の行為をする権限を有します（法132①）。

　この権限は、信託行為の定めにより制限できない受益者の基本的な権利を定めた信託法92条各号のうち、受益権を放棄する権利（17号）、受益権取得請求権（18号）並びに受益権原簿記載事項を記載した書面の交付等請求権（21号）及び受益権原簿記載事項の記載等請求権（23号）以外の受託者を監督するために必要な権利に限定されていますが、これは、信託監督人は、受益者が現に存する場合に選任される者であることから、受益者を補完する者として位置付けられており、受益権の内容を変更するなどの権限は与えられていないからです。

　なお、信託監督人が選任されている場合であっても、受益者自身がその権利行使の機会を失うものではありません。

(3)　信託監督人の義務等

　信託監督人は、信託管理人の場合と同様に、善良な管理者の注意義務と受益者のために誠実かつ公平に権限を行使する義務を負う（法133）とともに、その他の手続については、信託管理人と同様の規定（法134～137）が置かれています。

3　受益者代理人

(1)　受益者代理人の選任

　信託行為においては、その代理する受益者を定めて、受益者代理人となるべき者を指定する定めを設けることができます（法138①）。

> **ワンポイント！**
>
> 　受益者代理人は、受益者が現に存する場合に、信託行為の定めによってのみ指定されますが、この点で、利害関係人の申立てにより裁判所が選任する信託管理人や信託監督人と異なります。
>
> 　また、受益者代理人が指定されるのは、受益者が多数で個々の受益者の意思を結集することが困難であったり、受益者に意思能力がない場合などを想定しており、受益者（の一部）が自ら権利行使しないことを原則としているものと考えられます。

(2)　受益者代理人の権限

　受益者代理人は、信託行為に別段の定めがない限り、その代理する受益者のために、その受益者の権利（受益者の損失てん補責任の免除及び原状回復責任の免除（法42）を除く。）に関する一切の裁判上又は裁判外の行為をする権限を有します（法139①）。

　そして、受益者代理人を指定した場合は、受益者代理人だけが受益者の権利を行使することが原則であり、受益者代理人に代理される受益者は、受益者の基本的な権利を定めた信託法92条及び信託行為において定めた権利以外は行使できません（法139④）。

(3)　受益者代理人の義務等

　受益者代理人は、善良な管理者の注意をもって、また、その代理する

受益者のために、誠実かつ公平にその権限を行使しなければなりません（法 140）。

第6章　信託の変更、併合及び分割

　1　信託の変更

　信託は、信託財産を中心とする継続的な法律関係ですが、長期にわた
る存続期間中には、環境の変化、当事者の意思や信託財産の状況等によ
り、信託行為に定められた内容（例えば、信託の目的、信託財産の管理方
法、受益者に対する給付内容など）を変更すべき事由が生じることがあり
ます。

　そのような場合に、事後的に信託行為の一部の条項を変更すること
を、信託の変更といいます。

(1)　関係当事者の合意による変更

　信託の変更は、委託者、受託者及び受益者の合意によってすることが
できますが、この場合に、変更後の信託行為の内容を明らかにしなけれ
ばなりません（法149①）。

(2)　関係当事者の一部の合意等による変更

　信託の変更は、次に掲げる場合には、関係当事者の一部の合意等によ
りすることができます。

①　信託の目的に反しないことが明らかであるとき

　受託者及び受益者の合意によって信託の変更をすることができま
す。

　この場合、受託者は、委託者に対し、遅滞なく、変更後の信託行為
の内容を通知しなければなりません（法149②一）。

② 信託の目的に反しないこと及び受益者の利益に適合することが明らかであるとき

受託者の書面又は電磁的記録による意思表示によって信託の変更をすることができます。

この場合、受託者は、委託者及び受益者に対し、遅滞なく、変更後の信託行為の内容を通知しなければなりません（法149②二）。

③ 受託者の利益を害しないことが明らかであるとき

委託者及び受益者は、受託者に対する意思表示によって信託の変更をすることができます（法149③一）。

④ 信託の目的に反しないこと及び受託者の利益を害しないことが明らかであるとき

受益者は、受託者に対する意思表示によって信託の変更をすることができます。

この場合、受託者は、委託者に対し、遅滞なく、変更後の信託行為の内容を通知しなければなりません（法149③二）。

(3) 信託行為の別段の定めによる変更

信託行為に別段の定めがあるときは、その定めに基づき信託の変更が行われます（法149④）。

例えば、信託行為に「受益者（又は受託者）の意思表示により変更できる」と定めれば、受益者（又は受託者）のみの意思表示で信託の変更が可能です。

2　信託の併合

　信託の併合は、受託者を同一とする二以上の信託の信託財産の全部を一の新たな信託の信託財産とすることをいいます（法 2 ⑩）。

信託の併合のイメージ

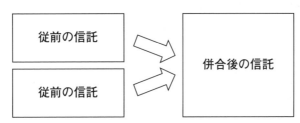

(1)　関係当事者の合意等による併合

　信託の併合は、従前の各信託の委託者、受託者及び受益者の合意によってすることができますが、この場合、次に掲げる事項を明らかにしなければなりません（法 151 ①）。

① 　信託の併合後の信託行為の内容

② 　信託行為に定める受益権の内容に変更があるときは、その内容及び変更の理由

③ 　信託の併合に際して受益者に対し金銭その他の財産を交付するときは、その財産の内容及びその価額

④ 　信託の併合がその効力を生ずる日

⑤ 　その他法務省令（規 12）で定める事項

(2)　関係当事者の一部の合意等による併合

　信託の併合は、次に掲げる場合には、関係当事者の一部の合意等によりすることができます。

① 信託の目的に反しないことが明らかであるとき

　　受託者及び受益者の合意によって信託を併合することができます。

　　この場合、受託者は、委託者に対し、遅滞なく、上記(1)の各事項を通知しなければなりません（法151②一）。

② 信託の目的に反しないこと及び受益者の利益に適合することが明らかであるとき

　　受託者の書面又は電磁的記録によってする意思表示により信託を併合することができます。

　　この場合、受託者は、委託者及び受益者に対し、遅滞なく、上記(1)の各事項を通知しなければなりません（法151②二）。

(3)　信託行為の別段の定めによる併合

　　信託行為に別段の定めがあるときは、その定めに基づいて信託の併合が行われます（法151③）。

(4)　信託を併合する場合の債権者保護手続

　　信託を併合する場合には、従前の信託の信託財産責任負担債務に係る債権を有する債権者は、受託者に対し、信託の併合について異議を述べることができます（ただし、信託の併合をしてもその債権者を害するおそれのないことが明らかであるときを除く。）（法152①）。

　　そして、債権者が異議を述べたときは、受託者は、その債権者に対し、弁済し、若しくは相当の担保を提供し、又はその債権者に弁済を受けさせることを目的として信託会社等に相当の財産を信託しなければなりません（ただし、その信託の併合をしてもその債権者を害するおそれがないときは、不要です。）（法152⑤）。

3　信託の分割

　信託の分割とは、吸収信託分割又は新規信託分割をいいますが、広義の意味においては、信託の変更に該当するということができます。

(1)　吸収信託分割

　吸収信託分割とは、ある信託の信託財産の一部を受託者を同一とする他の信託の信託財産として移転することをいいます（法2⑪）。

吸収信託分割のイメージ

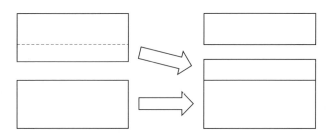

(2)　新規信託分割

　新規信託分割とは、ある信託の信託財産の一部を受託者を同一とする新たな信託の信託財産として移転することをいいます（法2⑪）。

新規信託分割のイメージ

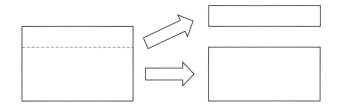

(3)　信託の分割の当事者及び方法等

①　関係当事者の合意等による分割

　信託の分割は、委託者、受託者及び受益者の合意によってすること

ができます。

　この場合、次に掲げる事項を明らかにしなければなりません（法 155 ①、159 ①）。

イ　吸収信託分割の場合（法 155 ①）

　　i　吸収信託分割後の信託行為の内容

　　ii　信託行為において定める受益権の内容に変更があるときは、その内容及び変更の理由

　　iii　吸収信託分割に際して受益者に対し金銭その他の財産を交付するときは、その財産の内容及びその価額

　　iv　吸収信託分割がその効力を生ずる日

　　v　移転する財産の内容

　　vi　吸収信託分割によりその信託財産の一部を他の信託に移転する信託（以下「分割信託」という。）の信託財産責任負担債務でなくなり、分割信託からその信託財産の一部の移転を受ける信託（以下「承継信託」という。）の信託財産責任負担債務となる債務があるときは、その債務に係る事項

　　vii　その他法務省令（規 14）で定める事項

ロ　新規信託分割の場合（法 159 ①）

　　i　新規信託分割後の信託行為の内容

　　ii　信託行為において定める受益権の内容に変更があるときは、その内容及び変更の理由

　　iii　新規信託分割に際して受益者に対し金銭その他の財産を交付するときは、その財産の内容及びその価額

　　iv　新規信託分割がその効力を生ずる日

　　v　移転する財産の内容

　　vi　新規信託分割により従前の信託の信託財産責任負担債務でな

くなり、新たな信託の信託財産責任負担債務となる債務がある
ときは、その債務に係る事項

vii　その他法務省令（規 16）で定める事項

②　関係当事者の一部の合意等による吸収信託分割及び新規信託分割

吸収信託分割及び新規信託分割は、次に掲げる場合には、関係当事
者の一部の合意等によりすることができます。

イ　信託の目的に反しないことが明らかであるとき

受託者及び受益者の合意によって信託の分割をすることができま
す。

この場合、受託者は、委託者に対し、遅滞なく、上記①のイ又は
ロの各事項を通知しなりればなりません（法 155 ②一、159 ②一）。

**ロ　信託の目的に反しないこと及び受益者の利益に適合することが
明らかであるとき**

受託者の書面又は電磁的記録によってする意思表示により信託の
分割をすることができます。

この場合、受託者は、委託者及び受益者に対し、遅滞なく、上記
①のイ又はロの各事項を通知しなければなりません（法 155 ②二、
159 ②二）。

③　信託行為の別段の定めによる分割

各信託行為に別段の定めがある場合には、その定めに基づき信託の
分割が行われます（法 155 ③、159 ③）。

④　信託を分割する場合の債権者保護手続

信託を分割する場合には、分割当事者となる各信託（吸収信託分割

の場合は分割信託又は承継信託、新規信託分割の場合は従前の信託）の信託財産責任負担債務に係る債権を有する債権者は、受託者に対し、信託の分割について異議を述べることができます（ただし、信託の分割をしてもその債権者を害するおそれのないことが明らかであるときを除く。）（法156①、160①）。

　そして、債権者が異議を述べたときは、受託者は、その債権者に対し、弁済し、若しくは相当の担保を提供し、又はその債権者に弁済を受けさせることを目的として信託会社等に相当の財産を信託しなければなりません（ただし、信託の分割をしてもその債権者を害するおそれがないときを除く。）（法156⑤、160⑤）。

第 7 章　信託の終了及び清算

1　信託の終了、清算の意義

　信託は、委託者の法律行為によって設定され、信託が有効に成立した後は、信託財産を中心とする独立の財産管理の機関を形成し、委託者、受託者及び受益者の意思から独立して信託目的を追求する活動を続けます。

　そして、信託は、受託者の任務終了によっても終了せず、新受託者の選任によって信託事務が承継されます（法56～62）。

　このように、信託は、信託財産を中心とする個人を離れた財産管理機関であると同時に、財産管理の目的は委託者の設定した信託行為に示されており、その信託目的の達成、不達成その他信託の終了事由が発生したときには、その存続する根拠を失うことになります。

　したがって、信託の終了とは、信託財産を中心とする継続的な法律関係としての信託関係が、その存続すべき根拠を失い、将来に向かって消滅することをいいます。

　信託法では、信託の終了事由の発生をもって「信託の終了」と定義し、これを開始原因として信託債権に係る債務の弁済等を行い、受益者及び帰属権利者への残余財産の給付をもって結了するに至る一連の事務処理を「信託の清算」と定義した上で、清算が結了するまでの間は、信託は存続するものと擬制しています（法163～167、175、176）。

2　信託の終了事由

(1)　信託法又は信託行為に定めた事由

①　信託の目的を達したとき、又は信託の目的を達成することができなくなったとき

　信託とは、受託者が信託の目的を達成するために必要な行為を行うものであるため、信託の目的を達成したり、その達成ができなくなったときは、信託を存続させる理由がなくなるので、信託は終了します（法163一）。

〈「信託の終了事由」の例示〉

イ　信託行為の効力発生後に無効原因が生じた場合

　　受益者が「法令によりある財産権を享有することができない者」（法9）となった場合又はそのような者が受益者となった場合が該当します。

ロ　信託財産が滅失した場合

　　信託の目的が家屋を売却し、その売却代金をもって寄附を行うものである場合に、その家屋が火災で焼失したとき（ただし、保険金をもって目的を達しうる場合は、その限りにおいて存続すると考えられます。）が該当します。

ハ　受益権が相続されない場合の受益者の死亡

　　委託者の意思が、特定の者だけを受益者とし、他の者には信託の利益を与えないという趣旨のものである場合には、受益者の死亡によってその相続人に受益権が移転せず、受益権の帰属する者が存在しなくなるため、信託は終了します。

ニ　全受益者が受益権を放棄した場合

　　受益者全員が受益権を放棄すると、受益権は遡及して当初からそれらの受益者に帰属していなかったこととみなされ、信託行為で次順位の受益者を指定していない限り、信託は終了するものと考えられます。

---

② 　受託者が受益権の全部を固有財産で保有する状態が 1 年間継続したとき

　受託者が受益権の全部を固有財産で保有しているという状態が生じている場合には、受託者と受益者との信頼関係ないし監督関係が構築できず、受託者が受益者のために信託財産を管理・処分するという信託本来の構造となっていないことから、このような状態が 1 年間継続したとき、その信託は終了します（法 163 二）。

③ 　受託者が欠けた場合であって、新受託者が就任しない状態が 1 年間継続したとき

　信託において、信託財産を管理・処分する権限を有する受託者がいないことは、委託者及び受益者にとって望ましい状況ではなく、このような状態の信託を存続させておくことは適当でないため、受託者が欠けた場合に、新受託者が就任しない状態が 1 年間継続したときは、その信託は終了します（法 163 三）。

④ 　受託者が信託法 52 条（同法 53 条 2 項及び 54 条 4 項において準用する場合を含む。）の規定により信託を終了させたとき

　受託者が、信託事務を処理するのに必要と認められる費用を固有財産から支出し、その支出した費用等の償還又は費用の前払を受けるのに信託財産が不足している場合において、委託者及び受益者に対して必要な通知をし、かつ相当の期間を経過しても委託者又は受益者から費用等の償還又は費用の前払を受けなかったときは、受託者は信託を終了させることができます（法 163 四）。

⑤　信託の併合がされたとき

　信託の併合により、併合前の従前の信託は終了します（法163五）（「第6章2 信託の併合」参照。）。

⑥　信託法165条又は166条の規定により信託の終了を命ずる裁判があったとき

　後記「(3)裁判による信託の終了」を参照してください（法163六）。

⑦　信託財産についての破産手続開始の決定があったとき

　信託財産の破産手続開始の原因は、支払不能（受託者が、信託財産による支払能力を欠くために、信託財産責任負担債務のうち弁済期にあるものにつき、一般的かつ継続的に弁済することができない状態をいう。）又は債務超過（受託者が、信託財産責任負担債務につき、信託財産に属する財産をもって完済することができない状態をいう。）ですが、その決定があったときに信託は終了します（破産法2⑪、244の3、法163七）。

⑧　委託者が破産手続開始の決定、再生手続開始の決定又は更生手続開始の決定を受けた場合において、破産法53条1項、民事再生法49条1項又は会社更生法61条1項の規定による信託契約の解除がされたとき

　委託者が破産手続開始の決定等を受けた場合において、いわゆる双方未履行双務契約（破産者と契約相手方がともに契約に基づき債務を履行していない双務契約）として信託契約の解除がされたことにより、信託は終了します（法163八）。

⑨　信託行為において定めた事由が発生したとき

　例えば、「委託者が死亡したとき」、「信託行為の効力発生の日から30年間経過した日の前日まで」など、あらかじめ信託の終了事由を定めておくことができます（法163九）。

⑵　委託者及び受益者の合意等による信託の終了

　委託者及び受益者が合意した場合には、信託行為に別段の定めがない限り、信託行為を終了させることができます（法164①③）。

　ただし、受託者に不利な時期に信託を終了したときは、委託者及び受益者は、やむを得ない事情がある場合を除き、受託者に生じた損害を賠償しなければなりません（法164②）。

　なお、委託者が現に存在しない場合には、これらの規定は適用されず、受益者のみの意思表示により信託の終了が可能となるものではありません（法164④）。

⑶　裁判による信託の終了

①　特別の事情による信託の終了を命ずる裁判

　信託行為の当時予見することができなかった特別の事情により、信託を終了することが、信託の目的及び信託財産の状況その他の事情に照らして受益者の利益に適合するに至ったことが明らかであるときは、裁判所は、委託者、受託者又は受益者の申立てにより信託の終了を命ずることができます（法165①）。

②　公益の確保のための信託の終了を命ずる裁判

　裁判所は、次に掲げる場合において、公益を確保するために信託の存立を許すことができないと認めるときは、法務大臣又は委託者、受

益者、信託債権者その他の利害関係人の申立てにより、信託の終了を命ずることができます（法166①）。

　イ　不法な目的で信託がされたとき。

　ロ　受託者が、法令若しくは信託行為で定めるその権限を逸脱し若しくは濫用する行為又は刑罰法令に触れる行為をした場合において、法務大臣から書面による警告を受けたにもかかわらず、なお継続的に又は反復してその行為をしたとき。

3　信託の清算

(1)　清算の開始原因と信託の存続の擬制

信託は、その信託が終了した場合（信託の併合によって終了した場合及び信託財産についての破産手続開始の決定により終了した場合であってその破産手続が終了していない場合を除く。）には、清算をしなければなりません（法175）。

この場合、信託は清算手続に移行しますが、清算が結了するまでの間、その信託は、なお存続するものとみなされます（法176）。

したがって、受託者の職務内容は変化することになりますが、委託者、受託者及び受益者の権利義務等に関する信託行為の定めは、その信託の終了事由が生じる前と同様の効力を有することになります。

(2)　清算受託者の職務と権限

①　清算受託者の職務

信託が終了した時以後の受託者は、清算受託者として、次の職務を行います（法177）。

　イ　現務の結了

ロ　信託財産に属する債権の取立て及び信託債権に係る債務の弁済

ハ　受益債権（残余財産の給付を内容とするものを除く。）に係る債務の弁済

ニ　残余財産の給付

②　清算受託者の権限等

清算受託者は、信託に別段の定めのある場合を除き、信託の清算のために必要な一切の行為をする権限を有します（法178①）。

また、清算受託者は、次に掲げる場合には、信託財産に属する財産を競売に付することができます（法178②）。

イ　受益者又は帰属権利者が信託財産に属する財産を受領することを拒み、又はこれを受領することができない場合において、相当の期間を定めてその受領の催告をしたとき。

ロ　受益者又は帰属権利者の所在が不明である場合

そして、信託財産に属する財産を競売に付したときは、遅滞なく、受益者又は帰属権利者に対しその旨の通知を発しなければなりません（法178③）。

なお、信託財産に損傷その他の事由による価格の低落のおそれがある物は、上記イの催告をしないで競売に付すことができます（法178④）。

(3)　清算中の信託財産についての破産手続の開始

清算手続中の信託において、信託財産に属する財産がその債務を完済するのに足りないことが明らかになったときは、清算受託者は、直ちに信託財産についての破産手続開始の申立てをしなければなりません（法179①）。

信託財産についての破産手続開始の決定がされた場合において、清算受託者が既に信託財産責任負担債務に係る債権を有する債権者に支払ったものがあるときは、破産管財人は、これを取り戻すことができます（法179②）。

⑷　債務の弁済
①　条件付債権等に係る債務の弁済

清算受託者は、条件付債権、存続期間が不確定な債権その他その額が不確定な債権に係る債務を弁済することができます（法180①）。

条件付債権等に係る債務を弁済するに当たっては、清算受託者が裁判所に鑑定人の選任の申立てをし、鑑定人にこれらの債権の評価をさせた上でその債権に係る債務の弁済をすることになります（法180②）。

ただし、条件付債権等の処理について、清算受託者、受益者、信託債権者及び帰属権利者間で別段の合意がある場合には、その合意した方法によることになります（法180⑥）。

②　債務の弁済前における残余財産の給付の制限

清算受託者は、信託債権に係る債務及び受益債権（残余財産の給付を内容とするものを除く。）に係る債務を弁済した後でなければ、信託財産に属する財産を残余財産受益者又は帰属権利者に給付することができません（法181）。

ただし、その債務について、その弁済をするために必要と認められる財産を留保した場合には給付することができます。

ワンポイント！

　信託法 181 条の規定は、残余財産受益者又は帰属権利者に対して残余財産を給付する時期について、信託債権に係る債務及び受益権に係る債務を弁済した後としなければ残余財産は確定しないこと、また、弁済前に残余財産を給付することは、これらの債権者を害する結果となることから定められているものです。

　ただし、清算の事務処理の便宜上及び清算の結了の迅速化を図る観点から、その債務について、その弁済をするために必要と認められる信託財産を留保した場合には、残余財産を給付することが可能としています。

(5)　残余財産の帰属

　残余財産の帰属主体は、次のとおりです。

①　第一順位

　残余財産は、次に掲げる者に帰属します（法 182 ①）。

　　イ　信託行為において残余財産の給付を内容とする受益債権に係る受益者（以下「残余財産受益者」という。）となるべき者として指定された者

　　ロ　信託行為において残余財産の帰属すべき者（以下「帰属権利者」という。）となるべき者として指定された者

ワンポイント！

(1)　残余財産受益者

　残余財産受益者は、受益債権の内容が残余財産の給付であることを除けば、通常の受益者と異なるところはなく、信託の終了前においても受益者の権利を有します（法 182）。

(2)　帰属権利者

　帰属権利者は、信託行為の定めにより残余財産の帰属すべき者として

指定された者であり、信託行為に別段の定めがある場合を除き、当然に
残余財産の給付をすべき債務に係る債権を取得します（法 183 ①）。

　そして、帰属権利者は、残余財産受益者とは異なり、信託の終了前は
受益者としての権利を有さず、信託の終了後にはじめて受益者としての
権利を有することになります（法 183 ⑥）。

　なお、帰属権利者が有する債権で残余財産の給付をすべき債務に係る
債権については、受益権及び受益債権に関する信託法の規定を準用する
こととされています（法 183 ⑤）。

②　第二順位

　信託行為に残余財産受益者若しくは帰属権利者の指定に関する定め
がない場合又は信託行為の定めにより残余財産受益者若しくは帰属権
利者として指定を受けた者のすべてがその権利を放棄した場合には、
信託行為に委託者又はその相続人その他の一般承継人を帰属権利者と
して指定する旨の定めがあったものとみなします（法 182 ②）。

③　第三順位

　上記①、②により残余財産の帰属が定まらないときは、残余財産
は、清算受託者に帰属します（法 182 ③）。

(6)　信託事務の最終計算

　清算受託者は、清算手続に係る一連の職務を終了したときは、遅滞な
く、信託事務に関する最終の計算を行うとともに、信託が終了した時点
における受益者（信託管理人が現に存する場合にあっては、信託管理人）
及び帰属権利者のすべてに対し、その承認を求めなければなりません
（法 184 ①）。

　受益者及び帰属権利者がこの承認を求められたときから 1 か月以内に異議を述べなかった場合には、承認があったものとみなされます（法184③）。

　また、受益者及び帰属権利者が最終計算を承認したときは、清算受託者の職務執行に不正の行為がない限り、その受益者等に対する責任は免除されたものとみなされます（法184②）。

　このように、信託事務の最終計算は、信託事務の最後の決算の意味であり、信託終了の時における信託事務の内容、すなわち信託財産の現況及びその収支計算等を明らかにするものでなければなりません。

《参考》　公益信託における信託の終了

　私益信託において、信託が終了する場合に、信託行為で定めた残余財産受益者又は帰属権利者がいないときは、信託財産は委託者又はその相続人に帰属します（法182②）。

　公益信託では、公益のために信託行為をした委託者の精神をできる限り生かすため、主務官庁は、当初の信託の目的に類似した目的を持つ信託として継続させることができるものとしています（公益信託ニ関スル法律9）。

第8章　信託の種類

　信託にはさまざまな種類、形態及び内容のものがあるため、その分類も多岐にわたりますが、主として次のように分類されます。

1　信託の設定方法による分類

　信託の設定方法には、①契約による方法、②遺言による方法、③自己信託による方法があります（法3）。

各種信託設定方法のイメージ

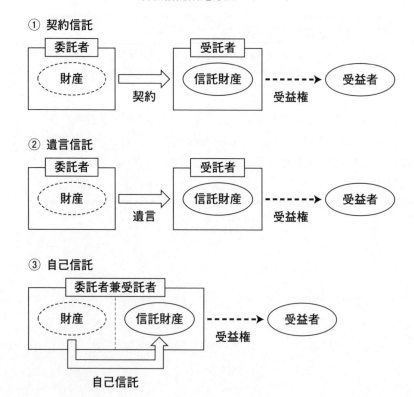

2　契約信託

(1)　信託の方法

　契約信託とは、委託者が、受託者との間で、その受託者に対し財産の譲渡、担保権の設定その他の財産の処分をする旨並びにその受託者が一定の目的（専らその者の利益を図る目的を除く。以下同じ。）に従い財産の管理又は処分及びその他の目的の達成のために必要な行為をすべき旨の契約を締結する方法による信託をいいます（法3一）。

(2)　効力の発生

　信託契約の効力は、委託者と受託者との間の契約の締結によって生じます（法4①）。

　ただし、信託契約の締結後に信託の効力を生じさせる必要があるため、信託契約に停止条件又は始期が付されているときは、その停止条件の成就又はその始期の到来によってその効力を生ずることになります（「遺言信託」及び「自己信託」においても同様です。法4④）。

3　遺言信託

(1)　信託の方法

　遺言信託とは、受託者に対し財産の譲渡、担保権の設定その他の財産の処分をする旨並びにその受託者が一定の目的に従い財産の管理又は処分及びその他の目的の達成のために必要な行為をすべき旨の遺言をする方法による信託をいいます（法3二）。

⑵　効力の発生

　遺言信託の効力は、その遺言の効力の発生により生じます（法4②）。

⑶　信託の引受けの催告

　遺言信託がされた場合において、その遺言に受託者を指定する定めが
あるときは、利害関係人は、受託者として指定された者に対し、相当の
期間を定めて、その期間内に信託の引受けをするかどうかを確答すべき
旨を催告することができます（法5①）。

　ただし、この催告について、その定めに停止条件又は始期が付されて
いるときは、その停止条件が成就し、又はその始期が到来した後に限り
ます。

　この場合、受託者として指定された者は、定められた相当の期間内に
委託者の相続人に対し確答しないときは、信託の引受けをしなかったも
のとみなされます（法5②）。

⑷　裁判所による受託者の選任

　遺言信託がされた場合において、その遺言に受託者の指定に関する定
めがないとき、又は受託者として指定された者が信託の引受けをせず、
若しくはこれをすることができないときは、裁判所は、利害関係人の申
立てにより、受託者を選任することができます（法6①）。

4　自己信託

⑴　信託の方法

　自己信託（公正証書等による意思表示の方法による信託）は、信託法の
改正により、新たに明示的に認められたものであり、委託者が一定の目

的に従い自己の有する一定の財産の管理又は処分及びその他の目的の達成のために必要な行為を自らすべき旨の意思表示を公正証書その他の書面又は電磁的記録でその目的、その財産の特定に必要な事項等を記載し又は記録する方法による信託をいいます（法3三）。

したがって、自己信託では、委託者と受託者が同一人となります。

(2)　効力の発生

自己信託は、次の区分に応じて、その効力が生じると定められています（法4③）。

① 　公正証書又は公証人の認証を受けた書面若しくは電磁的記録（公正証書等）によってされる場合

→ 　その公正証書等の作成

② 　公正証書等以外の書面又は電磁的記録によってされる場合

→ 　受益者となるべき者として指定された第三者（その第三者が2人以上いる場合にあってはその1人）に対する確定日付のある証書によるその信託がされた旨及びその内容の通知

(3)　信託財産に属する財産に対する強制執行等の制限に関する特則

信託財産に属する財産に対しては、信託財産責任負担債務に係る債権に基づく場合を除き、強制執行、仮差押え、仮処分若しくは担保権の実行若しくは競売又は国税滞納処分をすることができないとされています（法23①）。

しかし、自己信託の場合は、委託者がその債権者を害することを知ってその信託をしたときは、信託財産責任負担債務に係る債権を有する債権者のほか、その委託者（受託者であるものに限る。）に対する債権で信託前に生じたものを有する者は、信託財産に属する財産に対し、強制執

行等をすることができます（法23②）。

　ただし、受益者が現に存する場合において、その受益者の全部又は一部が、受益者としての指定を受けたことを知った時又は受益権を譲り受けた時において債権者を害すべき事実を知らなかったときは、この限りではありません（法23③）。

　このように、自己信託の場合には、委託者の債権者は、信託財産に対する強制執行等を容易にすることによって、その利益の保護が図られています。

自己信託の型

① 基本型

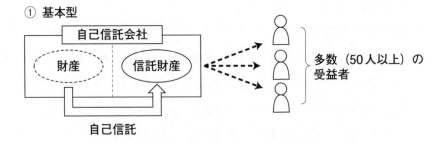

② ビークル介在型

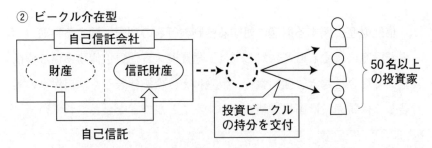

※　「ビークル」とは、資産の証券化などに際して、資産と投資家とを結ぶ機能を担う組織体（特定目的会社、特定目的信託匿名組合等の組織体）をいいます。

③ 同種自己信託反復型

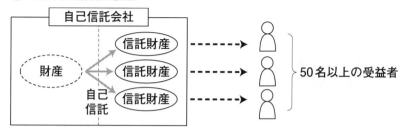

④ 多数受益権発行型

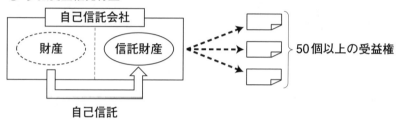

5　目的信託（受益者の定めのない信託）

⑴　目的信託の要件

　目的信託とは「受益者の定めのない信託」をいいますが、受益者の定め又は受益者を定める方法のない信託であって、受益権を有する受益者の存在を予定していないことから、その信託財産は、受益者の利益のためではなく、信託行為で定められた信託の目的達成のために管理・処分等がされます。

　そして、目的信託は、契約及び遺言の方法によってすることができ、自己信託の方法ですることはできません（法258①）。

(2)　目的信託の存続期間

　目的信託は、通常の信託とは異なり、その存続期間が 20 年を超えることはできないとされています（法 259）。

> **ワンポイント！**
>
> 　目的信託における信託の目的は、公益又は公序良俗に反するような場合を除き、特段の制限はないことから、目的信託が設定された場合、その信託行為の内容によっては、信託財産の管理・処分等を受託者の意のままに拘束することが可能ともなるため、このような事態を避けるために、存続期間を 20 年以内に限定することとしています。

(3)　目的信託における委託者等の権利

　目的信託においては、次のとおり、受託者に対する委託者の権利又は信託管理人の権限を強化する規定が設けられています（法 260）。

①　契約の方法でされた目的信託

　通常の信託であれば受益者が有する受託者に対する監督権限等の権利を委託者が有し（法 145 ②各号（6 号を除く。））、受託者が受益者に対して負う義務を委託者に対して負う（法 145 ④）ものとされ、また、信託の変更によって、委託者の権利を制限したり、受託者の義務を減免することはできません（法 260 ①）。

②　遺言の方法でされた目的信託

　信託管理人の定め（法 258 ④）を設けるとともに、信託管理人が遺言執行者又は裁判所により選任されたときは、信託の変更によって、信託管理人の権限のうち委託者の受託者に対する監督権限等の権利（法 145 ②各号（6 号を除く。））を制限することはできません（法 260 ②）。

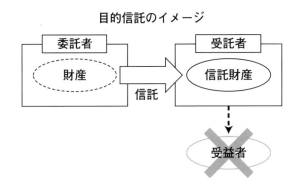

目的信託のイメージ

(4)　**目的信託の法律上の特性**

①　**目的信託の給付を受ける者**

　目的信託は、大学 OB がその大学で優れた研究を行った者に対する奨励金を出捐するために信託を設定するニーズや、ペットや死者の永代供養のための財産を残すといったニーズから導入されたものです。

　目的信託においては、信託財産から一定の給付を受ける者は、受託者を監督する権限を有する受益者とは異なる者と考えられており、講学上「受給権者」とされています。

　例えば、大学 OB がその大学で優れた研究を行った者に奨励金を出捐するために設定した信託における「奨励金を受ける研究者」が受給権者に該当します。

②　**目的信託の受託者**

　目的信託を利用するに当たっては、受託者となることができるのは、国又は地方公共団体のほか、信託に関する信託事務を適正に処理するに足りる財産的基礎及び人的構成を有する法人（純資産の額 5,000 万円超及び法人の役員等に犯罪を犯した者や反社会的団体の構成員等が存しないこと等）とされています（法附則③、令 3）。

　また、目的信託の引受けを営業として行う場合には、さらに、信託会社としての免許又は登録が必要になります（信託業法3、7）。

③　信託の変更

　目的信託（受益者の定めのない信託）においては、信託の変更によって、受益者の定めのある信託にすることはできないとされ、また、受益者の定めのある信託を目的信託にすることもできないとされています（法258②③）。

④　目的信託の問題点

　目的信託については、法律上の特殊性がありますが、信託を設定するに当たり受益者が存在しないため、信託期間中や信託終了時に、誰に信託財産を交付すべきか、受託者の恣意性を排除しつつ信託財産を交付する相手方をどのように決定するべきか、あるいは、委託者に監督能力が乏しい場合にはどのように受託者を監督するか等、検討すべき課題が残されています。

〈受益者の定めのない信託の税法上の取扱い〉

　信託は、税法上の取扱いから、①受益者等課税信託、②法人課税信託及び③それ以外の信託に類型化されます。

　法人税法に規定する「受益者等の存しない信託」とは、受益者及びみなし受益者（受益者以外の者で信託を変更する権限を現に有し、かつ、その信託の信託財産の給付を受けることとされている者）が存しない信託をいい、法人課税信託とされます。

　受益者の定めのない信託（目的信託）は、税法上「法人課税信託」に分類され、信託時に信託財産が委託者から受託者（個人の場合は法人とみなされます。）に贈与されたものとして、受託法人としては受贈益を計上し、法人税が課税されます。

（注）　「第 2 編　第 4 章　法人課税信託」参照。

6　受益証券発行信託

(1)　受益証券発行信託の要件

　受益証券発行信託とは、信託行為において、一又は二以上の受益権を表示する証券（受益証券）を発行する旨の定めのある信託をいいます（法 185 ①）。

　なお、必ずしもすべての受益権について受益証券を発行しなければならないものではなく、特定の内容の受益権については、信託行為において受益証券を発行しない旨を定めることができます（法 185 ②）。

ワンポイント！

　受益証券発行信託は、新信託法により創設された制度であり、受益証券発行信託の受益権（所得税法その他の税法においては「受益証券」の語は使用されず「特定受益証券発行信託の受益権」というように「受益権」という語が使用されています。）は、金融商品取引法において有価証券に該当するものとされています（金融商品取引法 2 ①十四）。

(2)　受益証券発行信託の変更

　受益証券発行信託においては、受益証券発行信託以外の信託に変更できないとされ、また、受益証券を発行しない信託から受益証券発行信託に変更することもできません（法 185 ③④）。

(3)　受益権原簿の作成

　受益証券発行信託では、受益権が有価証券化され、受益権が流通する

ようになると、不特定多数の一般投資家が受益証券を取得することにより受益者となることが想定されます。

このため、不特定多数の受益者と受託者との間の法律関係を円滑に規律することを目的として、受益証券発行信託の各受託者は、遅滞なく、受益権に係る受益債権の内容その他の受益権の内容を特定する事項、受益証券の番号及びその発行日、その受益証券が無記名式か又は記名式かの別、各受益者の氏名又は名称及び住所等を記載又は記録した受益権原簿を作成しなければなりません（法186）。

(4)　受益権の譲渡

①　受益権の譲渡の効力要件

受益証券発行信託における受益権の譲渡は、その受益権に係る受益証券を交付しなければ効力を生じないこととされています（法194①）。

そして、受益証券の占有者は、その受益証券に係る受益権を適法に有するものと推定されるとともに、受益証券の交付を受けた者は、その受益証券に係る受益権についての権利を取得するとされています（法196）。

②　受益権の譲渡の対抗要件

受益証券発行信託の受益権の譲渡は、その受益権を取得した者の氏名又は名称及び住所を受益権原簿に記載し又は記録しなければ、受益証券発行信託の受託者に対抗することができないとされています（法195①）。

なお、無記名式の受益証券が発行されている受益権の譲渡については、受益権原簿に受益者の氏名等が記載されていないことから、受益

証券の交付をもって対抗要件とされています（法 195 ③）。

⑸　受益権の質権設定

　受益証券発行信託の受益権の質権設定については、その受益権に係る受益証券の交付が効力要件であり（法 199）、その質権者は、継続してその受益権に係る受益証券を占有していることが、受益証券発行信託の受託者その他の第三者への対抗要件となります（法 200 ①）。

　なお、受益証券が発行されない旨の定めのある特定の内容の受益権の質権設定については、その質権者の氏名等を受益権原簿に記載し又は記録することをもって、受益証券発行信託の受託者その他の第三者への対抗要件となります（法 200 ②）。

受益証券発行信託のイメージ

〈受益証券発行信託の税法上の取扱い〉
　新信託法において、受益権の証券化を認める受益証券発行信託の制度が創設されたことに伴い、受益証券発行信託の受益権に関する課税関係については、いわゆる投資商品に関するものと同様の取扱いとする整備が行われました。すなわち、受益証券発行信託のうち一定の要件（受託者が税務署長の承認を受けた法人であること、利益留保割合が 1,000 分の 25 を超えない旨の信託行為の定めがあることなど）を満たすものについては、「特定受益証券発行信託」として投資信託と同様の課税関係

とされています。

　特定受益証券発行信託以外の受益証券発行信託については法人課税信託として、受益者は株主又は出資者、受益権は株式又は出資とみなされ、受託者段階では法人税課税が、受益者段階では配当課税又は譲渡益課税がそれぞれ行われます。

(注)「第2編　第4章　法人課税信託」等参照。

7　受益者指定権等の定めのある信託

(1)　受益者指定権等

　受益者指定権等とは、受益者を指定し又はこれを変更する権利をいい、信託行為において受益者指定権等を有する者を定めることができるとされています(法89①)。

　受益者指定権等を有する者としては、委託者が信託行為において自己に留保する場合が典型的ですが、受託者又は第三者がこれらの権利を有すると定めることもできます。

(2)　受益者指定権等の行使の方法

　受益者指定権等は、①受託者以外の者がこの権利者である場合には、受託者に対する意思表示により、②受託者がこの権利者である場合には、受益者となるべき者に対する意思表示により行使されます(法89①⑥)。

　また、受益者指定権等は、その権利者が誰であるかにかかわらず、遺言によって行使することができますが、遺言により受益者指定権等が行使された場合において、受託者がこれを知らないときは、新たに受益者となった者はその受託者に対抗できません(法89②③)。

(3)　旧受益者に対する通知

　受託者は、信託行為に別段の定めのない限り、受益者指定権等が行使されたことにより受益者であった者がその受益権を失ったときは、その者に対し、遅滞なく、その旨を通知しなければなりません（法89④）。

(4)　受益者指定権等の相続性

　受益者指定権等の権利を有する者が死亡した場合に、その受益者指定権等は、信託行為に別段の定めのない限り、相続によって承継されません（法89⑤）。

8　遺言代用信託（委託者の死亡の時に受益権を取得する旨の定めのある信託等の特例）

(1)　遺言代用信託の機能

　遺言代用信託とは、委託者が生前に財産を信託し、委託者の生存中の受益者は委託者自身として、委託者が亡くなった後の受益者を委託者の配偶者や子などと定めて、自己の死亡後の財産の分配を信託によって実現しようとするものであり、遺言（遺贈）と同様の機能を有します。

(2)　遺言代用信託の種類と特則

　遺言の場合、遺言者は遺言を取り消し又は書き換えることができ、受遺者は、遺言者の生前においては、その権利を行使することはできません。

　遺言代用信託においても、委託者は、遺言の場合と同様の取扱いを期待するものと考えて、特則を置いています（法90、148）。

　　①　遺言代用信託の種類

　　　遺言代用信託には次の 2 種類があります（法90①）。

イ　委託者の死亡の時に受益者となるべき者として指定された者が受益権を取得する旨の定めのある信託

ロ　委託者の生前から受益者である（法90②）が、委託者の死亡の時以後に受益者が信託財産に係る給付を受ける旨の定めのある信託

②　遺言代用信託の特則

遺言代用信託においては、信託行為に別段の定めのない限り、委託者は受益者を変更する権利を持つとされており、また、上記①のロの受益者は委託者が死亡するまでは受益者としての権利を有さないとされています（法90①②）。

さらに、遺言代用信託においては、委託者が死亡するまでの間、受益者が現に存しない又は受益者としての権利を行使できない場合があるため、信託行為に別段の定めのない限り、委託者が受託者に対する監督上の権利を有し、また、受託者は委託者に対して通知等の義務を負うとされています（法148）。

遺言代用信託のイメージ

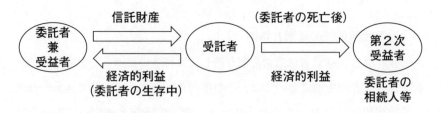

9　後継ぎ遺贈型の受益者連続の信託（受益者の死亡により 他の者が新たに受益権を取得する旨の定めのある信託の 特例）

(1)　後継ぎ遺贈型の受益者連続の信託の機能

　後継ぎ遺贈型の受益者連続の信託とは、第 1 次受益者の死亡により第 2 次受益者が受益権を取得し、第 2 次受益者の死亡により第 3 次受益者が受益権を取得するというように、受益者の死亡により、その受益者の有する受益権が消滅し、他の者が新たな受益権を取得する旨の定め（受益者の死亡により順次他の者が受益権を取得する旨の定めを含む。）のある信託をいいます（法 91）。

(2)　後継ぎ遺贈型の受益者連続の信託の継続期間

　後継ぎ遺贈型の受益者連続の信託においては、その信託がされた時から 30 年を経過した時以後に現に存する受益者がその定めにより受益権を取得した場合に、その受益者が死亡するまで又はその受益権が消滅するまでの間、その効力を有することとして、その存続期間を制限しています（法 91）。

【後継ぎ遺贈型の受益者連続の信託の具体例】

　信託行為において、委託者（A）が生存する間は A を受益者とし、A の死亡により A の妻（B）、B の死亡により A の子（C）が受益者となると定めると、B が A の死亡により受益権を取得したのが信託の設定後 30 年を経過する前であれば、C は B の死亡により受益権を取得しますが、B が受益権を取得したのが信託の設定後 30 年を経過しているときは、C は B が死亡しても受益権を取得することはできません。

　すなわち、後継ぎ遺贈型の受益者連続の信託において、新たな受益者

が受益権を取得することができるのは、信託の成立後 30 年を経過した場合には 1 回に限られますが、この年数制限の範囲内であれば、連続する受益者の数に制限はないことになります。

　なお、信託法には、後継ぎ遺贈型の受益者連続の信託と遺留分との関係についての定めがありませんが、この信託についても遺留分侵害額の請求の対象となるものと考えられます。その場合には、上記の B 又は C は、民法 1043 条 2 項に規定する「存続期間の不確定な権利」を得たものと考えられ、遺留分権利者は、家庭裁判所が任命した鑑定人の評価に従った価額で、受益者 B 又は C 若しくは受託者に遺留分侵害額の請求をすることになります。

後継ぎ遺贈型の受益者連続型信託のイメージ

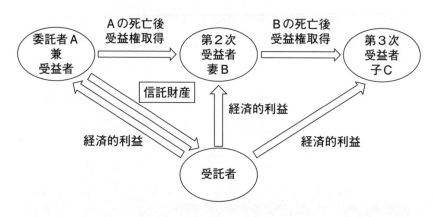

※　委託者である夫 A が信託設定（効力発生時）から 30 年経過後に死亡し、妻 B が第 2 次受益者として受益権を取得した場合には、妻 B が死亡した時点で信託は終了します。

10　限定責任信託

(1)　限定責任信託

　限定責任信託とは、受託者がその信託のすべての信託財産責任負担債務について、信託財産に属する財産のみをもってその履行の責任を負う信託をいいます（法2⑫）。

> **ワンポイント！**
>
> 　信託では、受託者が信託事務の処理を行うに際して第三者との間で負担した債務については、信託財産のみならず受託者の固有財産も責任財産となるのが原則です。
>
> 　しかし、実務上は、受託者が固有財産で責任を負わないよう、第三者との取引により負担する債務について、信託財産のみを責任の範囲とする契約（責任財産限定特約）を個別に締結するケースが少なくありません。
>
> 　限定責任信託は、受託者の責任財産を信託財産に限定することで、パイロット事業、プロジェクト事業や不動産等資産流動化のための事業に有用とされる類型の信託です。

(2)　限定責任信託の効力要件

　限定責任信託は、信託行為において、そのすべての信託財産責任負担債務について受託者が信託財産に属する財産のみをもってその履行の責任を負う旨の定めをし、その登記をすることによって、限定責任信託としての効力が生じます（法216①、232）。

　なお、登記をするに当たっては、信託行為における①限定責任信託の目的、名称、②委託者及び受託者の氏名又は名称及び住所、③限定責任信託の主たる事務処理地、④信託財産に属する財産の管理又は処分の方

法その他法令で定める事項を定めなければなりません。

(3)　限定責任信託の効果

　限定責任信託においては、信託財産責任負担債務に係る債権に基づいて固有財産に属する財産に対して強制執行、仮差押え、仮処分又は担保権の実行若しくは競売又は国税滞納処分をすることができません（法217①）。

　ただし、受託者が信託事務を処理するについてした不法行為によって生じた権利に係る債務は信託財産責任負担債務となるため（法21①八）、その権利に係る債権については、固有財産に対する強制執行等が可能です。

(4)　債権者保護等のための措置

　限定責任信託における債権者保護のための措置については、次のとおりです。

① 　信託の名称中には「限定責任信託」の文字を使用する必要があります（法218①）。

② 　受託者は、限定責任信託の受託者として取引をするに当たっては、限定責任信託である旨を示さなければ、これをその取引の相手方に主張することができません（法219）。

③ 　限定責任信託における帳簿その他の書類又は電磁的記録の作成、内容の報告及び保存並びに閲覧・謄写については、信託法上、特別規定が設けられています（法222）。

④ 　限定責任信託において、受託者が信託事務を行うについて悪意又は重大な過失があったときは、その受託者は、これによって第三者に生じた損害を賠償する責任を負います（法224①）。

11　受益証券発行限定責任信託

　受益証券発行限定責任信託とは、受益証券発行信託である限定責任信託をいい、信託行為の定めにより会計監査人を置くことができます（法248①）。

　この信託は、株式会社に近いものであり、信託に関する会計の的確性を確保する必要から、会計監査人制度が規定され、最終貸借対照表の負債の部に計上した額の合計額が200億円以上であるものは、会計監査人を置かなければならないとされています（法248②）。

　なお、会計監査人は、公認会計士又は監査法人でなければなりません（法249①）。

第9章　信託の利用方法

　信託の利用方法はいろいろ考えられますが、例えば、①投資家を募るために信託を利用し、委託者兼受益者から集めた金銭で投資を行う信託、②資産の流動化を行う信託、③財産管理信託等の利用方法などがあります。

1　投資家を募る利用形態

　信託を利用することにより、多数の投資家を募ることで規模のメリットを生かした投資を行うことが可能となります。

投資家を募る信託のイメージ

2　資産の流動化

　受益権を分割することにより資産を小口化して販売しやすくしたり、受益権に優先劣後の構造を採り入れることにより優先受益者のための信用補完をすることが可能となります。

金銭債権流動化信託のイメージ

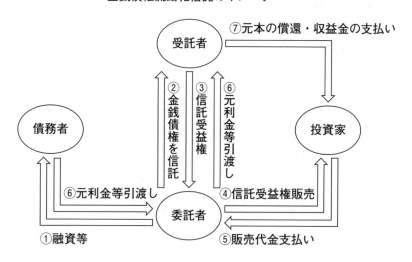

不動産流動化信託のイメージ

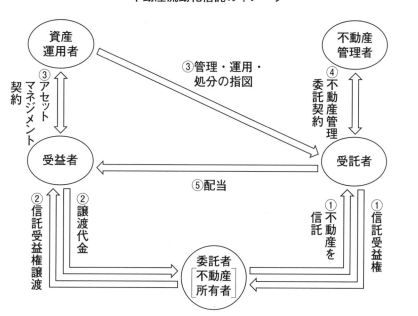

3　財産管理信託

　信用のある受託者を選任することにより財産管理能力に不安のある高齢者や障害者の財産を適切に管理してもらうことが可能になります。

財産管理信託のイメージ

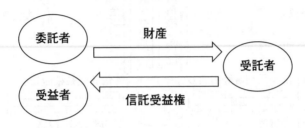

　このように、信託においては、委託者が保有する財産を信託財産として受益権化することにより、もともとの財産の性質にとらわれず、様々な形で利用することができます（信託の転換機能）。

第 10 章　信託に係る法規制

1　信託業法

　受託者が不特定多数の者から営業として信託を受ける場合には、信託業法の規制があります（信託業法 2）。

　信託業は、内閣総理大臣の免許を受けた者が営むことができ（信託業法 3）、また、内閣総理大臣の登録を受けた者が管理型信託業（信託業法 2 ③）を営むことができるとされています（信託業法 7 ①）から、信託の引受けを営業として行う場合には、信託会社としての免許又は登録が必要となります。

　ここで、信託の引受けを営業として行うとは、反復継続して信託の引受けを行うことと解されており、仮に、1 回の信託の引受けであっても反復継続して信託の引受けを行うことを予定している場合には、営業として信託の引受けを行ったものと解されます。

　なお、信託会社としての免許又は登録を受けずに信託の引受けを営業として行った場合には、3 年以下の懲役若しくは 300 万円以下の罰金に処し、又はこれを併料すると規定されています（信託業法 91）。

2　金融商品取引法

　受益権の売買や受益権の募集の取扱い等を業として行う場合には、金融商品取引業者としての登録（金融商品取引法 29）が必要になる場合があります。

3　法規制の理由

　信託法のほかに信託業法や金融商品取引法の規制が設けられているの
は、主に、信託の引受けを行う業者等と一般顧客との間には、交渉力や
情報量に格差があるため、業者に対する規制を設けることにより一般顧
客を保護することにあります。

第 2 編　信託と税務

第1章　信託税制の概要

　平成18年12月に新信託法が制定（平成18年法律第108号）され、こ
れにより信託の利用機会が大幅に拡大されて、多様な信託が可能となり
ました。

　これを受けて、平成19年度税制改正（平成19年法律第6号ほか）に
おいて、新信託法の制定に伴う信託税制の整備が行われました。

1　改正前の信託税制の概要

　信託は、一般的に、受託者が受益者のために信託財産の管理・処分を
行う制度ですが、改正前の信託税制においては、課税の中立・公平を基
本理念として、旧信託法の信託の類型に応じて、次のとおり課税関係が
定められていました。

　また、相続税又は贈与税については、委託者以外の者が受益者となる
信託が無償で設定等をされた場合に、委託者から受益者への信託の利益
を受ける権利の遺贈又は贈与があったものとみなして、受益者に対して
課税されていました。

(1)　受益者段階課税（発生時課税）……不動産、動産の管理等の一般的な信託を対象

　信託財産に帰せられる収入及び支出については、次の場合に応じ、信
託収益の発生時にそれぞれ次の者がその信託財産を有するものとみなし
て、その者の各年分の各種所得の金額又は各事業年度の所得の金額が計
算されて、所得税又は法人税が課税されるとともに、その信託財産に係
る資産の譲渡等については消費税が課税されていました。

①　受益者が特定している場合

　→　その受益者

②　受益者が特定していない場合又は存在していない場合

　→　その信託財産に係る信託の委託者

⑵　**受益者段階課税（受領時課税）……合同運用信託、年金信託及び一般的な投資信託**

　信託収益を受益者が現実に受領した時にその受益者に対して所得税又は法人税が課税されていました。

⑶　**信託段階法人課税……特定目的信託及び一定の投資信託**

　特定信託の受託者である法人を納税義務者として、各特定信託の各計算期間の所得に対する法人税が課税されるとともに、その信託財産に係る資産の譲渡等には消費税が課税されていました。

2　改正後の信託税制の概要

　信託税制は、新信託法の信託の類型を踏まえて、次のとおり改正されました。

　また、受益者等が存しない信託、受益者連続型信託等について、相続税又は贈与税の課税の規定が整備されました。

⑴　**受益者段階課税（発生時課税）**

　信託財産に属する資産及び負債並びに信託財産に帰せられる収益及び費用の帰属すべき者の範囲について、対象となる受益者を明確化するなどの規定が整備されました。

(2)　受益者段階課税（受領時課税）

　信託収益を受益者が現実に受領した時にその受益者に対して課税される信託の範囲に、特定受益証券発行信託が追加されました。

(3)　信託段階法人課税

　信託段階において受託者を納税義務者として法人税及び消費税が課税される信託の範囲に、次に掲げる信託が追加されました。

①　特定受益証券発行信託以外の受益証券発行信託

②　受益者等が存しない信託

③　法人が委託者となる信託のうち一定の要件に該当するもの

ワンポイント！　新信託法と税制上の整備

■　多様な信託の類型が可能　→　信託の利用機会の拡大

○自己信託　→　委託者自らが受託者となる信託

○目的信託　→　受益者の定めのない信託

○受益証券発行信託　→　受益権の証券化が一般的に認められた信託

○受益者指定権等を有する定めのある信託等

　→　信託行為に、一定の場合に受益権が移転する定めのある信託

■　税制上の整備

○課税の公平・中立性の確保

○多様な信託の類型への課税上の対応

○法人税・相続税等の租税回避の防止

改正後の信託税制の概要

【課税方法】　　　　　　　　　　【信託の種類】

受益者段階課税 （発生時課税）	○　受益者等課税信託 ・　信託の受益者を信託財産に属する資産・負債及び信託 　財産に帰せられる収益・費用の帰属すべき者とみなして 　課税 ・　信託損失の適正化

受益者段階課税 （受領時課税）	○　集団投資信託 ・　合同運用信託 ・　特定受益証券発行信託
	○　一定の投資信託 ○　退職年金等信託 ○　特定公益信託等

信託段階法人課税	○　法人課税信託 ・　特定受益証券発行信託に該当しない受益証券発行信託 ・　受益者等が存しない信託 ・　法人が委託者となる信託のうち一定の信託
	○　投資信託（受領時課税される信託以外） ○　特定目的信託

その他	○　受益者連続型信託等に対し相続税等を課税する措置 ○　受益者等が存在しない信託を利用した相続税等の租 　税回避に対応する措置

（注）網掛け部分が平成 19 年度税制改正により措置されたものです。

3　改正後における信託税制の具体的内容

(1)　信託財産に属する資産及び負債並びに信託財産に帰せられる収益及び費用の帰属すべき者の範囲（所得税・法人税・消費税）

①　発生時課税される信託の受益者については、その信託財産に属する資産及び負債を有するものとみなし、かつ、その信託財産に帰せられる収益及び費用はその受益者の収益及び費用とみなして、その受益者の各年分の各種所得の金額又は各事業年度の所得の金額の計算をするとともに、その信託財産に係る資産の譲渡等については消費税が課税されることになりました。

②　受益者の範囲は、受益者としての権利を現に有するものに限られることとなり、また、信託の変更をする一定の権限を現に有し、かつ、その信託の信託財産の給付を受けることとされている者も受益者とみなされることになりました（みなし受益者）。

(2)　特定受益証券発行信託（法人税・所得税）

特定受益証券発行信託の受益権は株式等とされることから、受益者である個人の受益権の譲渡による所得は、株式等に係る譲渡所得等として所得税が課税されることとなりました。また、その収益の分配については、配当所得とされるとともに、受託者はその収益の分配を行う際、所得税の源泉徴収を行うことになりました。

(注)　受益者が受ける収益の分配については、所得税法上の配当控除及び法人税法上の受取配当等の益金不算入に関する規定は適用されません。

なお、詳細は「第5章　特定受益証券発行信託」を参照のこと。

(3) 受益証券発行信託（法人税・所得税）

　特定受益証券発行信託に該当しない受益証券発行信託については、受託者を納税義務者として、その信託の信託財産に係る所得について、その受託者の固有財産に係る所得とは区別して法人税が課税されることになりました。

> （注）　法人税が課税される受益証券発行信託については、次の①及び②のとおり取り扱われます。
>
> 　①　受益権は株式又は出資とみなされることから、受益者である個人の受益権の譲渡による所得は、株式等に係る譲渡所得等として所得税が課税されることになりました。
>
> 　②　収益の分配については、所得税法上、剰余金の配当（配当所得）とみなされるとともに、受託者は、その収益の分配を行う際、所得税の源泉徴収を行うことになりました。

(4) 受益者等が存しない信託（法人税・所得税・相続税・贈与税）

〔受託者に対する課税〕

　①　受益者及びみなし受益者（受益者等）が存しない信託（遺言により設定された目的信託等）については、受託者を納税義務者として、その信託の信託財産に係る所得について、その受託者の固有財産に係る所得とは区別して法人税が課税されることになりました。

　②　受益者等が存しない信託の設定時において、受託者に対して、その信託財産の価額に相当する金額について受贈益として法人税が課税されることになりました。

> （注）　受益者等が存しない信託の効力発生時等に、その後に受益者等となる者が委託者等の親族である場合には、受託者に対して委託者から信託に関する権利を遺贈又は贈与により取得したものとみなして相続税又は贈与税が課税されることになりました。なお、その相続税又は贈与税については、

　その受託者に課されるべき法人税等が控除されます。

〔委託者に対する課税〕

　受益者等が存しない信託の設定時において、委託者である個人から、その信託財産の価額に相当する金額により受託者に対する贈与による資産の移転があったものとみなして、その委託者に対して所得税が課税されることになりました。

〔受益者等が存在することとなった場合の課税〕

　受益者等が存しない信託について、その後に受益者等が存在することとなった場合には、その受益者等に対して受益権の取得による受贈益については、所得税又は法人税は課税されないことになりました。

　なお、その後、受益者等は上記(1)の取扱いを受けることになります。

> （注）　受益者等が存しない信託について、契約締結時等において存しない者がその後に受益者等となる場合に、その受益者等が信託契約締結時等における委託者の親族である場合には、その受益者等に対して個人から信託に関する権利が贈与されたものとみなして贈与税が課税されることになりました。

〔受益者等が存在することなく信託が終了した場合の課税〕

　受益者等が存しない信託について、受益者等が存在することなく信託が終了した場合には、残余財産を取得した帰属権利者に対して所得税又は法人税が課税されることとなりました。

(5)　**法人が委託者となる信託のうち一定の要件に該当するもの（法人税）**

　法人（公共法人及び公益法人等を除く。）が委託者となる信託のうち、次の要件のいずれかに該当するものについては、受託者を納税義務者として、その信託の信託財産に係る所得について、その受託者の固有財産

に係る所得とは区別して法人税が課税されることになりました。

①　その信託の効力発生時において、委託者である法人の重要な事業
　　が信託されたもので、その法人の株主等が受益権の50％超を取得
　　することが見込まれていたこと（金銭以外の信託財産の種類がおおむ
　　ね同一である場合を除く。）

②　その信託の効力発生時等において、自己信託等^(注)であり、か
　　つ、その存続期間が20年を超えるものとされていたこと（信託財
　　産に属する主たる資産が減価償却資産の場合において、その減価償却資
　　産の耐用年数が20年を超えるとき等を除く。）

　　（注）　委託者である法人が受託者である場合又は委託者である法人との間に一
　　　　定の特殊の関係のある者（特殊関係者）が受託者である場合のいずれかの
　　　　信託をいいます。

③　その信託の効力発生時において、委託者である法人の特殊関係者
　　を受益者とする自己信託等で、その特殊関係者に対する収益の分配
　　割合の変更が可能であること

(6)　受益者連続型信託等（相続税・贈与税・所得税）

　受益者連続型信託等（信託行為に、一定の場合に受益権が順次移転する
定めのある信託、受益者指定権等を有する者の定めのある信託その他これら
の信託に類似する信託）については、次のとおり課税されることとなり
ました。

①　適正な対価を負担せずに受益者連続型信託等の受益者等となる者
　　があるときは、受益者等となった時において、その受益者等である
　　個人に対して、委託者（又はその受益者等の直前の受益者等）である
　　個人から受益権を遺贈又は贈与により取得したものとみなして、相
　　続税又は贈与税が課税されることになりました。

　　なお、その受益者等が法人である場合には、贈与により受益権に係る資産の移転が行われたものとして、その委託者（又はその受益者等の直前の受益者等）である個人に対して所得税が課税されることになりました。

②　上記①の受益者連続型信託等の受益権については、課税される受益者等がその受益権のすべてを取得するものとみなして、相続税又は贈与税が課税されることになりました。

(7)　信託の損失に係る適正化（所得税・法人税）

①　発生時課税される信託の受益者等である個人のその信託に係る不動産所得の損失は、生じなかったものとみなされることになりました。

②　発生時課税される信託につき、受益者等である法人のその信託による損失の額のうち、その信託の信託財産の帳簿価額を基礎として計算した金額を超える部分の金額は、損金の額に算入されないことになりました。また、損失補塡契約等により信託による損益が明らかに欠損とならないと見込まれるときには、その損失の全額が損金の額に算入されないことになりました。

(8)　消費税における信託財産に係る資産の譲渡等の帰属等

　　信託段階において法人税が課税される信託に該当するものについては、その受託者の信託財産に係る資産の譲渡等（受託事業）について、その受託者の固有財産に係る資産の譲渡等（固有事業）とは区別して消費税が課税されることになりました。

　　(注)　この場合、固有事業、受託事業それぞれについて受託者が確定申告等を行うことになりますが、納税義務の判定に当たっては、固有事業の基準期間に

おける課税売上高とその基準期間に対応する期間における各受託事業の課税売上高の合計額により判定することになります。

　なお、受託事業の簡易課税制度の適用については、その課税期間の初日において固有事業が簡易課税制度の適用を受ける事業者である場合に限り適用されます。

(9)　その他の改正

〔法定調書〕

　信託に関する受益者別（委託者別）調書について、提出義務者の範囲を拡大し原則としてすべての受託者とするほか、信託設定時に加えて受益者等を変更した時や信託の終了時等にも調書を提出することになりました。また、信託の計算書について信託財産に属する資産及び負債の明細や受益者指定権等を有する者に関する事項等を記載するなど、所要の整備が行われました。

〔印紙税〕

　受益証券発行信託の受益証券が印紙税の課税対象に加えられました。

〔国税の納付義務の承継・第二次納税義務〕

　受託者の任務が終了し、新受託者が就任した場合、又は、受託者である法人の分割により、その受託者としての権利義務を承継した法人がある場合には、これらの者は国税の納付義務を承継することになりました。また、信託が終了し、その信託に係る国税を納付しないで信託財産を残余財産受益者等に給付をしたときは、一定の場合に限り、清算受託者及び残余財産受益者等は第二次納税義務を負うこととなりました。

第2章　信託の税法上の分類

　信託は、税法上の取扱いから、①受益者等課税信託、②法人課税信託、③それ以外の信託に類型化されます。

1　受益者等課税信託

　受益者等課税信託とは、集団投資信託、退職年金等信託、特定公益信託等及び法人課税信託以外のいわゆる一般的な信託をいいます。

　受益者等課税信託においては、その信託の受益者（受益者としての権利を現に有するものに限る。）がその信託の信託財産に属する資産及び負債を有するものとみなし、かつ、その信託財産に帰せられる収益及び費用はその受益者の収益及び費用とみなして、所得税法、法人税法及び消費税法の規定を適用します（所法13①、法法12①、消法14①）。

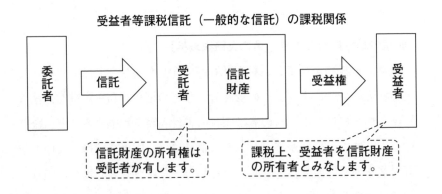

受益者等課税信託（一般的な信託）の課税関係

2　法人課税信託

　法人課税信託とは、集団投資信託、退職年金等信託、特定公益信託等

以外のもので、次に掲げる信託をいいます（所法２①八の三、法法２二十九の二）。

① 受益証券を発行する旨の定めのある信託（集団投資信託に分類される「特定受益証券発行信託」を除く。）

② 受益者等が存しない信託

③ 法人（公共法人及び公益法人等を除く。）が委託者となる次に掲げるいずれかの要件に該当するもの

　　イ　その法人の事業の全部又は重要な一部を信託し、かつ、信託効力発生時に受益権の50％超をその法人の株主等が取得すると見込まれる一定の信託

　　ロ　その法人又はその法人の特殊関係者を受託者とする信託で、存続期間が20年超の一定の信託

　　ハ　その法人又はその法人の特殊関係者を受託者、その法人の特殊関係者を受益者とする信託で、収益分配割合が変更可能である一定の信託

④ 投資信託（集団投資信託とされる信託以外の投資信託）

⑤ 特定目的信託

　法人課税信託の信託財産に帰せられる収益及び費用は、その受益者の収益及び費用とはみなさず、その法人課税信託の受託者に対して、法人税が課税されます。

　また、法人課税信託の受託者は、課税上、各法人課税信託の信託資産等及び固有資産等ごとにそれぞれ別の者としてみなすとともに、その信託資産等及び固有資産等は、その各別の者とみなされた者にそれぞれ帰属します（所法６の２、法法４の６）。

　なお、その信託の受託者が個人であったとしても受託法人とされ会社とみなします（所法６の３、法法４の７）。

（注1）　「信託資産等」とは、信託財産に属する資産及び負債並びに信託財産に
　　　帰せられる収益及び費用をいいます。

（注2）　「固有資産等」とは、受託者の信託資産等以外の資産及び負債並びに収
　　　益及び費用をいいます。

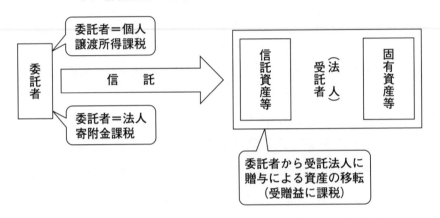

法人課税信託：受益者等が存しない信託の課税関係

3　集団投資信託、退職年金等信託、特定公益信託等

(1)　集団投資信託

　集団投資信託とは、合同運用信託、投資信託のうち一定のもの及び特
定受益証券発行信託をいいます（所法13③一、法法2二十九）。

　集団投資信託は、受益者等課税信託に対する課税の取扱い（上記1）
から除外されることから、集団投資信託の信託財産に帰せられる収益及
び費用は、その受益者の収益及び費用とはみなしません（所法13①ただ
し書、法法12①ただし書）。

　そして、集団投資信託から信託の受益者に対して収益の分配が行われ
るに当たり、受益者が個人である場合には利子所得又は配当所得とし

て、受益者が法人である場合には内国法人の課税所得又は外国法人の課税所得として所得税が課税されます（所法 23、24 ①、161 ①、174、178）。

(2)　退職年金等信託

退職年金等信託とは、次に掲げる契約に係る信託をいいます（所法 13 ③、法法 12 ④一）。

① 　確定給付年金資産管理運用契約

② 　確定給付年金基金資産運用契約

③ 　確定拠出年金資産管理契約

④ 　勤労者財産形成給付契約若しくは勤労者財産形成基金給付契約

⑤ 　国民年金基金若しくは国民年金基金連合会の締結した国民年金法に規定する契約

⑥ 　①〜⑤に類する退職年金に関する契約で政令で定めるもの

退職年金等信託の信託財産に帰せられる収益及び費用は、その受益者の収益及び費用とはみなしません（所法 13 ①ただし書、法法 12 ①ただし書）。

そして、退職年金等信託からその信託契約に基づいて受益者に対して支払われる一時金、年金等については、退職所得、雑所得（公的年金等）として所得税が課税されます（所法 31、35）。

(3)　特定公益信託等

特定公益信託等とは、特定公益信託（法人税法 37 条 6 項に規定するもの）及び加入者保護信託（社債、株式等の振替に関する法律 2 条 11 項に規定するもの）をいいます（法法 12 ④二）。

法人が受託者となる特定公益信託等の信託財産に属する資産及び負債

並びに信託財産に帰せられる収益及び費用は、その法人の各事業年度の所得の金額の計算上、その法人の資産及び負債並びに収益及び費用でないものとみなされることから、受託者段階での課税は生じません（法法12③）。

〈公益信託と特定公益信託〉

1　公益信託

　公益信託とは、次に掲げる要件のすべてを満たす信託をいいます（公益信託ニ関スル法律2①②）。

(1)　受益者の定めのない信託

(2)　学術、技芸、慈善、祭祀、宗教その他公益を目的とするもの

(3)　受託者において主務官庁の許可を受けるもの

(注)　受益者の定めのない信託は20年の期間を超えて存続することはできませんが、公益信託にその制限はありません。

2　特定公益信託

　特定公益信託とは、公益信託のうち次に掲げる要件のすべてを満たす信託をいいます（所法78③、所令217の2①、所規40の10①、法法37⑥、法令77の4①、法規23の4①）。

(1)　公益信託のうち、信託の終了の時における信託財産がその信託の委託者に帰属しないこと。

(2)　受託者は信託会社（信託銀行を含む。）であること。

(3)　信託行為において次の事項が明らかであること。

　①　公益信託の終了の場合において、その信託財産が国若しくは地方公共団体に帰属し、又はその公益信託が類似の目的のための公益信託として継続するものであること。

　②　合意による終了ができない公益信託であること。

　③　公益信託の受託者が信託財産として受け入れる資産は金銭に限られること。

(2)　受託者は信託会社（信託銀行を含む。）であること。

(3)　信託行為において次の事項が明らかであること。

①　公益信託の終了の場合において、その信託財産が国若しくは地方公共団体に帰属し、又はその公益信託が類似の目的のための公益信託として継続するものであること。

②　合意による終了ができない公益信託であること。

③　公益信託の受託者が信託財産として受け入れる資産は金銭に限られること。

④　公益信託の信託財産の運用は、預貯金、国債及び地方債等の債券又は貸付信託の受益権の取得の方法によること。

⑤　公益信託の信託管理人が指定されていること。

⑥　公益信託の受託者が信託財産の処分を行う場合には、その公益信託の目的に関し学識経験者の意見を聴かなければならないこと。

⑦　信託管理人及び学識経験者に対し信託財産から支払われる報酬の額は、その任務の遂行のために通常必要な費用の額を超えないこと。

⑧　受託者が信託財産から受ける報酬の額は、信託事務の処理に要する経費として通常必要な額を超えないこと。

(4)　上記(1)～(3)の要件を満たす公益信託であることについて主務大臣の証明を受けていること。

第3章　受益者等課税信託

1　受益者等の範囲

(1)　受益者の定義

　受益者等課税信託において課税対象となる受益者とは、受益者としての権利を現に有するもの及びみなし受益者（信託の変更をする権限を現に有し、かつ、その信託の信託財産の給付を受けることとされている者（受益者を除く。））をいいます（所法13①②、法法12①②）。

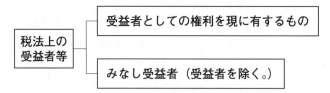

　したがって、受益者が未だ存在していない場合（例えば、将来生まれてくる子や孫を受益者と定める信託）又は受益者が特定していない場合（例えば、将来実施される大会における優勝者を受益者と定める信託）の受益者は、「受益者としての権利を現に有するもの」には含まれないことになります。

〈信託法上の定義〉

　信託法上、受益者とは受益権を有する者をいい、受益権とは受益債権及びこれを確保するために信託法に基づいて受託者その他の者に対し一定の行為を求めることができる権利をいいます（法2⑥⑦）。

(注)　受益債権とは、信託行為に基づいて受託者が受益者に対して負う債務であって信託財産に属する財産の引渡しその他の信託財産に係る給付をすべきものに係る債権をいいます。

(2)　受益者等課税信託に係る受益者の範囲

　「信託の受益者（受益者としての権利を現に有するものに限る。）」には、原則として、例えば、残余財産受益者(注) は含まれますが、次に掲げる者は含まれません（所基通13-7、法基通14-4-7、相基通9の2-1）。

　　(注)　残余財産受益者は、信託行為において残余財産の給付を内容とする受益債
　　　　　権に係る受益者として指定された者をいい、信託の終了前から受益者として
　　　　　の権利を有しています（法182①一）。

①　帰属権利者（信託の終了前の期間に限る。）

　帰属権利者は、残余財産受益者とは異なり、信託の清算中にのみ受益者とみなされることから（法183⑥）、信託の終了前は受益者としての権利を有さず、信託の終了後にはじめて受益者としての権利を有することとされているため、信託終了前の期間は「受益者としての権利を現に有するもの」には含まれません。

②　委託者の死亡の時に受益権を取得する旨の定めのある信託（法90①一）の受益者として指定された者（委託者の死亡前の期間に限る。）

　その信託の受益者となるべき者として指定された者は、委託者が死亡してはじめて受益権を取得するため、委託者が死亡する前までの期間は「受益者としての権利を現に有するもの」ということはできません。

③　委託者の死亡の時以後に信託財産に係る給付を受ける旨の定めのある信託（法90①二）の受益者（委託者の死亡前の期間に限る。）

　その信託の定めによる受益者は、委託者が死亡してはじめて信託財産に係る給付を得ることができるため、委託者が死亡する前までの期間については「受益者としての権利を現に有するもの」ということはできません。

2　みなし受益者

(1)　みなし受益者の要件

　みなし受益者とは、受益者以外の者で、信託を変更する権限（軽微な変更をする権限として政令で定めるものを除く。）を現に有し、かつ、その信託の信託財産の給付を受けることとされている者をいいます（所法13②、法法12②）。

　なお、相続税法では、みなし受益者を「特定委託者」といいます（相法9の2⑤）。

　みなし受益者の要件については、次のとおりです（所令52①〜③、法令15①〜③）。

　　①　みなし受益者が「信託を変更する権限を現に有する」場合において、軽微な変更をする権限として除外されるものとは、信託の目的に反しないことが明らかである場合に限り信託の変更をすることができる権限をいいます。

　　②　みなし受益者が信託を変更する権限には、他の者との合意によって信託の変更をすることができる権限が含まれます。

　　③　停止条件が付された信託財産の給付を受ける権利を有する者は、みなし受益者に該当します。

(2)　受益者とみなされる委託者

　受益者とみなされる者には、信託の変更をする権限を現に有している委託者が、次に掲げる場合であるものが含まれます（所基通13-8、法基通14-4-8、相基通9の2-2）。

　　①　委託者が信託行為の定めにより帰属権利者として指定されている場合

②　信託行為に残余財産受益者若しくは帰属権利者の指定に関する定めのない場合

③　信託行為の定めにより残余財産受益者若しくは帰属権利者として指定を受けた者のすべてがその権利を放棄した場合

3　信託財産に係る資産及び負債並びに収益及び費用の帰属

(1)　受益者等課税信託における受益者

受益者等課税信託の受益者（みなし受益者を含む。以下、この章において同じ。）は、その信託の信託財産に属する資産及び負債を有するものとみなし、かつ、その信託財産に帰せられる収益及び費用はその受益者の収益及び費用とみなして、所得税法及び法人税法の規定を適用します（所法 13 ①②、法法 12 ①②）。

(2)　受益者が複数存在する場合

受益者が複数存在する場合には、信託の信託財産に属する資産及び負債の全部についてそれぞれの受益者がその有する権利の内容に応じて有するものとし、その信託財産に帰せられる収益及び費用の全部についてそれぞれの受益者にその有する権利の内容に応じて帰せられるものとして、所得税法及び法人税法の規定を適用します（所令 52 ④、法令 15 ④）。

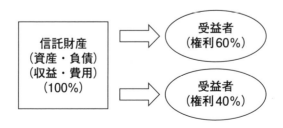

(3)　受益者としての権利

　受益者等課税信託において課税対象となる受益者は、受益者としての権利を現に有するものに限られているので、例えば、一の受益者が有する受益者としての権利がその信託財産に係る受益者としての権利の一部にとどまる場合であっても、その残りの権利を有する者が存在しない又は特定されていないときには、その受益者がその信託の信託財産に属する資産及び負債の全部を有するものとみなし、かつ、その信託財産に帰せられる収益及び費用の全部が帰せられるものとみなします（所基通13-1、法基通14-4-1）。

〈受益者が有する受益者としての権利の範囲〉

　受益者としての権利の範囲について、具体例を示せば次のとおりです。

①　一の受益者が有する受益者としての権利が全体の権利のうち70％、残余の30％の権利について受益者不存在又は不特定の場合においては、その信託財産に属する資産及び負債の全部を有するとみなされ、かつ、その信託財産に帰せられる収益及び費用の全部が帰せられるものとみなされるのは、受益者としての権利を現に有するものに限られるので、権利の一部（70％）を有する者が、その余の権利を含めて受益者としての権利の全部（100％）を有するものとして課税関係が生じます。

②　二の受益者が有する受益者としての権利が全体の権利のうち70％（各35％）にとどまり、残余の権利（30％）については受益者不存在又は不特定のときには、上記(2)のとおり、受益者が複数の場合、その信託財産に属する資産及び負債の全部をそれぞれの受益者がその有する権利に応じて有するものとし、その信託財産に帰せられる収益及び費用の全部がそれぞれの受益者にその有する権利の内容に応じて帰せられるものとされている（所令52④、法令15④）ので、各受益者の権利の内容（各35％）に応じた均等の権利を有

することとなり、その信託財産に属する資産及び負債並びにその信託財産に帰せられる収益及び費用の50%がそれぞれの受益者に帰属するものとして課税関係が生じます。

＜受益者が有する受益者としての権利の範囲＞
受益者としての権利の範囲（②のケース）

［信託財産］

受益者A 資産・負債 収益・費用 （35%）	受益者 不存在等 （30%）	受益者B 資産・負債 収益・費用 （35%）

受益権

受益者A 資産・負債 収益・費用 （35%）	A （15%）	B （15%）	受益者B 資産・負債 収益・費用 （35%）

受益権A　　　　　　　　受益権B

4　信託財産に帰せられる収益・費用の帰属の時期

(1)　受益者が個人の場合

　受益者等課税信託の信託財産に帰せられる収益及び費用は、その信託行為に定める信託の計算期間にかかわらず、その信託の受益者のその年分の各種所得の金額の計算上総収入金額又は必要経費に算入します（所

基通13-2）。

(2)　受益者が法人の場合

　法人の各事業年度の所得の金額の計算上、受益者である法人の収益及び費用とみなされる受益者等課税信託の信託財産に帰せられる収益及び費用は、その信託行為に定める信託の計算期間にかかわらず、その法人の各事業年度の期間に対応する収益及び費用になります（法基通14-4-2）。

5　信託財産に帰せられる収益・費用の額の計算

(1)　受益者が個人の場合

　受益者の受益者等課税信託に係る各種所得の金額の計算上総収入金額又は必要経費に算入する金額は、その信託の信託財産から生ずる利益又は損失をいうのではなく、その信託財産に属する資産及び負債並びに信託財産に帰せられる収益及び費用をその受益者のこれらの金額として計算したところによります（所基通13-3）。

　したがって、各種所得の金額の計算上総収入金額又は必要経費に算入する額は、信託に係る収益の分配として受けたものではなく、受益者がその有する権利の内容に応じて有するものとされる信託財産に属する資産及び負債並びに受益者にその有する権利の内容に応じて信託財産に帰せられる収益及び費用を基にして計算することになります。

(2)　受益者が法人の場合

　受益者等課税信託の受益者である法人は、その信託財産から生ずる利益又は損失をその法人の収益又は費用とするのではなく、その法人に係

る信託財産に属する資産及び負債並びに信託財産に帰せられる収益及び費用をその法人のこれらの金額として、各事業年度の所得の金額の計算を行います（法基通 14-4-3）。

　したがって、信託財産に帰せられる収益及び費用から計算される損益の結果だけをその法人の各事業年度の所得の金額の計算に反映させるのではなく、その法人に係る信託財産に属する資産及び負債を有するものとし、その信託財産に帰せられる収益及び費用をその法人の収益及び費用の金額として、各事業年度の所得の金額の計算を行うことになります。

6　受益者が法人である場合の所得金額の計算

(1)　信託設定時の受益者が法人である場合

　受益者等課税信託の委託者がその有する資産を信託した場合において、その信託の受益者となる法人が適正な対価を負担せずに受益者となるときは、次の区分に応じた各事由により、その信託に関する権利に係る資産の移転が行われたものとして、その委託者の各年分の各種所得の金額を計算します（所法 67 の 3 ③）。

①　その法人が対価を負担していないとき

　→　その資産を信託した時において、その委託者からその法人に対する贈与

②　その法人が対価を負担しているとき

　→　その資産を信託した時において、その委託者からその法人に対するその対価の額による譲渡

> **ワンポイント！**　受益者等課税信託の委託者がその有する資産を信託した場合の譲渡所得の収入金額等
>
> 　法人に対する贈与又は著しく低い価額（所法59①二）による譲渡によりその信託に関する権利に係る資産の移転が行われたものとされるときは、その委託者に対する課税に当たっては、その贈与又は譲渡の時における価額（時価）に相当する金額により、信託に関する権利に係る資産の譲渡があったものとみなします（所基通67の3-1、所法59①）。
>
> 　なお、その受益者である法人が適正な対価を負担しているときは、その資産を信託した時において、その委託者からその法人に対して、その対価の額による譲渡によって信託に関する権利に係る資産の移転が行われたものとして取り扱われます（以下(2)〜(4)において同じです。）。

信託設定時の受益者が法人である場合の課税関係

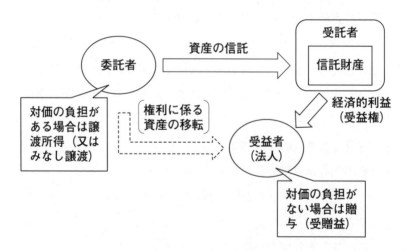

(2)　信託に新受益者が存在することとなった場合

　受益者等課税信託に新たに受益者（新受益者）が存在することとなった場合において、新受益者となる法人が適正な対価を負担せずに受益者となり、かつ、その受益者等課税信託の受益者であった者（前受益者）

が個人であるときは、次の区分に応じた各事由により、信託に関する権利に係る資産の移転が行われたものとして、その者の各年分の各種所得の金額を計算します（所法67の3④）。

① 新受益者である法人が対価を負担していないとき

→ 新受益者である法人が存在することとなった時において、その信託の前受益者からその法人に対する贈与

② 新受益者である法人が対価を負担しているとき

→ 新受益者である法人が存在することとなった時において、その信託の前受益者からその法人に対するその対価の額による譲渡

新受益者（法人）が存在することとなった場合の課税関係

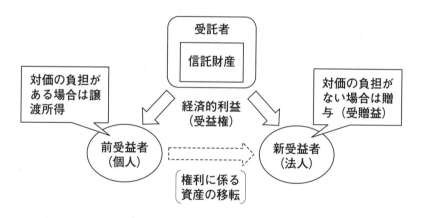

(3) 信託の一部の受益者が存在しなくなった場合

受益者等課税信託の一部の受益者が存在しなくなった場合において、既にその信託の受益者である法人が適正な対価を負担せずにその信託に関する権利について新たに利益を受ける者となり、かつ、その信託の一部の受益者であった者が個人であるときは、次の区分に応じた各事由により、信託に関する権利に係る資産の移転が行われたものとして、その

者の各年分の各種所得の金額を計算します（所法67の3⑤）。

①　その法人が対価を負担していないとき

→　その信託の一部の受益者が存在しなくなった時において、その
受益者であった者からその法人に対する贈与

②　その法人が対価を負担しているとき

→　その信託の一部の受益者が存在しなくなった時において、その
受益者であった者からその法人に対するその対価の額による譲渡

信託の一部の受益者（B）が存在しなくなった場合の課税関係

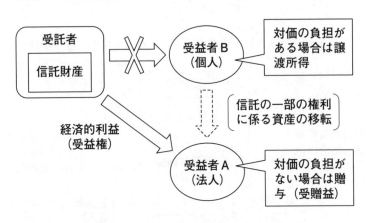

(4)　受益者等課税信託が終了した場合

　受益者等課税信託が終了した場合において、その信託の残余財産の給
付を受けるべき又は帰属すべき者となる法人が適正な対価を負担せずに
その給付を受けるべき又は帰属すべき者となり、かつ、その信託の終了
の直前において受益者であった者が個人であるときは、次の区分に応じ
た各事由により、信託の残余財産の移転が行われたものとして、その者
の各年分の各種所得の金額を計算します（所法67の3⑥）。

①　その法人が対価を負担していないとき

　　→　その給付を受けるべき又は帰属すべき者となった時において、
　　　その受益者であった者からその法人に対する贈与
②　その法人が対価を負担しているとき
　　→　その給付を受けるべき又は帰属すべき者となった時において、
　　　その受益者であった者からその法人に対するその対価の額による
　　　譲渡

信託が終了した場合の課税関係

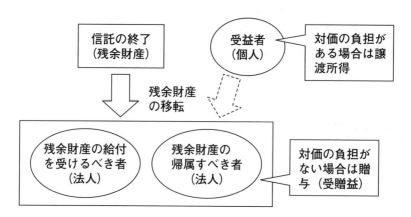

ワンポイント！　信託に関する権利

　「信託に関する権利」が、受益者等課税信託に関する権利の全部でない場合における上記(1)～(4)までの課税の取扱いについては次のとおりです（所令 197 の 3 ⑤）。
　①　その受益者等課税信託についての受益者が一である場合には、その信託に関する権利の全部をその受益者が有するものとみなします。
　②　その受益者等課税信託についての受益者が二以上である場合には、その信託に関する権利の全部をそれぞれの受益者がその有する権利の内容に応じて有するものとみなします。

7　信託による資産の移転等

　委託者と受益者がそれぞれ一であり、かつ、同一の者である場合の受益者等課税信託においては、次に掲げる移転は受益者である委託者にとって資産の譲渡又は資産の取得には該当しません（所基通13-5、法基通14-4-5）。

①　信託行為に基づき信託した資産のその委託者からその信託の受託者への移転

②　信託の終了に伴う残余財産の給付としてのその資産のその受託者からその受益者への移転

（注）　これらの移転があった場合におけるその資産（その信託の期間中に信託財産に属することとなった資産を除く。）の取得の日は、その委託者がその資産を取得した日となります。

　信託とは、契約、遺言、一定の意思表示等により、受託者が一定の目的に従い財産の管理又は処分及びその他のその目的の達成のために必要な行為をすべきものとすることをいうとされており（法2①）、法形式上は、信託を行うことによって、信託財産に属する資産の所有権は受託者に移転します。

　したがって、自益信託（委託者と受益者が同一の信託をいう。）で受益者が一の場合の受益者等課税信託において、信託行為に基づき信託した資産の移転（委託者→受託者）や、信託の終了に伴う残余財産の給付としての資産の移転（受託者→受益者）がなされた場合、信託法上は、それぞれの移転に際してその資産の所有権が移転したものとみることになります。

　しかし、税法上、受益者等課税信託においては、信託の受益者はその信託の信託財産に属する資産及び負債を有するものとみなされることから（所法13①、法法12①）、自益信託で委託者兼受益者が一である受益

者等課税信託において、これらの資産の移転があった場合であっても、その資産は受益者（委託者）が引き続き有していることとなります。したがって、これらの資産の移転は資産の譲渡又は資産の取得に該当しないこととされます。

8　受益者等課税信託の信託財産に関する権利の譲渡等における課税関係

(1)　受益者等課税信託の受益権の譲渡等

　受益者等課税信託の受益者が有する権利の譲渡又は取得が行われた場合には、その権利の目的となっている信託財産に属する資産及び負債を譲渡又は取得したことになります（所基通13-6、法基通14-4-6）。

　例えば、受益者が有する権利の目的となっている信託財産に属する資産が土地である場合に、その権利が譲渡されたときには、その受益者がその土地を譲渡したものとして、その譲渡の態様に応じて、譲渡、交換、収用、買換え等に関する法令の規定が適用されます。

(2)　譲渡所得の基因となる資産の譲渡等

　受益者等課税信託の信託財産に属する資産が譲渡所得の基因となる資産である場合のその資産の譲渡による所得、又は受益者等課税信託の受益者としての権利の目的となっている信託財産に属する資産が譲渡所得の基因となる資産である場合のその権利の譲渡による所得は、原則として譲渡所得となり、所得税法33条《譲渡所得》等の所得税に関する法令の規定を適用します（所基通33-1の8）。

　なお、この場合における譲渡所得の金額の計算に当たって留意すべき事項は次のとおりです。

①　譲渡費用

　受益者等課税信託の信託財産に属する資産を譲渡した場合において、その資産の譲渡に係る信託報酬として受益者が受託者に支払った金額は、「資産の譲渡に要した費用」として、その受益者の譲渡所得の金額の計算上控除します。

②　取得の日

　委託者と受益者がそれぞれ一であり、かつ、同一の者である場合の受益者等課税信託の信託財産に属する資産を譲渡した場合又はその受益者等課税信託の受益者としての権利を譲渡した場合におけるその資産又は権利に係る資産の「取得の日」は、その委託者がその資産を取得した日となります。

> （注）　その受益者等課税信託の信託財産に属する資産が信託期間中に新たに信託財産に属することとなったものである場合には、その信託財産に属することとなった日を「取得の日」とします。

③　受益権の目的となっている信託財産に債務がある場合の収入すべき金額

　受益者等課税信託の受益者としての権利を譲渡した場合において、その受益者としての権利の目的となっている信託財産に属する債務があるため、その譲渡の対価の額がその債務の額を控除した残額をもって支払われているときは、その譲渡による収入すべき金額は、所得税法36条1項《収入金額》の規定により、その支払を受けた対価の額にその控除された債務の額に相当する金額を加算した金額となります。

> （注）　譲渡された受益者としての権利の目的となっている資産（金銭及び金銭債権を除く。）の譲渡収入金額は、その受益者としての権利の譲渡により収入すべき金額からその信託財産に属する金銭及び金銭債権の額を控除した残額を基礎として、その受益者としての権利の譲渡の時におけるその受益者とし

ての権利の目的となっている各資産（金銭及び金銭債権を除く。）の価額の
比により、あん分して算定します。

④　信託財産に属する資産の取得費

　委託者が受益者等課税信託の受益者となる信託の設定により信託財産
に属することとなった資産の譲渡に係る譲渡所得の金額の計算上控除す
る取得費は、その委託者がその資産を引き続き有しているものとして、
所得税法38条《譲渡所得の金額の計算上控除する取得費》及び61条
《昭和27年12月31日以前に取得した資産の取得費等》の規定を適用し
て計算した金額となります。

　（注）　その受益者等課税信託の信託期間中に、その受益者等課税信託に係る信託
　　　　財産に属することとなった資産の取得費は、受益者が、その資産をその受益
　　　　者等課税信託の受託者がその取得のために要した金額をもって取得し、引き
　　　　続き有しているものとして、所得税法38条及び61条の規定を適用して計算
　　　　します。この場合において、その資産の取得に係る信託報酬として受益者が
　　　　受託者に支払った金額については、「資産の取得に要した金額」に含まれます。

⑤　譲渡所得に関する課税の特例等の適用を受けようとする際に確定申
　　告書に添付することとされている書類

　一般に、譲渡所得に関する課税の特例等の規定の適用を受けようとす
る場合には、確定申告書に一定の書類を添付して提出することがその要
件とされていますが、この場合において、受益者が確定申告書に添付す
べき書類については、昭和55年12月26日付け直所3-20ほか1課共同
「租税特別措置法に係る所得税の取扱いについて」（法令解釈通達）の28
の4-53《信託の受益者における書類の添付》に準ずることとしています。

　信託財産に属する資産は、私法上は受託者に所有権が帰属しているこ
とから、例えば、その資産の譲渡が収用交換等による譲渡である場合に
は、公共事業者からその受益者等課税信託の受託者に収用証明書等が交
付されることとなります。このため、その資産の譲渡について譲渡所得

に関する課税の特例等の適用を受けようとする者（受益者等課税信託の受益者）とその確定申告書に添付される証明書上の譲渡者（その受益者等課税信託の受託者）が一致しないこととなり、その結果、譲渡所得に関する課税の特例等を受けることができないのではないかとも考えられます。

そこで、このような場合において譲渡所得に関する課税の特例等の適用を受けるためには、その添付をすることとされている書類に、その資産の譲渡がその受益者等課税信託の受益者が有する信託財産に属する資産の譲渡である旨の受託者の証明を受ける必要があることを示しています。

(3) 分離課税とされる譲渡所得の基因となる資産の譲渡等

受益者等課税信託の信託財産に属する資産が分離課税とされる譲渡所得の基因となる資産である場合のその資産の譲渡による所得、又は受益者等課税信託の受益者としての権利の目的となっている信託財産に属する資産が分離課税とされる譲渡所得の基因となる資産である場合のその権利の譲渡による所得は、原則として分離課税とされる譲渡所得となり、租税特別措置法31条《長期譲渡所得の課税の特例》又は32条《短期譲渡所得の課税の特例》の規定その他の所得税に関する法令の規定を適用します（措通31・32共-1の3）。

なお、分離課税の譲渡所得の金額の計算に当たって留意すべき事項については、上記(2)と同様です。

(4) 信託財産に属する資産の株式等の譲渡等

受益者等課税信託の信託財産に属する資産が株式等である場合のその資産の譲渡、又は受益者等課税信託の受益者としての権利の目的となっている信託財産に属する資産が株式等である場合のその権利の譲渡によ

る所得は、原則として株式等に係る譲渡所得等となり、租税特別措置法
37 条の 10《一般株式等に係る譲渡所得等の課税の特例》又は 37 条の
11《上場株式等に係る譲渡所得等の課税の特例》の規定その他の所得
税に関する法令の規定を適用します（措通 37 の 10・37 の 11 共-21）。

　なお、株式等に係る譲渡所得の金額の計算に当たって留意すべき事項
については、上記(2)と同様です。

9　信託の損失に係る特例

(1)　個人である受益者の信託に係る不動産所得の損益通算の特例

　受益者等課税信託の受益者である個人が信託から生ずる不動産所得を
有する場合において、その年分の不動産所得の金額の計算上、その信託
による不動産所得の損失の金額として一定の金額があるときは、その損
失の金額に相当する金額は、その年中の不動産所得に係る総収入金額か
ら必要経費を控除した金額を不動産所得の金額とする規定（所法 26
②）、損益通算の規定（所法 69 ①）、その他の所得税に関する法令の規定
の適用については、生じなかったものとみなされます（措法 41 の 4 の 2 ①）。

　この場合における「不動産所得の損失の金額として一定の金額」と
は、その年分における信託から生ずる不動産所得に係る総収入金額に算
入すべき金額の合計額が、その信託から生ずる不動産所得に係る必要経
費に算入すべき金額の合計額に満たない場合における、その満たない部
分の金額に相当する金額（損失の金額に相当する金額）をいいます（措令
26 の 6 の 2 ④）。

　また、その年中における信託による不動産所得の損失の金額の他に、
別の黒字の信託による不動産所得金額又はこれらの事業以外の一般の不
動産所得の金額があったとしても、その信託による不動産所得の損失の

金額は、他の黒字の不動産所得の金額から控除（不動産所得内における通算）することはできません。

　なお、その受益者が確定申告書を提出する場合には、信託から生ずる不動産所得の金額の計算に関する明細書を添付しなければなりません（措令26の6の2⑥）。

信託による不動産所得

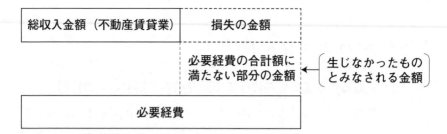

⑵　法人である受益者の信託に損失がある場合の課税の特例

　受益者等課税信託の受益者である法人は、その信託につきその債務を弁済する責任の限度が実質的に信託財産の価額とされている場合等には、その法人のその事業年度における信託による損失の額のうち、その信託財産の帳簿価額を基礎として計算した金額を超える部分の金額（信託損失超過額）は、その事業年度の所得の金額の計算上、損金の額に算入できません（措法67の12①）。

　この損金の額に算入されなかった信託損失超過額は、翌事業年度以後の事業年度に繰り越され、その繰り越された事業年度において生じた信託による利益の額を限度として損金の額に算入することができます（措法67の12②）。

　なお、受益者である法人は、その事業年度の確定申告書に、信託損失金額、信託損失超過額等の計算に関する明細書を添付しなければなりません（措令39の31⑰）。

第4章　法人課税信託

1　法人課税信託の類型

　法人課税信託は、次の(1)～(5)に掲げる信託とされています（法法2二十九の二、所法2①八の三）。

(1)　受益権を表示する証券を発行する旨の定めのある信託（受益証券発行信託）

　新信託法においては、これまで貸付信託、投資信託及び特定目的信託に限られていた受益権の証券化が、一般的に認められることとなりました（受益証券発行信託：法185）。

　受益証券発行信託における受益者は、割合的単位に細分化された受益権を有し、その受益権は転々と流通することが想定されることから、受益者が信託財産に属する資産及び負債を有するものとみなすのは実態に合致しないため、一義的な所得の帰属主体である受託者に対して各事業年度の所得に対する法人税が課税されます。

　なお、過度の課税の繰延べのおそれが認められない集団投資信託（合同運用信託、一定の投資信託及び特定受益証券発行信託）については、受託者に対して課税されず、収益の分配時に受益者に対して所得税が課税されます。

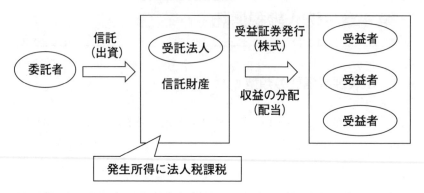

受益証券発行信託のイメージ

⑵　受益者等が存しない信託

　法人課税信託における受益者とは、受益者及びみなし受益者（信託を変更する権限を現に有し、かつ、信託財産の給付を受けることとされている者（受益者を除く。））をいいます（法法12①②）から、受益者等が存しない信託とは、これらの受益者及びみなし受益者が存しない信託をいいます。

　受益者等が存しない信託は、信託財産に属する資産及び負債を有するものとみなす者が存しないものの、信託から所得は生ずることから、これに課税しないことは適当でないため、一義的な所得の帰属主体である受託者に対して各事業年度の所得に対する法人税が課税されます。

　ただし、特定公益信託等については、受託者に対しては課税されず、信託財産の給付時にその給付を受ける者に対して課税されます。

　（注）　受益者等が存しない信託について受益者等が存することとなった場合には、法人課税信託ではなくなります。

受益者等の存しない信託のイメージ

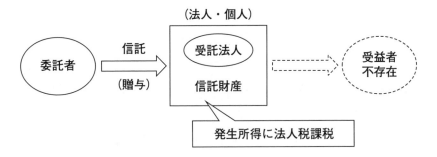

〈**目的信託（受益者の存しない信託）**〉

　目的信託は、受益者の定め（受益者を定める方法の定めを含む。）のない信託であり（法258）、受益者は存在しません。したがって、みなし受益者にも該当する者がいない場合には、目的信託は「受益者等が存しない信託」となるため、法人課税信託に該当します。

　また、遺言により設定される目的信託は、信託行為に別段の定めをしない限り、委託者の相続人は委託者の地位を承継しないため（法147）、みなし受益者が存在しない信託であり、法人課税信託となります。

　他方、みなし受益者に該当する者がいる目的信託は、みなし受益者が存在する間は受益者等課税信託となります。

⑶　法人が委託者となる信託のうち一定の信託

　法人が委託者となる信託のうち、次の①～③の3類型の信託については、租税回避行為を防止するため、受託者を納税義務者として法人税が課税されます（法法2二十九の二ハ⑴～⑶）。

　ただし、委託者が公共法人及び公益法人等であるもの並びに信託財産に属する資産のみを信託するもの（再信託）については、租税回避のおそれがあるといえないため、法人課税信託の範囲から除外されていま

す。

①　事業の重要部分の信託で委託者の株主等を受益者とするもの

　法人が行っている事業が信託され、受益権がその法人の株主に交付された場合に、その信託された事業に帰せられる収益が株主に帰属するとみなされると、本来課税されるべき事業収益に対する法人税が課税できなくなります。

　そこで、委託者である法人の事業の全部又は重要な一部（その譲渡につき株主総会の決議を要するものに限る。）を信託し、かつ、その信託の効力が生じた時において、その法人の株主等が取得する受益権の数（各受益権の内容が均等でない場合には、その価額）の受益権の総数（各受益権の内容が均等でない場合には、その総額）に占める割合が100分の50を超えるものに該当すると見込まれていた場合には、法人課税信託とされます（法法2二十九の二ハ(1)、法令14の5①)。

　なお、信託財産に属する金銭以外の資産の種類がおおむね同一の場合は、租税回避のおそれのない管理型信託と考えられるので除外されます。

事業の重要部分の信託で委託者の株主等を受益者とするもの

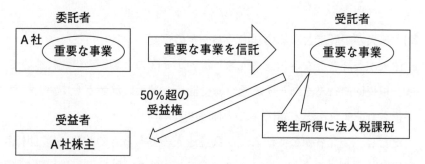

> **〈「法人の事業の全部又は重要な一部」に該当するかどうかの判定〉**
> 　株主総会の決議を要するものとは、法人の事業の全部又は重要な一部
> の譲渡を行う場合において、その法人の株主総会の決議によって、その
> 譲渡に係る契約の承認を受けなければならないものであるか否かで判定
> します（この場合、現に決議が行われたかどうかは問いません。）（法基
> 通 12 の 6-1-3 ）。

②　自己信託等で存続期間が 20 年を超えるもの

　長期間継続する事業を自己信託等により行う場合、ゴーイングコンサ
ーン（会社が将来にわたって事業を継続していくこと）を前提とする通常
の営利法人と同様の事業を従前どおり行っているといえる状況にあるに
もかかわらず、受益者にその信託された事業に帰せられる収益が帰属す
るとみなされると、上記①と同様、その事業に係る法人税を免れること
が可能になります。

　そこで、その信託の効力発生時等（その信託の効力が生じた時又はその
信託行為において定められた存続期間の定めの変更の効力が生じた時）にお
いて、委託者である法人又はその法人と特殊な関係にある者（特殊関係
者）が受託者であり（このような信託を「自己信託等」という。）、かつ、
その信託の効力発生時等以後の存続期間が 20 年を超えるものとされて
いた場合には、法人課税信託とされます。

　また、委託者である法人又はその法人の特殊関係者のいずれもが受託
者でなかった場合において、その法人又はその法人の特殊関係者が受託
者に就任する（効力発生時には自己信託等でないものの、のちに自己信託等
となる）こととなり、かつ、その就任の時において、その時以後のその
存続期間が 20 年を超えるものとされていた場合にも、法人課税信託と
されます（法法 2 二十九の二ハ(2)）。

　また、上記の要件を満たす場合であっても、次のものは、信託財産の性質上、その信託財産の管理又は処分に長期間を要する管理型信託であり、租税回避のおそれがないと考えられるため、法人課税信託から除外されます（法令14の5⑤）。

イ　効力発生時等又は就任の時において、信託財産に属する主たる資産が耐用年数20年超の減価償却資産であることが見込まれていた場合

ロ　効力発生時等又は就任の時において、信託財産に属する主たる資産が減価償却資産以外の固定資産であることが見込まれていた場合

ハ　効力発生時等又は就任の時において、信託財産に属する主たる資産が償還期間20年超の金銭債権を含む金銭債権であることが見込まれていた場合

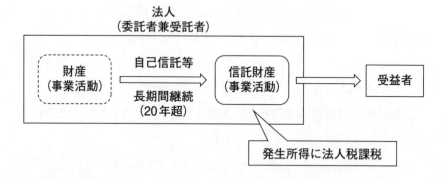

自己信託等で存続期間が20年を超えるもの

〈特殊関係者の範囲〉

　特殊関係者とは、次に掲げる者をいいます（法令14の5③）。

①　委託法人と他の者との間にいずれか一方の者が他方の者（法人に限る。）を直接又は間接に支配する関係にある場合におけるその他の者。

　　なお、他の者が個人の場合は、同族関係者の範囲（法令 4 ①）に規定する特殊な関係のある個人も他の者に含まれます。

②　委託法人と他の者（法人に限る。）との間に同一の者がその委託法人及び他の者を直接又は間接に支配する関係がある場合におけるその他の者

　　なお、同一の者が個人の場合は、同族関係者の範囲（法令 4 ①）に規定する特殊な関係のある個人も同一の者に含まれます。

（注 1 ）「直接又は間接に支配する関係」に該当するかどうかの判定については、一方の者と他方の者との間に他方の者が次に掲げる法人に該当する関係にある場合におけるその関係をいいます（法令 14 の 2 ②）。

　　イ　一方の者が法人を支配している場合のその法人

　　ロ　イ若しくはハに掲げる法人又は一方の者及びイ若しくはハに掲げる法人が他の法人を支配している場合のその他の法人

　　ハ　ロに掲げる法人又は一方の者及びロに掲げる法人が他の法人を支配している場合のその他の法人

（注 2 ）「法人を支配している場合」とは、次に掲げる場合のいずれかに該当する場合をいいます（法令 4 ③、14 の 2 ③ 9 ）。

　　イ　他の法人の発行済株式又は出資の総数又は総額の 100 分の 50 を超える数又は金額の株式又は出資を有する場合

　　ロ　他の法人の次に掲げる議決権のいずれかにつき、その総数の 100 分の 50 を超える数を有する場合

　　　i　事業の全部若しくは重要な部分の譲渡、解散、継続、合併、分割、株式交換、株式移転又は現物出資に関する決議に係る議決権

　　　ii　役員の選任及び解任に関する決議に係る議決権

　　　iii　役員の報酬、賞与その他の職務執行の対価として法人が供与する財産上の利益に関する事項についての決議に係る議決権

　　　iv　剰余金の配当又は利益の配当に関する決議に係る議決権

　　ハ　他の法人の株主等の総数の半数を超える数を占める場合

③　収益分配割合の変更が可能な自己信託等

　自己信託等で受益権を子会社等に取得させ、収益の分配を操作することにより、事業の利益を子会社等に付け替えることができる場合には、その年その年において赤字の子会社等に黒字の信託の利益を帰属させ、損益通算することによって、上記①と同様に、法人税を回避することが可能となります。

　そこで、その信託の効力発生時において、委託者である法人又はその特殊関係者をその受託者と、その特殊関係者（受託者である特殊関係人に限りません。）をその受益者とし、かつ、その時においてその特殊関係者である受益者に対する収益の分配割合の変更が可能である場合には、法人課税信託とされます。

　この「収益の分配割合の変更が可能である場合」とは、その特殊関係者に対する収益の分配割合につき受益者、委託者、受託者その他の者がその裁量により決定することができる場合とされています（法法2二十九の二ハ(3)、法令14の5⑥）。

収益分配割合の変更が可能な自己信託等

> **〈受益者、委託者、受託者その他の者がその裁量により決定することができる場合〉**
>
> 　例えば、信託行為において受益者である特殊関係者に対する収益の分配割合が確定的に定められている場合であっても、信託の効力発生時において、信託行為に受益者、委託者、受託者その他の者のいずれかが信託の変更によりその定めの内容の変更を単独で行う権限を有する旨の別段の定めがある場合が含まれます（法基通12の6-1-4）。

(4)　投資信託

　投資信託及び投資法人に関する法律2条3項に規定する投資信託（委託者指図型投資信託（公募により行われるものを除く。）及び委託者非指図型投資信託）は、信託法の改正により、法人課税信託の一類型とされ、受託者に対し各事業年度の所得に対する法人税が課税されます（法法2二十九の二ニ）。

（注1）「委託者指図型投資信託」とは、受益者（投資家）、委託者（投資信託委託会社）、受託者（信託銀行等）で構成され、受益者である投資家からの資産（信託財産）を受託者が保管・管理し、委託者の指図に基づいて主として有価証券や不動産を投資対象として運用する契約型投資信託をいいます（投資信託及び投資法人に関する法律2①）。

（注2）「委託者非指図型投資信託」とは、受益者兼委託者（投資家）と受託者（信託銀行等）で構成され、投資家から信託された資産を受託者が保管・管理及び主として金融資産や不動産を対象として運用する契約型投資信託をいいます（投資信託及び投資法人に関する法律2②）。

　委託者でもある投資家は、運用の指図をせずに受託者が自ら運用の判断を行う点が委託者指図型投資信託との相違点となります。

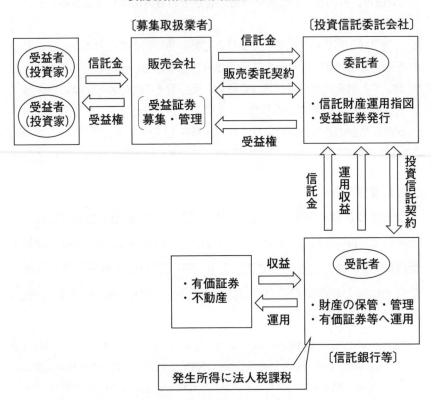

委託者指図型投資信託のイメージ

(5)　**特定目的信託**

　資産の流動化に関する法律 2 条 13 項に規定する特定目的信託は、信託法の改正により、法人課税信託の一類型とされ、受託者に対し各事業年度の所得に対する法人税が課税されます（法法 2 二十九の二ホ）。

特定目的信託のイメージ

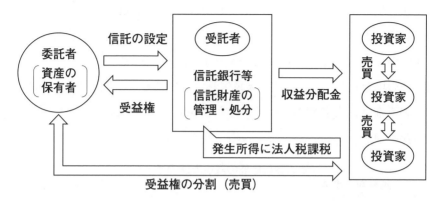

2　法人課税信託の受託者に対する課税

(1)　納税義務者

　内国法人、外国法人及び個人が法人課税信託の引受けを行うときは、法人税の納税義務があります（法法4）。

　したがって、法人課税信託の納税義務者はその受託者ということになりますが、受託者は、信託財産の法律上の権利主体であるとともに、信託行為に基づいて信託財産を管理又は処分する信託事務の遂行者であり、信託に関する私法上の行為当事者と納税義務者とが一致することになります。

　また、個人の受託者も法人課税信託の納税義務者となりますが、法人課税信託の収益は受託者である個人ではなく、最終的にはその受益者に帰属することになり、この点会社の利益が最終的には株主のものとなることと類似している側面があることから、個人の受託者であっても信託部分について法人と同様に扱うことが適当であると考えられ、法人課税信託の個人の受託者について、同じ法人税法の枠組みで扱うために法人税の納税義務者とすることとされました。

⑵　法人課税信託の受託者に関する法律の適用

　法人課税信託の受託者は、課税上、各法人課税信託の信託資産等及び固有資産等ごとに、それぞれ別の者としてみなして、所得税法及び法人税法の規定を適用します（所法6の2①、法法4の6①）。

　この場合において、各法人課税信託の信託資産等及び固有資産等は、そのみなされた各別の者にそれぞれ帰属します（所法6の2②、法法4の6②）。

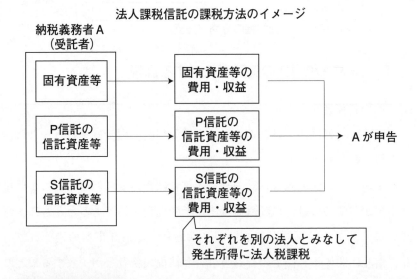

法人課税信託の課税方法のイメージ

> **ワンポイント！**　受託者に対する課税
>
> 　法人である法人課税信託の受託者に対しては、その受託者の固有資産等に係る法人税とそれぞれの法人課税信託の信託資産等に係る法人税とが別々に課税されます。
>
> 　例えば、ある内国法人が複数の法人課税信託の引受けを行っていた場合には、その内国法人の固有資産等に係る法人税のほか、その引き受けた複数の法人課税信託の信託資産等について、それぞれ法人税の納税義務を有します。

(3) 受託法人に関する法律の適用

　法人課税信託の受託者である受託法人（その受託者が個人である場合には、その受託者である個人）又は法人課税信託の委託者若しくは受益者については、次のように所得税法及び法人税法の規定を適用します（所法6の3、法法4の7）。

① 受託法人の内外判定

　法人課税信託に係る受託法人は、その法人課税信託の信託された営業所、事務所その他これらに準ずるものが国内にある場合には、内国法人とし、国内にない場合は外国法人とします（所法6の3一、二、法法4の7一、二）。

> **ワンポイント！　信託の内外判定**
>
> 　法人の内外区分の判定は、「本店又は主たる事務所」の場所で行われており、内国法人は国内に本店又は主たる事務所を有する法人とされ、外国法人は内国法人以外の法人とされています（所法2①六、七、法法2三、四）。
>
> 　信託には、法人のように本店登記制度がなく、また、本店又は主たる事務所に相当する概念が存在しないことから、委託者が信託の設定時において信託財産の管理地として予定していた場所（信託財産の信託された営業所等）で信託の内外区分の判定を行うこととされました。

② 受託法人の組織形態

　受託法人（会社でないものに限ります。）は、会社とみなします（所法6の3三、法法4の7三）。

> **ワンポイント！**
>
> 　受託法人を会社とみなすのは、法人税法が対象とする典型的な組織形

態に対する課税と同様な課税となるようにするためとされ、これにより、特定同族会社に対する留保金課税制度や同族会社等の行為・計算の否認規定など、法人税法上、会社に対して適用される規定について、法人課税信託にも同様に適用されることになります。

③　信託の併合

信託の併合は合併とみなします（法法4の7四）。

イ　信託の併合に係る従前の信託である法人課税信託に係る受託法人

　→　被合併法人

ロ　信託の併合に係る新たな信託である法人課税信託の受託法人

　→　合併法人

④　信託の分割

信託の分割は、分割型分割に含まれるものとします（法法4の7五）。

イ　信託の分割によりその信託財産の一部を受託者を同一とする他の信託又は新たな信託の信託財産として移転する法人課税信託に係る受託法人

　→　分割法人

ロ　信託の分割により受託者を同一とする他の信託からその信託財産の一部の移転を受ける法人課税信託に係る受託法人

　→　分割承継法人

（注）「分割型分割」とは、会社分割において事業等を承継する会社が、会社分割を行う会社の株主に対して分割の対価として株式等を割り当てる形態の会社分割をいいます。

ワンポイント！　信託の併合及び分割

　上記③及び④の規定は、法人課税信託が併合・分割した場合に通常の法人が合併・分割した場合の法人税法上の規定を適用することができるようにするための規定とされています。

　なお、信託の併合又は分割は、必ずしも同じ課税上の類型の信託同士で行われるわけではないため、異なる類型の信託が併合・分割された場合の取扱いについては政令において規定されています。

　　i　特定法人課税信託の併合又は分割（法令14の10①）

　　ii　法人課税信託以外の信託の併合又は単独新規信託分割（法令14の10②）

　　iii　吸収信託分割又は複数新規信託分割（法令14の10③）

⑤　法人課税信託の受益権

　法人課税信託の受益権は株式又は出資とみなし、法人課税信託の受益者は株主等に含まれるものとします（所法6の3四、法法4の7六）。

　この場合、その法人課税信託の受託者である法人の株式又は出資は、その法人課税信託に係る受託法人の株式又は出資ではないものとみなし、また、その受託者である法人の株主等はその受託法人の株主等でないものとします。

ワンポイント！

　法人課税信託の受益権を株式等とみなし、その受益者を株主等とみなすことで、法人課税信託の収益の分配については、法人税法上の受取配当等の益金不算入や所得税法上の配当控除の対象となる配当等として取り扱います。

⑥　信託の効力発生日

　受託法人は、その受託法人に係る法人課税信託の効力が生ずる日に設立されたものとします（法法4の7七）。

　なお、次に掲げる場合は、各区分に応じた日に設立されたものとします。

　イ　一の約款に基づき複数の信託契約が締結される場合

　　　→　その最初の契約が締結された日

　ロ　法人課税信託以外の信託が法人課税信託に該当することとなった
　　場合

　　　→　その該当することとなった日

（注）　受託法人の設立届には法人課税信託の名称を記載することとされています
　　　（法法148②、149③）。

⑦　信託の終了

　法人課税信託について信託の終了があった場合又は受益者等が存しな
い法人課税信託に受益者等が存することとなった場合（他の類型の法人
課税信託に該当する場合を除く。）には、これらの法人課税信託に係る受
託法人の解散があったものとします（所法6の3五、法法4の7八）。

⑧　委託者が資産を信託した場合等

　法人課税信託（受益者等が存しない信託を除く。）の委託者がその有す
る資産の信託をした場合、又は受益者等課税信託が法人課税信託に該当
することとなった場合には、これらの法人課税信託に係る受託法人に対
する出資があったものとします（所法6の3六、法法4の7九）。

　したがって、受託法人においては資産の取得が資本等取引とされるた
め、その資産の取得について受贈益課税がされることはありません。

　また、この場合において、委託者により信託された資産のその信託さ
れた時の価額（委託者の負債でその受託法人に移転したものがある場合に
は、その負債のその移転の時の価額を減算した金額）又は受益者等課税信
託が法人課税信託に該当することとなったときにおける信託財産に属す
る資産の価額から負債の価額を減算した金額は、資本金等の額に含まれ
ます（法令14の10④）。

⑨　集団投資信託が法人課税信託に該当することとなった場合

　集団投資信託が法人課税信託に該当することとなった場合には、その

法人課税信託に係る受託法人の設立の時における各金額は、イ～ハに掲げるとおりとなります（法令 14 の 10 ⑤）。

イ　資産及び負債の帳簿価額

法人課税信託に該当することとなった時の直前のその集団投資信託の帳簿に記載された資産及び負債の価額

ロ　資本金等の額

法人課税信託に該当することとなった時の直前のその集団投資信託について信託されている金額

ハ　利益積立金額

法人課税信託に該当することとなった時の直前のその集団投資信託の帳簿に記載された資産の金額から負債の金額及び上記②の金額の合計額を減算した金額

ワンポイント！ 受益者等が存しない信託の場合

受益者等が存しない信託の委託者がその有する資産の信託をした場合、又は受益者等課税信託が受益者等が存しない信託に該当することとなった場合には、これらの受益者等が存しない信託の受託法人に対する贈与によりその資産の移転があったものとみなします（所法 6 の 3 七）。

したがって、委託者においてその信託した資産の譲渡益について課税され、その信託した資産の額に相当する金額が受託法人に対する贈与とされるとともに、受託法人においてはその資産の受贈益に対し法人税がが課税されます。

法人課税信託（受益者等が存しない信託）

〔信託設定時の課税関係〕

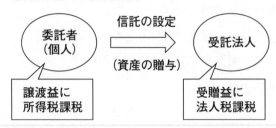

⑩　収益の分配等

　法人課税信託の収益の分配は、資本剰余金の減少に伴わない剰余金の配当とし、また、法人課税信託の元本の払戻しは、資本剰余金の減少に伴う剰余金の配当とみなします（所法6の3八、法法4の7十）。

　なお、法人課税信託の受託者がその収益の分配又は元本の払戻しを行う場合には、その収益の分配又は元本の払戻しを受ける者に対し、法人課税信託の収益の分配又は元本の払戻しである旨を通知しなければなりません（法令14の10⑦）。

⑪　受託法人等に関するその他の法律関係

　イ　一の法人課税信託の受託者が二以上ある場合

　　一の法人課税信託の受託者が二以上ある場合には、各受託者のその法人課税信託に係る信託資産等は、一の者の信託資産等とみなされるとともに、各受託者は、その法人課税信託の信託事務を主宰する受託者（主宰受託者）を納税義務者として法人税を納めることになります（法法4の8）。

　　主宰受託者が納めるものとされる法人税については、主宰受託者以外の受託者は、連帯納付の責めに任ずることとされています（法法152①）。

ロ　受託法人の事業年度

受託法人の事業年度は、信託行為に定められたその信託の計算期間となります（法法13①）。

受託法人は、法人課税信託の所得計算上その受託者の固有部分とは別の者として存在するため、事業年度についても固有部分とは別に信託行為で定められた期間を用いることになります。

ハ　連結納税の選択

法人課税信託に係る受託法人（集団投資信託に該当しない投資信託、特定目的信託を除く。）は、連結納税の選択をすることができます（法法4の2、法令14の6①③）。

(注)　令和4年4月1日以後に開始する事業年度から適用される「グループ通算制度」では、法人課税信託に係る受託法人は、通算親法人になることができません。

ニ　受託法人の納税地

受託法人の納税地は、受託者の固有の納税地と同一となります。

なお、受託法人が個人の場合には、その個人の申告所得税の納税地となるべき場所とされています（法法17の2）。

3　法人課税信託に係る所得の金額の計算

受託法人の各事業年度の所得金額の計算については、基本的には通常の法人と同様に行うことになりますが、次のとおり、受託法人特有の計算について規定が設けられ、また、法人課税信託の受益者についてもその特有の計算規定が設けられています。

(1)　特定受益証券発行信託が法人課税信託に該当することとなった場合

特定受益証券発行信託が法人課税信託に該当することとなった場合に

は、その該当することとなった時の直前の未分配利益の額に相当する金額は、その法人課税信託に係る受託法人のその該当することとなった日の属する事業年度の所得の金額の計算上、益金の額に算入します（法法64の3①）。

　この場合、「未分配利益の額に相当する金額」とは、特定受益証券発行信託が法人課税信託に該当することとなった日の属する事業年度開始の日の前日におけるその特定受益証券発行信託の貸借対照表に記載された利益の繰越額をいいます（法令131の3①、同令14の4⑩）。

　なお、未分配利益の額が零に満たないときは、その満たない部分の金額に相当する金額は、損金の額に算入されます（法令131の3②）。

⑵　受益者等が存しない信託に該当しないこととなった場合

　受益者等が存しない信託である法人課税信託に受益者（みなし受益者を含み、清算中における受益者を除く。）が存することとなったことにより、その法人課税信託が受益者等が存しない信託に該当しないこととなった場合には、その法人課税信託に係る受託法人は、その受益者に対し、信託財産に属する資産及び負債のその該当しないこととなった時の直前の帳簿価額による引継ぎをしたものとして、その受託法人の各事業年度の所得の金額を計算します（法法64の3②）。

　この場合、その受益者が内国法人である場合は、信託財産に属する資産及び負債のその該当しないこととなった時の直前における帳簿価額により引き継ぎを受けたものとして、その内国法人の各事業年度の所得の金額を計算します（法法64の3③）。

〈所得税法の規定〉

　受益者等が存しない法人課税信託において、その後に受益者等が存することとなったことにより受益者等が存しない信託でなくなった場合には、その受益者等となった者は、その受託法人から、信託財産に属する資産及び負債をその該当しないこととなった時の直前の帳簿価額に相当する金額により引き継ぎを受けたものとして、その者の各種所得の金額を計算します（所法 67 の 3 ①、所令 197 の 3 ①）。

　この場合、その資産及び負債の引継ぎにより生じた収益の額又は損失の額は、その者のその引継ぎを受けた日の属する年分の各種所得の金額の計算上、生じなかったものとみなします（所法 67 の 3 ②、所令 197 の 3 ③）。

受益者等が存しない信託の課税関係

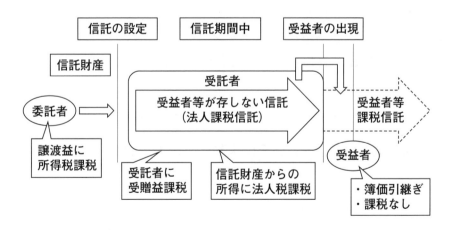

(3)　受託者の変更があった場合

　法人課税信託に係る受託法人が、その法人課税信託の受託者の変更によりその法人課税信託に係る資産及び負債の移転をしたときは、変更後の受託者にその移転をした資産及び負債のその変更の直前の帳簿価額に

よる引継ぎをしたものとして、その受託法人の各事業年度の所得の金額を計算します（法法64の3④）。

　この場合、資産及び負債の移転を受けた受託法人は、その資産及び負債のその変更の直前の帳簿価額による引継ぎを受けたものとされます。また、資産及び負債の引継ぎを受けたものとされる受託法人のその引継ぎの時における資本金等の額及び利益積立金額は、その引継ぎをしたものとされる受託法人のその引継ぎの直前における資本金等の額及び利益積立金額に相当する金額とされます（法法64の3⑤、法令131の3③④）。

⑷　受益者等が存しない信託に関する相続税の損金不算入

　法人が納付する相続税法9条の4《受益者等が存しない信託等の特例》の規定による贈与及び相続税の額は、その法人の各事業年度の所得の金額の計算上、損金の額に算入しません（法法38②）。

　なお、相続税法9条の4の規定の詳細については、「第7章　信託に関する相続税法の特例」3⑵「受益者等が存しない信託」を参照してください。

▍4　法人課税信託に係る法人税法等の適用関係

　法人課税信託に関する法人税法等の規定は次のとおりです。

> ①　寄附金の損金算入限度額の計算（法法37①、法令14の10⑥、73①二）
> 　受益者等が存しない法人課税信託は、資本又は出資を有しない法人として損金算入限度額を計算します。
> ②　各事業年度の所得に対する法人税率（法法66①、143①⑤、措法42の3の2①）

　　軽減税率（15%）は適用されません（法法 66 ⑥）。
③　特定同族会社の特別税率（法法 67 ①、法令 14 の 10 ⑥）
　　特定同族会社に該当するかどうかの判定上、資本金の額又は出資金の額が 1 億円以下である法人には該当しません。
④　仮決算をした場合の中間申告（法法 72 ①かっこ書）
　　仮決算をした場合の中間申告書について規定する法人税法 72 条の規定は適用されません。
⑤　貸倒引当金繰入額の損金算入（法法 52 ①一イ、法令 14 の 10 ⑥）
　　この規定は適用されません。
⑥　青色申告書を提出した事業年度の欠損金の繰越し（法法 57 ①⑥）
　　青色欠損金控除限度額は欠損控除前の所得の金額の 100 分の 50 相当額とされます。
⑦　青色申告書を提出しなかった事業年度の災害による損失金の繰越し（法法 58 ①⑥）
　　災害損失欠損金の控除限度額は欠損控除前の所得の金額の 100 分の 50 相当額とされます。
⑧　交際費等の損金不算入額の計算（措法 61 の 4 ②、措令 1 の 2 ③）
　　定額控除限度額に係る規定は適用されません。
⑨　試験研究を行った場合の法人税の特別控除等（措法 42 の 4 ⑧七、指令 27 の 4 ⑫一イ(3)）
　　措置法 42 条の 4 《試験研究を行った場合の法人税額の特別控除》に規定する中小企業者に該当しないものとされます。
⑩　設立の届出等（法法 148、149、149 の 2、151）
　　内国普通法人等の設立の届出及び外国普通法人となった旨の届出に係る書類は、法人課税信託に係る受託法人の設立に当たって提出する場合、その法人課税信託の名称を併せて記載することになります。また、受託者の変更届出、代表者等の自署押印についても、所要の措置が講じられています。
⑪　税務書類の提出（通規 15 ②）
　　法人課税信託の受託者がその法人課税信託について、国税に関する法

律に基づき税務署長その他行政機関の長又はその職員に税務書類を提出する場合には、その提出する書類に記載すべき事項のほか、その法人課税信託の名称を併せて記載しなければなりません。

⑫　信託財産に属する資産のみを信託するもの（再信託）の課税関係（法基通 12 の 6-1-2 ）

　法人が委託者となる信託のうち、受託者の信託財産に属する資産のみを信託するもの（再信託）については、その受託者において法人課税信託に該当しないこととなりますが、その再信託の類型や契約内容等により、集団投資信託、受益者等課税信託又は法人課税信託（上記の法人課税信託を除く。）のいずれかに該当することになります。

⑬　公益法人等の法人課税信託に係る課税所得の範囲（法基通 12 の 6-2-1 ）

　公益法人等が法人課税信託の受託者となった場合には、その法人課税信託に係る受託法人は、その公益法人等とは別の会社とみなされるため、その法人課税信託に係る法人税の課税所得の範囲は、収益事業から生じた所得に限定されません。

第5章　特定受益証券発行信託

1　特定受益証券発行信託の要件

　特定受益証券発行信託とは、信託法185条3項に規定する受益証券発行信託のうち、次に掲げるすべての要件を満たすもの（合同運用信託及び法人課税信託のうち法人を委託者とする一定の信託を除く。）をいいます（所法2①十五の五、法法2二十九ハ、法令14の4）。

①　税務署長の承認を受けた法人（承認受託者）が引き受けたものであること。

〈承認受託者とは〉

　信託事務の実施につき、次のイ〜ホまでの要件のすべてに該当するものであることについて税務署長の承認を受けた法人をいいます。

イ　次のいずれかの法人に該当すること。
　　ⅰ　信託会社
　　ⅱ　金融機関の信託業務の兼営等に関する法律に規定する信託業務を営む金融機関
　　ⅲ　資本金の額又は出資金の額が5,000万円以上である法人（その設立日以後1年を経過していないものを除く。）

ロ　その引受けを行う信託に係る会計帳簿、一定の書類又は電磁的記録の作成及び保存が確実に行われると見込まれること。

ハ　その帳簿書類に取引の全部又は一部を隠蔽し、又は仮装して記載又は記録をした事実がないこと。

ニ　その業務及び経理の状況について有価証券報告書に記載する方法等により開示し、又は計算書類、事業報告書等についての閲覧の請求があった場合に原則としてこれらを閲覧させること。

> ホ　清算中でないこと。

　②　各計算期間終了の時における未分配利益の額のその時における元本の総額に対する割合（利益留保割合）が1,000分の25を超えない旨の信託行為における定めがあること。

　③　各計算期間開始の時において、その時までに到来した各算定時期の利益留保割合が1,000分の25を超えていないこと。

　④　その計算期間が1年を超えないこと。

　⑤　受益者（受益者としての権利を現に有するものに限る。）が存しない信託に該当したことがないこと。

　ただし、上記①の要件を満たした場合であっても、その計算期間開始の日の前日までに、その承認受託者がその承認を取り消された場合及びその受益証券発行信託の受託者に承認受託者以外の者が就任した場合には、その計算期間開始の時から特定受益証券発行信託には該当しないことになります。

2　特定受益証券発行信託の課税

(1)　収益の分配に係る所得

　特定受益証券発行信託は、合同運用信託及び一定の投資信託とともに、集団投資信託に該当します（所法13③一、法法2二十九）。

　特定受益証券発行信託の収益の分配については、特定受益証券発行信託が集団投資信託に該当して、その収益の分配が行われる際に、受益者に対して課税されることを踏まえ、投資信託（公社債投資信託及び公募公社債等運用投資信託を除く。）の収益の分配と同様に、配当所得として所得税が課税されます（所法24）。

　なお、特定受益証券発行信託が法人課税信託に該当することとなった場合の課税関係については、「第 4 章 3(1)」に詳説しています。

(2)　受益権の譲渡による所得

　特定受益証券発行信託の受益権については、その信託契約の締結時において委託者が取得する受益権の募集が公募により行われたものは「上場株式等」に該当し、それ以外のものは「一般株式等」に該当します（措法 37 の 10 ②五、37 の 11 ②三の二）。

　したがって、受益者が個人である場合の受益権の譲渡による所得は、株式等に係る譲渡所得として所得税の課税対象となります。

(3)　その他の規定の適用

　特定受益証券発行信託は、集団投資信託の一つであり、法人課税信託から除かれているため（法法 2 二十九の二）、①法人課税信託の受託法人を会社とみなす規定（所法 6 の 3 三、法法 4 の 7 三）、②法人課税信託の受益権は株式又は出資とみなし、法人課税信託の受益者は株主等に含まれるものとする規定（所法 6 の 3 四、法法 4 の 7 六）は適用されません。

　また、特定受益証券発行信託の受益権に基づく収益の分配に係る所得について、個人の受益者については配当控除の規定（所法 92 ①）が、法人の受益者については受取配当等の益金不算入の規定（法法 23 ①）が適用されません。

特定受益証券発行信託のイメージ

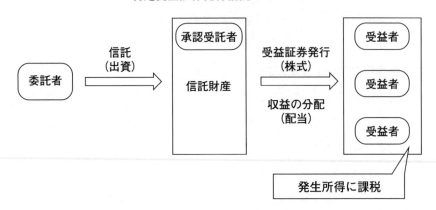

第6章　その他の信託の種類と収益の分配に係る所得区分

1　その他の信託の種類

(1)　合同運用信託

　合同運用信託とは、信託会社が引き受けた金銭信託で、共同しない多数の委託者の信託財産を合同して運用するものをいいます（所法2①十一、法法2二十六）。

　合同運用信託には、委託者非指図型投資信託及びこれに類する外国投資信託並びに委託者が実質的に多数でない信託（所令2の2）は含まれません。

(2)　公社債投資信託

　公社債投資信託とは、証券投資信託のうち、その信託財産を公社債に対する投資として運用することを目的とするもので、株式又は出資に対する投資として運用しないものをいいます（所法2①十五、法法2二十八）。

(3)　公募公社債等運用投資信託

　公募公社債等運用投資信託とは、その設定に係る受益権の募集が公募により行われた公社債等運用投資信託をいいます（所法2①十五の三、法法2二十九ロ(2)）。

　　(注)　「公社債等運用投資信託」とは、証券投資信託以外の投資信託のうち、信託財産として受け入れた金銭を公社債等に対して運用する信託をいいます

（所法2①十五の二）。

(4)　証券投資信託

　証券投資信託とは、委託者指図型投資信託のうち主として有価証券に対する投資として運用することを目的とする信託及びこれに類する外国投資信託をいいます（所法2①十三、法法2二十七）。

2　信託における収益の分配と利子所得

　信託における収益の分配に係る所得のうち利子所得とされるものは、次のとおりです（所法23①）。
- ①　合同運用信託の収益の分配に係る所得
- ②　公社債投資信託の収益の分配に係る所得
- ③　公募公社債等運用投資信託の収益の分配に係る所得

3　信託における収益の分配と配当所得

　信託における収益の分配に係る所得のうち配当所得とされるものは、次のとおりです（所法24①）。
- ①　公募公社債等運用投資信託以外の公社債等投資信託の受益権及び社債的受益権につき支払いを受ける収益の分配金（剰余金の配当）に係る所得（所法24①）
- ②　投資信託（公社債投資信託及び公募公社債等運用投資信託を除く。）の収益の分配に係る所得
- ③　特定受益証券発行信託の収益の分配に係る所得
- ④　法人課税信託の収益の分配に係る所得（資本剰余金の減少に伴わ

ない剰余金の配当（所法6の3八））

4　配当控除の取扱い

(1)　証券投資信託の収益の分配に係る配当控除

　剰余金の配当等及び証券投資信託の収益の分配に係る配当所得を有する場合には、その者のその年分の所得税額から、次に掲げる区分に応じた金額を配当控除として控除することができます（所法92①）。

　① **課税総所得金額が1,000万円以下の場合……次のイとロの合計額**

　　イ　剰余金の配当等に係る記当所得× 10%

　　ロ　証券投資信託の収益の分配に係る配当所得× 5%（一般外貨建等証券投資信託の収益の分配に係る配当所得については2.5%)

　② **課税総所得金額が1,000万円を超える場合**

　　イ　課税総所得金額−証券投資信託の収益の分配に係る配当所得≦1,000万円

　　　i　課税総所得金額−一般外貨建等証券投資信託の収益の分配に係る配当所得≦1,000万円……次の(a)から(c)の合計額

　　　(a)　剰余金の配当等に係る配当所得× 10%

　　　(b)　$\left(\begin{array}{l}証券投資信託の収益の \\ 分配に係る配当所得\end{array} - \begin{array}{l}一般外貨建等証券投資 \\ 信託に係る配当所得\end{array}\right) \times 5\%$

　　　(c)　$\left\{\begin{array}{l}一般外貨建等証券投資信託の収益の分配のうち \\ （課税総所得金額 − 1,000万円）\end{array}\right\} \times 1.25\%$

　　　　　+（一般外貨建等証券投資信託収益の分配のうち左記以外）
　　　　　× 2.5%

　　　ii　課税総所得金額−一般外貨建等証券投資信託の収益の分配に係る配当所得> 1,000万円……次の(a)から(c)の合計額

　　　(a)　剰余金の配当等に係る配当所得× 10%

(b)
$$\left\{\left[\begin{array}{l}証券投資信\\託の収益の\\分配に係る\\配当所得\end{array}-\begin{array}{l}一般外貨建等\\証券投資信託\\の収益の分配\\に係る配当所\\得\end{array}\right]のうち\left[課税総所\\得金額-\left(1,000万円+\begin{array}{l}一般外貨建等\\証券投資信託\\の収益の分配\\に係る配当所\\得\end{array}\right)\right]\right\}$$

$$\times 2.5\% + \left\{\left[\begin{array}{l}証券投資信\\託の収益の\\分配に係る\\配当所得\end{array}-\begin{array}{l}一般外貨建等\\証券投資信託\\の収益の分配\\に係る配当所\\得\end{array}\right]のうち左記以外\right\}\times 5\%$$

(c)　一般外貨建等証券投資信託の収益の分配に係る配当所得

　　　$\times 1.25\%$

ロ　イ以外の場合……次の i と ii の合計額

i
$$\left[\begin{array}{l}剰余金の配当等に係る配当所得のうち、課税\\総所得金額から1,000万円と証券投資信託の\\収益の分配に係る配当所得の合計額を控除し\\た金額に達するまでの部分\end{array}\right]\times 5\% + \left[\begin{array}{l}剰余金の配当等に係\\る配当所得のうち、\\左記以外\end{array}\right]\times 10\%$$

ii　証券投資信託の収益の分配に係る配当所得$\times 2.5\%$（一般外貨

　　建等証券投資信託の収益の分配に係る配当所得については1.25%）

(2)　特定株式投資信託

　特定株式投資信託とは、信託財産を株式のみに対する投資として運用することを目的とする証券投資信託のうち、その受益権が金融商品取引所に上場されていること等の要件に該当するものをいい（措法3の2）、その収益の分配に係る配当所得がある場合の配当控除については、「剰余金の配当等」（所法92①一イ）として取り扱われます（措法9③）。

(3)　外国株価指数連動型特定株式投資信託

　外国株価指数連動型特定株式投資信託とは、特定株式投資信託のうちその信託財産を外国株価指数に採用されている銘柄の外国法人の株式に投資を行うものをいい、その収益の分配に係る配当所得については、特定株式投資信託の収益の分配に係る配当所得であっても、配当控除の適用はありません（措法9①三）。

(4)　特定外貨建等証券投資信託

　特定外貨建等証券投資信託とは、証券投資信託のうち特に外貨建資産又は株式以外の資産への運用割合が高い（75％超）証券投資信託をいい、その収益の分配に係る配当所得については、配当控除の適用はありません（措法9①四）。

　証券投資信託の収益の分配に係る配当所得の配当控除の金額については、その年分の課税総所得金額1,000万円を基準として、配当所得の金額の5％あるいは2.5％と定められていますが、一般外貨建等証券投資信託（信託財産の50％超75％以下を外貨建資産又は株式以外の資産で運用することができるもの）の収益の分配に係る配当所得については、2.5％あるいは1.25％に変更されています（措法9④）。

　　(注)　「外貨建資産」とは、外国通貨で表示される株式、債券、その他の資産をいいます。

第7章　信託に関する相続税法の特例

1　相続税及び贈与税における信託課税（原則）

(1)　委託者からの贈与又は遺贈による取得とみなす信託に関する権利

　信託の効力が生じた場合において、適正な対価を負担せずにその信託の受益者等（受益者としての権利を現に有する者及び特定委託者をいう。）となる者があるときは、その信託の効力が生じた時において、その信託の受益者等となる者は、その信託に関する権利をその信託の委託者から贈与により取得したものとみなし、贈与税が課税されます。

　ただし、その委託者の死亡に基因してその信託の効力が生じた場合には、遺贈により取得したものとみなし、相続税が課税されます（相法9の2①）。

ワンポイント！

1　委託者からの贈与又は遺贈による取得とみなす信託には、退職年金の支給を目的とする信託その他の信託で政令（相令1の6）で定めるものは含まれません。

2　受益者としての権利を現に有する者
　「受益者としての権利を現に有する者」とは、例えば、残余財産受益者は含まれますが、停止条件が付された信託財産の給付を受ける権利を有する者、委託者の死亡の時に受益権を取得する旨の定めのある信託等における委託者死亡前の受益者及び帰属権利者は含まれません（相基通9の2-1）。
　（注）「第3章1(2)　受益者等課税信託に係る受益者の範囲」参照。

3　特定委託者
　「特定委託者」とは、信託の変更をする権限（他者との合意により

信託の変更をすることができる権限を含み、信託の目的に反しないことが明らかな場合に限り変更することができる権限を除く。）を現に有し、かつ、その信託の信託財産の給付を受けることとされている者（受益者を除く。）であり、原則として次に掲げる者をいいます（相法9の2⑤、相基通9の2-2）。

(1)　委託者（信託行為の定めにより委託者が帰属権利者として指定されている場合、信託行為に残余財産受益者等の指定に関する定めがない場合又は信託行為の定めにより残余財産受益者等として指定を受けた者のすべてがその権利を放棄した場合に限る。）

(2)　停止条件が付された信託財産の給付を受ける権利を有する者（信託の変更をする権限を有する者に限る。）

4　信託法における「受益者」と「受益権」（法2⑥⑦）

(1)　受益者

受益権を有する者をいいます。

(2)　受益権

信託行為に基づいて受託者が受益者に対し負う債務であって、信託財産に属する財産の引渡しその他の信託財産に係る給付をすべきものに係る債権（受益債権）及びこれを確保するために法の規定に基づいて受託者その他の者に対し一定の行為を求めることができる権利をいいます。

受益者等が存する信託の効力が生じた場合

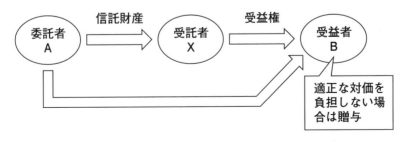

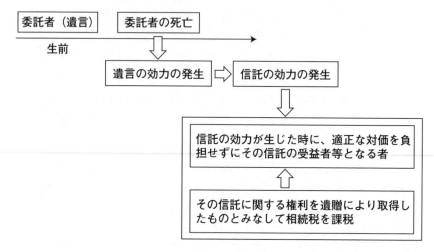

委託者の死亡に基因して信託の効力が生じた場合

(2)　**受益者等からの贈与又は遺贈による取得とみなす信託に関する権利**

　受益者等の存する信託について、適正な対価を負担せずに新たにその信託の受益者等が存するに至った場合には、その受益者等が存するに至った時において、その信託の受益者等となる者は、その信託に関する権利をその信託の受益者等であった者から贈与により取得したものとみなし、贈与税が課税されます。

　ただし、その受益者等であった者の死亡に基因して新たに受益者等が存するに至った場合には、遺贈により取得したものとみなし、相続税が課税されます（相法9の2②）。

ワンポイント！　信託の受益者等が存するに至った場合

　「信託の受益者等が存するに至った場合」とは、例えば、次に掲げる場合をいうものとされています（相基通9の2-3）。
　①　信託の受益者等として受益者Aのみが存するものについて受益者Bが存することとなった場合（受益者Aが並存する場合を含む。）

② 信託の受益者等として特定委託者 C のみが存するものについて受益者 A が存することとなった場合（特定委託者 C が並存する場合を含む。）

③ 信託の受益者等として信託に関する権利を各々半々ずつ有する受益者 A 及び B が存する信託についてその有する権利の割合が変更された場合

受益者等の存する信託について新たに信託の受益者等が存するに至った場合

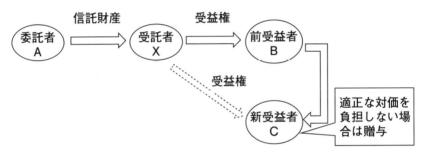

受益者等であった者の死亡に基因して新たな受益者等が存するに至った場合

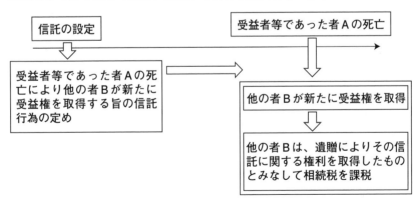

(3) 信託の一部の受益者等であった者からの贈与又は遺贈による取得と みなす信託に関する権利

　受益者等の存する信託について、その信託の一部の受益者等が存しな くなった場合において、適正な対価を負担せずに既にその信託の受益者 等である者がその信託に関する権利について新たに利益を受けることと なるときは、その信託の一部の受益者等が存しなくなった時において、 その利益を受ける者は、その利益をその信託の一部の受益者等であった 者から贈与により取得したものとみなし、贈与税が課税されます。

　ただし、その受益者等であった者の死亡に基因してその利益を受けた 場合には、遺贈により取得したものとみなし、相続税が課税されます （相法9の2③）。

一部の受益者等が存しなくなった場合

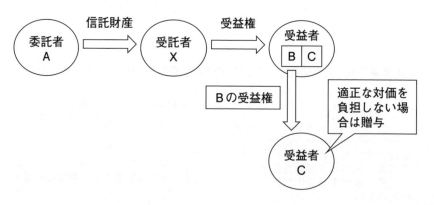

受益者等であった者の死亡に基因して一部の受益者等が存しなくなった場合

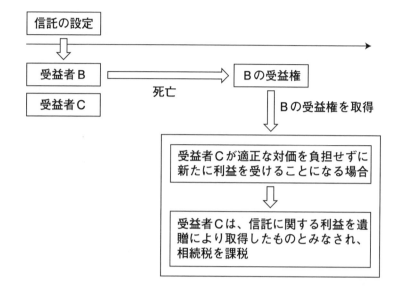

⑷　信託の残余財産を受益者等からの贈与又は遺贈による取得とみなす信託に関する権利

　受益者等の存する信託が終了した場合において、適正な対価を負担せずにその信託の残余財産の給付を受けるべき、又は帰属すべき者となる者があるときは、その給付を受けるべき、又は帰属すべき者となった時において、その信託の残余財産の給付を受けるべき、又は帰属者すべき者となった者は、その信託の残余財産（その信託の終了の直前においてその者がその信託の受益者等であった場合には、その受益者等として有していたその信託に関する権利に相当するものを除く。）をその信託の受益者等から贈与により取得したものとみなし、贈与税が課税されます。

　ただし、その受益者等の死亡に基因してその信託が終了した場合には、遺贈により取得したものとみなし、相続税が課税されます（相法9の2④）。

　この場合の「適正な対価を負担せずにその信託の残余財産の給付を受けるべき又は帰属すべき者となる者」とは、信託の残余財産受益者等に限らず、その信託の終了により適正な対価を負担せずにその信託の残余財産（その信託の終了直前においてその者がその信託の受益者等であった場合には、その受益者等として有していた信託に関する権利に相当するものを除く。）の給付を受けるべき又は帰属すべき者となる者をいいます（相基通9の2-5）。

　例えば、受益権が複層化された信託（受益者連続型信託以外の信託に限る。）の元本受益者が、信託の終了により元本受益権相当部分以外の残余財産の給付を受けた場合には、この規定の適用があることになります。

信託が終了した場合

受益者等であった者の死亡に基因して信託が終了した場合

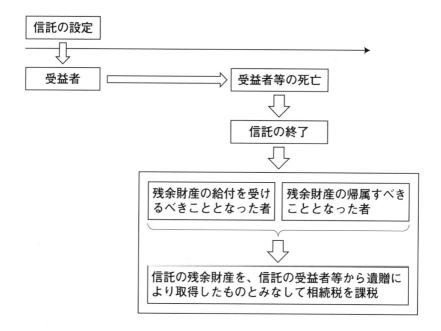

ワンポイント！	信託が合意等により終了した場合

　受益者連続型信託（相法9の3①）以外の信託で、収益受益権（信託に関する権利のうち信託財産の管理及び運用によって生ずる利益を受ける権利）を有する者（収益受益者）と元本受益権（信託に関する権利のうち信託財産自体を受ける権利）を有する者（元本受益者）とが異なる信託（受益権が複層化された信託）が、委託者及び受益者の合意等により終了した場合（法164）には、原則として、その元本受益者が、その終了直前にその収益受益者が有していた収益受益権の価額に相当する利益をその収益受益者からの贈与によって取得したものとして取り扱われます（相基通9-13）。

　これは、受益権が複層化された信託が合意終了した場合に、元本受益者は当初予定された信託期間の終了を待たずに信託財産の給付を受けることとなり、その反面、収益受益者は当初予定された信託期間における

収益受益権を失うこととなります。そうすると、その元本受益者は、何
らの対価も支払うことなく合意終了直前においてその収益受益者が有し
ていた収益受益権の価額に相当する利益を受けることとなるから、相続
税法9条《その他の利益の享受》の規定により、その利益を贈与又は遺
贈により取得したものとみなされることになります。

(5)　贈与又は遺贈により取得したとされる信託に関する権利への相続税法の適用

　上記(1)ないし(3)により、贈与又は遺贈により取得したものとみなされ
る信託に関する権利又は利益を取得した者は、その信託の信託財産に属
する資産及び負債を取得し、又は承継したものとみなして相続税法の規
定を適用します（相法9の2⑥）。

　ただし、集団投資信託、法人課税信託又は退職年金等信託の信託財産
に属する資産及び負債については、受益者等が信託財産を所有している
とはいえないことから、上記の規定の対象外とされています。

(6)　受益者等の有する信託に関する権利がその権利の全部でない場合の相続税法の適用

　受益者等の有する信託に関する権利がその信託に関する権利の全部で
ない場合における相続税法の信託に関する規定の適用については、次の
とおり取り扱います（相令1の12③）。

①　その信託についての受益者等が一であるとき
　→　その信託に関する権利の全部をその受益者等が有するものとし
　　ます。

②　その信託についての受益者等が二以上であるとき
　→　その信託に関する権利の全部をそれぞれの受益者等がその有す

る権利の内容に応じて有するものとします。

（注）「受益者が有する受益者としての権利の範囲」については、「第3章 3(3)」
　　を参照。

ワンポイント！ 放棄又は消滅があった場合における信託に関する権利

　受益者等の存する信託に関する権利の一部について放棄又は消滅があった場合には、原則として、その放棄又は消滅後のその信託の受益者等が、その有する信託に関する権利の割合に応じて、その放棄又は消滅した信託に関する権利を取得したものとみなします（相基通9の2-4）。

　受益者は、信託行為の当事者（委託者が受益者である場合のいわゆる自益信託）である場合を除き、受託者に対して受益権を放棄する旨の意思表示をすることにより、受益権を放棄することができます（法99①）。また、信託行為で受益者指定権等を自己（委託者）又は第三者に与えたときは、その受益者指定権等の行使により、受益者を指定し、変更することができることとされており、その受益者指定権等が行使された場合には、旧受益者は受益権を失うこととなります（法89①）

　その結果、受益者等の存する信託に関する権利の一部について受益者等が存しないこととなりますが、このような場合には上記(6)のとおり取り扱うこととなります。

　相続税法基本通達9の2-4は、信託に関する権利について放棄又は消滅があった場合に、利益を受けたものとみなされる受益者等及び受けた利益の算定方法について明示しています。

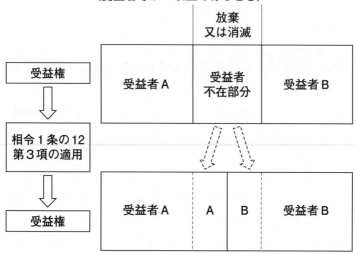

受益権の一部に放棄又は消滅があった場合
（受益者等が二以上であるとき）

2　信託受益権の評価

　信託の利益を受ける権利の評価は、次に掲げる区分に従い、それぞれ次に掲げるところによります（評基通202）。

①　元本と収益との受益者が同一人である場合
　→　課税時期における信託財産の価額により評価します。

②　元本と収益との受益者が元本と収益の一部を受ける場合
　→　課税時期における信託財産の価額に受益割合を乗じて計算した価額により評価します。

③　元本の受益者と収益の受益者が異なる場合
　次に掲げる価額により評価します。

イ　元本を受益する場合
　→　課税時期における信託財産の価額から、ロにより評価した収益受益者に帰属する信託の利益を受ける権利の価額を控除した価額

ロ　収益を受益する場合

→　課税時期の現況において推算した受益者が将来受けるべき利益の価額ごとに課税時期からそれぞれの受益の時期までの期間に応ずる基準年利率による複利現価率を乗じて計算した金額の合計額

（注）　複利現価率とは、ｎ年後の価値を年率ｘ％で割り引いた現在価値を算出する数値をいいます。

3　相続税及び贈与税における信託課税（特例）

(1)　受益者連続型信託の特例

①　受益者連続型信託に関する権利

受益者連続型信託に関する権利を受益者（受益者が存しない場合にあっては特定委託者）が適正な対価を負担せずに取得した場合には、次のような課税が行われます（相法9の2①〜③、9の3）。

イ　最初の受益者は、委託者からの贈与により取得したものとみなします。

ただし、その委託者であった者の死亡に基因して最初の受益者が存するに至った場合には、遺贈により取得したものとみなします。

ロ　次の受益者は、最初の受益者から贈与により取得したものとみなします。

ただし、その最初の受益者であった者の死亡に基因して次の受益者が存するに至った場合には、遺贈により取得したものとみなします。

ハ　次の受益者以後の受益者についても、ロと同様の課税がされることになります。

また、受益者連続型信託に関する権利については、その受益者連続型信託の利益を受ける期間の制限その他の受益者連続型信託に関

する権利の価値に作用する要因としての制約が付されているものについては、その制約は付されていないものとみなして権利の価額を計算します（相法9の3）。

　ただし、異なる受益者が性質の異なる受益者連続型信託に係る権利をそれぞれ有している場合で、かつ、その権利の一方に収益に関する権利が含まれている場合には、収益が含まれている受益者連続型信託に関する権利について、この規定を適用することになります（相法9の3かっこ書）。

　例えば、受益権が複層化された受益者連続型信託の収益を受益する収益受益権を個人A1が、その信託財産そのものを受益する元本受益権を個人B1が有するものについて、収益受益権が個人A2に、元本受益権が個人B2に移転した場合における課税上のそれぞれの受益権の価額については、その収益受益権の価額は、その受益者連続型信託の信託財産そのものの価額と等しいとして計算され、その元本受益権の価額は、この時点では「零」となります（〈受益権が複層化された受益者連続型信託に関する権利の価額〉（P179図の「原則」参照））。

　なお、この規定は、この規定の適用対象となる受益者連続型信託に関する権利を有することとなる者が法人（代表者又は管理者の定めがある人格のない社団又は財団を含む。）である場合は、適用されないこととされており、上記の例でいえば、収益受益権が個人A1から法人に、元本受益権が個人B1から個人B2に移転した場合には、個人B2が有する元本受益権の価額は「零」とはならないことになります（（この場合には、財産評価基本通達202《信託受益権の評価》により評価したうえで課税関係が生じます。）（相法9の3ただし書）〈受益権が複層化された受益者連続型信託に関する権利の価額〉

（P179 図の「例外」参照））。

〈受益者連続型信託〉

　受益者連続型信託とは、いわゆる後継ぎ遺贈型信託のことであり、次に掲げる信託をいいます（相法 9 の 3 ①、相令 1 の 8）。

i　信託法 91 条に規定する受益者の死亡により他の者が新たに受益権を取得する旨の定めのある信託

ii　信託法 89 条 1 項に規定する受益者指定権等を有する者の定めのある信託

iii　受益者等の死亡その他の事由により、その受益者等の有する信託に関する権利が消滅し、他の者が新たな信託に関する権利（その信託の信託財産を含む。）を取得する旨の定め（受益者等の死亡その他の事由により順次他の者が信託に関する権利を取得する旨の定めを含む。）のある信託

iv　受益者等の死亡その他の事由により、その受益者等の有する信託に関する権利が他の者に移転する旨の定め（受益者等の死亡その他の事由により順次他の者に信託に関する権利が移転する旨の定めを含む。）のある信託

v　上記 i ないし iv に掲げる信託以外の信託でこれらの信託に類するもの

---

② **受益者連続型信託に関する権利の価額**

　受益者連続型信託に関する権利の価額は、例えば、次の場合には、次に掲げる価額となります（相基通 9 の 3-1）。

　イ　受益者連続型信託に関する権利の全部を適正な対価を負担せずに取得した場合

　　→　信託財産の全部の価額

　ロ　受益者連続型信託で、かつ、受益権が複層化された信託に関する収益受益権の全部を適正な対価を負担せずに取得した場合

　→　信託財産の全部の価額

ハ　受益権が複層化された受益者連続型信託に関する元本受益権の全
　　部を適正な対価を負担せずに取得した場合（その元本受益権に対応
　　する収益受益権について相続税法9条の3第1項ただし書の適用がある
　　場合又はその収益受益権の全部若しくは一部の受益者等が存しない場合
　　を除く。）

　→　零

（注）　相続税法9条の3の規定により、上記ロ又はハの受益権が複層化された受
　　　益者連続型信託の元本受益権は、価値を有しないとみなすことから、相続税
　　　又は贈与税の課税関係は生じません。

　　　　ただし、その信託が終了した場合において、その元本受益権を有する者
　　　が、その信託の残余財産を取得したときは、相続税法9条の2第4項の規定
　　　があります。

受益者連続型信託の課税関係（特例）のイメージ
＜Aの死亡後はBを受益者とし、Bの死亡後はCを受益者とする旨の定めのある信託＞

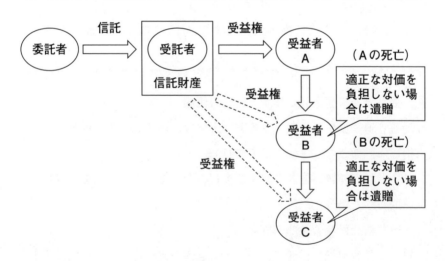

受益権が複層化された受益者連続型信託に関する権利の価額

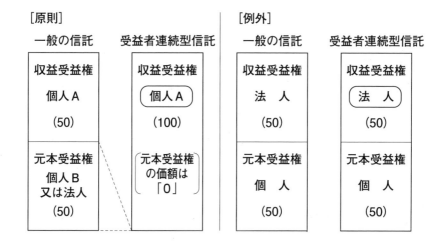

③　元本受益権の全部又は一部を有する法人の株式の時価の算定

　受益権が複層化された受益者連続型信託で、個人がその収益受益権の全部又は一部を、法人（その収益受益権を有する個人がその法人の株式（出資を含む。）を有する場合に限る。）がその元本受益権の全部又は一部をそれぞれ有している場合において、その個人の死亡に基因して、その個人からその法人の株式を相続又は遺贈により取得した者の相続税の課税価格の計算に当たっては、その株式の時価の算定における財産評価基本通達185《純資産価額》の計算上、その法人の有する受益者連続型信託に関する元本受益権（その死亡した個人が有していた受益者連続型信託に関する収益受益権に対応する部分に限る。）の価額は零として取り扱います（相基通9の3-2）。

　受益権が複層化された受益者連続型信託では、原則として、収益受益者が受益権のすべてを有しているものとみなされます（相法9の3①）。

　したがって、例えば、被相続人である個人がその収益受益権の全部を、法人がその元本受益権の全部をそれぞれ有しており、かつ、その収

益受益権を有する被相続人が、その元本受益権を有する法人の株式（出資を含む。）を有している場合において、被相続人の相続税の課税価格を計算するにおいて、被相続人が有する法人の株式の価額にはその元本受益権の価額が算入されることとなりますが、その元本受益権の価額は、収益受益権の価額（その信託の信託財産そのものの価額）に折込済みであることから、二重課税の問題が生じることとなります。

　そこで、このような元本受益権を有する法人の株式の評価に当たっては、その法人の資産として計上されている元本受益権の価額を零として取り扱うこととされています。

④　**相続税法9条の3《受益者連続型信託の特例》第1項等の適用がある場合の信託財産責任負担債務の帰属**

　信託財産責任負担債務（法2⑨）は、次に掲げる場合には、次に掲げる信託に関する権利に帰属します（相基通9の3-3）。

　イ　信託財産責任負担債務に係る信託に関する権利について相続税法9条の3《受益者連続型信託の特例》第1項本文の規定の適用がある場合

　　→　同項本文に規定する制約が付されていないものとみなされた受益者連続型信託に関する権利

　ロ　信託財産責任負担債務に係る信託に関する権利について相続税法施行令1条の12第3項の規定の適用がある場合

　　→　同項各号に規定する受益者等が有するものとみなされた信託に関する権利

　信託財産責任負担債務とは、受託者が信託財産に属する財産をもって履行する責任を負う債務をいいますが、信託に関する権利又は利益を贈与又は遺贈により取得したものとみなされた場合において、その信託に関する権利又は利益を取得した者は、その信託財産に属する資産及び負

債を取得、又は承継したものとみなされて相続税法の規定が適用されます（相法9の2⑥）。

　したがって、例えば、受益権が複層化された受益者連続型信託の収益受益権を取得した場合は、元本受益権の価額に相当する部分について、また、受益権の一部の受益者等が存しない信託の受益権（その受益者等が存しない受益権を除く。）を取得した場合は、その受益者等が存しない受益権の部分について、それぞれ取得したものとみなされます（相法9の3①、相令1の12③）が、これにより、その収益受益権又はその受益権の一部の受益者等が存しない信託の受益権を取得した者は、その取得した受益権に帰属する債務及びその取得したものとみなされた部分に帰属する債務を取得又は承継したものとみなされることになります。

(2)　受益者等が存しない信託

①　受益者等が存しない信託の課税（原則）

イ　受益者等が存しない信託（法人課税信託）

　受益者等が存しない信託は法人課税信託に該当し、原則として、信託の設定時に、委託者において信託財産の価額に相当する金額による譲渡があったものとみなし、受託者に対しては、信託財産に相当する額の受贈益に法人税が課税されます。

　また、信託期間中は、信託財産に係る所得について法人税が課税され、信託の終了時における帰属権利者への残余財産の移転に係る受贈益には所得税あるいは法人税が課税されます。

　ただし、受益者等が存することとなった場合には、受益者等が簿価により引き継いだものとみなし、受益者等に課税関係は生じません（所法6の3、67の3、法法4の6、4の7、64の3）。

　(注)　「受益者等が存しない信託」の課税関係の詳細については、「第4章3(2)

受益者等が存しない信託に該当しないこととなった場合」を参照。

ロ　目的信託についての相続税法の規定の不適用

　信託法258条1項《受益者の定めのない信託の要件》に規定する受益者の定め（受益者を定める方法の定めを含む。）のない信託（目的信託）で、かつ、特定委託者の存しないものについては、受益者等が存しない信託に該当することから、上記イのとおり、受託者（受託者が個人の場合は法人とみなされる。）に法人税が課税され、また、信託終了後の信託に係る信託財産は、その信託の帰属権利者である個人に帰属する場合があるが、その受託者は法人である（又は法人とみなされる）ことから、法人から個人への贈与に該当することとなり、所得税の課税関係が生じることになります。

　したがって、目的信託で、かつ、特定委託者が存しないものについては、相続税又は贈与税の課税関係が生じ得ないことから、相続税法第1章第3節《信託に関する特例》の規定は適用されません（相基通9の4-1）。

ハ　受益者等が存しない信託の委託者が死亡した場合の取扱い

　受益者等が存しない信託の委託者が死亡した場合には、相続税法9条の4第1項の規定の適用により、その信託の受託者がその信託に関する権利を遺贈によって取得したものとみなされる場合を除き、その信託に関する権利はその死亡した委託者の相続税の課税財産を構成しません（相基通9の4-2）。

受益者等が存しない信託の課税関係（原則）

［受益者等が存しない場合］

	委託者	受託者	帰属権利者
信託設定時	贈与により財産移転 個人→みなし譲渡 法人→寄附金課税	受託法人が贈与を受けたものとして受贈益に法人課税	―
信託期間中	―	信託財産に係る所得に法人課税	―
信託終了時	―	受託法人の解散とみなす	残余財産の取得について所得税又は法人税を課税

［受益者等が存することとなった場合（受益権の取得時）］

	委託者	受託者	受益者
受益権の取得時	―	・受託法人の解散とみなす ・受託法人の信託財産を帳簿価額により受益者に引き継ぐ	・受益者が存することとなった直前の受託法人の信託財産を帳簿価額で引き継ぐ ・課税なし

受益者等が存しない信託の課税関係（原則）のイメージ

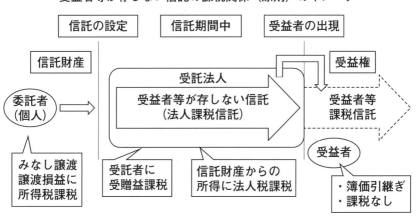

②　受益者等が存しない信託の課税（特例）

イ　受益者等が存しない信託の効力が生ずる場合

受益者等が存しない信託の効力が生ずる場合において、その信託の受益者等となる者がその信託の委託者の親族であるときは、その信託の効力が生ずる時において、その信託の受託者は、その委託者からその信託に関する権利を贈与により取得したものとみなし、贈与税が課税されます（相法９の４①）。

ただし、その信託の委託者の死亡に基因してその信託の効力が生ずる場合にあっては、遺贈により取得したものとみなし、相続税が課税されます。

なお、受益者等が存しない信託の受益者等となる者が明らかでない場合にあっては、その信託が終了した場合にその委託者の親族がその信託の残余財産の給付を受けることとなるときにも、この規定を適用します（相法９の４①かっこ書）。

ロ　受益者等の存する信託についてその信託の受益者等が不存在となった場合

受益者等の存する信託について、その信託の受益者等が不存在となった場合において、その受益者等の次に受益者等となる者がその信託の効力が生じた時の委託者又はその次に受益者等となる者の前の受益者等の親族であるときは、その受益者等が不存在となった場合に該当することとなった時において、その信託の受託者は、その次に受益者等となる者の前の受益者等からその信託に関する権利を贈与により取得したものとみなし、贈与税が課税されます（相法９の４②）。

ただし、その次に受益者等となる者の前の受益者等の死亡に基因してその次に受益者等となる者の前の受益者等が不存在となった場合には、遺贈により取得したものとみなし、相続税が課税されます。

　なお、受益者等が不存在となった信託の次に受益者等となる者が明らかでない場合にあっては、その信託が終了した場合にその委託者又はその次に受益者等となる者の前の受益者等の親族がその信託の残余財産の給付を受けることとなるときにも、この規定を適用します（相法9の4②かっこ書）。

ワンポイント！

　親族の範囲については、次のとおりです（相令1の9）。
①　6親等内の血族
②　配偶者
③　3親等内の姻族
④　その信託の受益者等となる者（残余財産の給付を受けることとなる者及び次に受益者等となる者を含む。）が信託の効力が生じた時（受益者等が不存在となった場合に該当することとなった時及び信託の契約締結時等を含む。）において存しない場合には、その者が存するものとしたときにおいて上記①～③に該当する者
⑤　信託の委託者（次に受益者等となる者の前の受益者等を含む。）が信託の効力が生じた時において存しない場合には、その者が存するものとしたときにおいて上記①～③に該当する者

〈受益者等が存しない信託の課税関係（特例）〉

贈与税が課税される場合	みなし贈与者	みなし受贈者	法令
受益者等が存しない信託の効力が生じる場合に、受益者等となる者が委託者の親族等であるとき	委託者	受託者	相法9の4①
受益者等が存しない信託の受益者等となる者が明らかでない場合には、信託の終了した場合に委託者の親族が残余財産の給付を受けることとなるとき	委託者	受託者	相法9の4①かっこ書
受益者等が存する信託について受益者等が不存在となった場合に、前受益者等の次に受益者等となる者が信託の効力発生時の委託者又は前受益者等の親族であるとき	前受益者等	受託者	相法9の4②
受益者等が不存在となった信託の次に受益者等となる者が明らかでない場合には、信託が終了した場合に委託者又は前受益者等の親族等が残余財産の給付を受けることとなるとき	前受益者等	受託者	相法9の4②かっこ書

（注）　上記表中の「贈与税が課される場合」欄に記載された場合が、委託者や前受益者等の死亡を原因とするときは、それぞれ「相続税が課される場合」になります。この場合「みなし贈与者」、「みなし受贈者」の欄は、それぞれ「みなし遺贈者」、「みなし受遺者」となります。

ハ　相続税法9条の4第1項及び2項の適用がある場合の受託者

　　相続税法9条の4第1項及び2項（上記イ及びロ）の適用がある場合において、受益者等が存しない信託の受託者が個人以外であるときは、その受託者を個人とみなして相続税又は贈与税の規定を適用しま

す（相法 9 の 4 ③）。

ニ　相続税法 9 条の 4 第 1 項、2 項及び 3 項の適用がある場合の受託者に課される贈与税又は相続税の額

相続税法 9 条の 4 第 1 項、2 項及び 3 項（上記イないしハ）の適用がある場合において、信託の受託者に課される贈与税又は相続税の額については、相続税法施行令 1 条の 10 の規定により、その受託者に課されるべき法人税その他の税の額に相当する額を控除します（相法 9 の 4 ④）。

ホ　受益者等が存しない信託の受益者等となる者

相続税法 9 条の 4 第 1 項に規定する「その信託の受益者等となる者」又は 2 項に規定する「その受益者等の次に受益者等となる者」が複数名存する場合で、そのうちに 1 人でもその信託の委託者（同項の「次に受益者等となる者の前の受益者等」を含む。）の親族が存するときは、同法 9 条の 4 第 1 項又は 2 項の規定が適用されます（相基通 9 の 4-3）。

ヘ　受益者等が存しない信託の受託者が死亡した場合

相続税法 9 条の 4 第 1 項又は 2 項の規定の適用により、信託に関する権利を贈与又は遺贈により取得したものとみなされた受託者が死亡した場合であっても、その信託に関する権利については、その死亡した受託者の相続税の課税財産を構成しません（相基通 9 の 4-4）。

受益者等が存しない信託の課税関係（特例）のイメージ

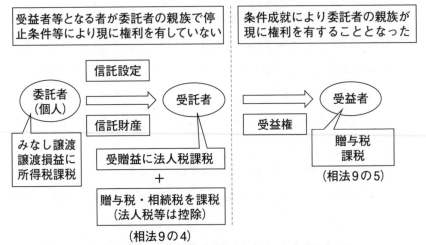

(3)　信託設定時にはまだ受益者等が存しない信託の特例

　受益者等が存しない信託について、その信託の契約締結時等において存しない者がその信託の受益者等となる場合において、その信託の受益者等となる者がその信託の契約締結時等における委託者の親族であるときは、その存しない者がその信託の受益者等となる時において、その信託の受益者等となる者は、その信託に関する権利を個人から贈与により取得したものとみなし、贈与税が課税されます（相法 9 の 5）。

　なお、受益者等が存しない信託については、相続税法 9 条の 4 第 1 項、2 項の規定の適用の有無にかかわらず、その信託について受益者等（信託の残余財産の給付を受けることとなる者及び次に受益者等となる者を含む。）が存することとなり、かつ、その受益者等が、その信託の契約締結時における委託者の親族であるときは、相続税法 9 条の 5 を適用します（相基通 9 の 5-1）。

　(注)　「信託の契約締結時において存しない者」とは、例えば、契約締結時にお

いて出生していない者、養子縁組前の者、受益者として指定されていない者
等をいい、単に条件が成就していないため受益者としての地位を有していな
い者は除きます。

ワンポイント！　「契約締結時等」の範囲

　契約締結時等とは、次に掲げる区分に応じ次に定める時をいいます
（相令 1 の 11）。
① 契約によってされる信託
→ 委託者となるべき者と受託者となるべき者との間の信託契約の
締結の時
② 遺言によってされる信託
→ 遺言者の死亡の時
③ 自己信託
→ 公正証書等の作成の時又は受益者となるべき者として指定され
た第三者に対する確定日付のある証書による通知の時

〈本特例の趣旨〉

　通常の相続においては、まだ生まれていない孫等へ財産を承継させる
ためには、少なくともその前に誰かにいったん財産を帰属させ、その後
に、生まれてきた孫等に承継させることとなります。このような場合は
少なくとも 2 回の相続を経る必要がありますが、まだ生まれていない孫
等を受益者等とする信託を設定した場合には、受託者段階での負担（相
続税法 9 条の 4 の規定による贈与税等の負担を含む。）だけで孫等への
財産移転が可能となるため、その結果として相続の回数を減らすことが
でき、その分の相続税の負担を免れることができます。

　このようなことに対して課税の公平を確保する観点から、本特例によ
る適正化を図ることとされています。

信託の契約締結時等にはまだ受益者等が存しない信託の特例のイメージ

［ケース①　相法9の5の適用］

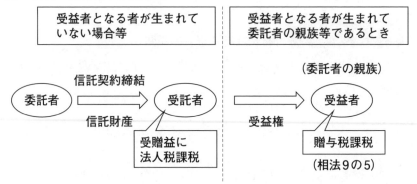

ケース②　相法9の4（受益者等が存する信託について受益者等が不存在となった場合において次の受益者等となる者が前の受益者等の親族であるとき）適用後

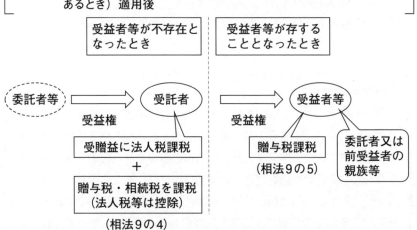

(4)　受益者等が存しない信託等の受託者の贈与税額又は相続税額の計算

　受益者等が存しない信託等（相法9の4）の受託者に課される贈与税又は相続税の額については、次のとおり計算します（相令1の10）。

①　贈与により取得したものとしてみなされる場合の贈与税課税

　信託の受託者については、贈与（贈与をした者の死亡により効力を生ず

る贈与を除く。）により取得したものとみなされる信託に関する権利及び
それ以外の贈与により取得した財産ごとに、それぞれ別の者とみなし
て、贈与税額を計算します（相令 1 の 10 ①）。

　　(注)　この場合において、その信託に関する権利に係る贈与税額の計算について
　　　　は、相続税法 21 条の 2 第 4 項《贈与税の課税価格》、21 条の 4 《特定障害者
　　　　に対する贈与税の非課税》、21 条の 6 《贈与税の配偶者控除》、第 2 章第 3 節
　　　　《相続時精算課税》の規定は適用しません。

　また、信託が二以上ある場合について、この規定の適用については次
のとおりとなります（相令 1 の 10 ②③）。

　イ　信託が二以上ある場合の信託の受託者が同一であるとき

　　→　信託ごとに、それぞれ別の者とみなして贈与税額を計算しま
　　　　す。

　　　　ただし、委託者が同一である信託を除きます。

　ロ　信託が二以上あり、かつ、その受託者が二以上である場合の委託
　　　者が同一であるとき

　　→　委託者が同一である信託の受託者を一の者とみなして贈与税額
　　　　を計算した上で、それぞれの受託者の課税価格の割合に応じた贈
　　　　与税額をそれぞれの受託者ごとに納付します。

② 　遺贈により取得したものとみなされる場合の相続税課税

　信託の受託者については、その信託の委託者又は次に受益者等となる
者の前の受益者等（以下「信託に係る被相続人」という。）から遺贈（贈与
をした者の死亡により効力を生ずる贈与を含む。）により取得したものとみ
なされるその信託に関する権利及びそれ以外のその信託に係る被相続人
から相続又は遺贈により取得した財産ごとに、それぞれ別の者とみなし
て、相続税額を計算します（相令 1 の 10 ④）。

　この場合における相続税額の計算については、次のとおりです。

イ　受託者が信託に係る被相続人の相続人である場合

→　信託に係る被相続人から遺贈により取得したものとみなされる
信託に関する権利に係る受託者の数は、相続税の基礎控除の計算
における相続人の数に算入しません。

ロ　受託者が遺贈により取得したものとみなされる信託に関する権利
に係る相続税額

→　相続税法18条《相続税額の加算》の規定を適用します。

ハ　信託に関する権利に係る相続税額の計算

→　相続税法19条《相続開始前3年以内に贈与があった場合の相
続税額》から20条《相次相続》まで及び26条《立木の評価》の
規定は適用しません。

③　法人税相当額等の控除

上記①及び②により計算した受託者に課税される贈与税額又は相続税
額については、次に掲げる税額の合計額（その税額の合計額がその贈与税
額又は相続税額を超えるときには、その贈与税額又は相続税額に相当する
額）を控除します（相令1の10⑤）。

イ　受託者が贈与又は遺贈により取得したとみなされる信託に関する
権利の価額から翌期控除事業税等相当額を控除した価額をその信託
の受託法人の事業年度の所得とみなして、法人税法及び地方税法の
規定を適用して計算した法人税の額及び事業税の額

ロ　イにより計算した受託法人の法人税の額を基に地方法人税法の規
定を適用して計算した地方法人税の額並びに地方税法の規定を適用
して計算した道府県民税の額及び市町村民税の額

ハ　イにより計算した受託法人の事業税の額を基に特別法人事業税及
び特別法人事業譲与税に関する法律の規定を適用して計算した特別
法人事業税の額

⑸　信託の受託者に係る相続税法のその他の規定

　受益者等が存しない信託等（相法 9 の 4 ）の受託者が相続税又は贈与税の納税義務者となる場合の相続税法の規定の適用については、次のとおりです（相令 1 の 12 ①②⑤〜⑦）。

①　信託の受託者の住所等

　受託者（個人以外であるときは個人とみなします。）の住所は、その信託の引受けをした営業所、事務所その他これらに準ずるものの所在地にあるものとし、日本国籍を有するものとします。

　なお、相続税法 9 条の 5 が適用される個人（受益者等となる者）は、日本国籍を有し、その住所は委託者の住所にあるものとみなします。

②　「贈与又は遺贈により財産を取得したものとみなされる場合」（相法 9 の 2 ⑥）の準用

　信託の受託者（相法 9 の 4 ）又は受益者等となる者（相法 9 の 5 ）が、贈与又は遺贈により信託に関する権利又は利益を取得したものとみなされる場合は、信託財産に属する資産及び負債を取得し、又は承継したものとみなされます。

③　一の信託に受託者が二以上いる場合の納税義務

　信託の受託者が贈与税又は相続税を納める場合において、一の信託について受託者が二以上あるときは、その信託の信託事務を主宰する受託者が納税義務者として贈与税又は相続税を納付します。

　この場合、その信託に関する権利は、その信託事務を主宰する受託者が有するものとします。

第8章　信託に関する消費税法の特例

1　受益者等課税信託

⑴　信託財産に係る資産の譲渡等の帰属と消費税の納税義務者

　信託の受益者（受益者としての権利を現に有するものに限る。）はその信託の信託財産に属する資産を有するものとみなし、かつ、その信託財産に係る資産等取引はその受益者の資産等取引とみなして、消費税法を適用します（消法14①）。

　したがって、信託財産に係る運用等により、課税資産の譲渡等を行っているのは受託者ですが、その信託の受益者が納税義務者となります。

〈信託における「資産等取引」と「資産の譲渡等」〉

1　「資産等取引」とは、資産の譲渡等、課税仕入れ及び課税貨物の保税地域からの引取りをいいます（消法14①かっこ書）。

2　受益者等課税信託においては、次に掲げる移転は「資産の譲渡等」には該当しません（消基通4-2-1）。

① 　信託行為に基づき、その信託の委託者から受託者へ信託する資産の移転

② 　信託の終了に伴う、その信託の受託者から受益者又は委託者への残余財産の給付としての移転

※ 　事業者が事業として行う行為（消費税法施行令2条1項3号に定める行為^(注)）は資産の譲渡等に該当します。

（注） 　特定受益証券発行信託又は法人課税信託の委託者がその有する資産（金銭以外の資産に限る。）の信託をした場合におけるその資産の移転及び受益者がその信託財産に属する資産を有するものとみなされる信託が法人課税信託に該当することとなった場合につき出資があったものとみなされるもの（金銭以外の資産につき出資があったものとみな

されるものに限る。）は資産の譲渡等となります（消令 2 ①三）。

(2)　信託財産に属する資産及び資産等取引の帰属等

　受益者等課税信託における受益者は、受益者としての権利を現に有するものに限られるので、例えば、一の受益者が有する受益者としての権利がその信託財産に係る受益者としての権利の一部にとどまる場合であっても、その余の権利を有する者が存しない又は特定されていないときは、その受益者がその信託財産に属する資産の全部を有するものとみなし、かつ、資産等取引の全部が帰せられるものとみなします（消基通 4-3-1 ）。

　また、信託の受益者が 2 以上ある場合には、その信託の信託財産に属する資産の全部をそれぞれの受益者がその有する権利の内容に応じて有するものとし、その信託財産に係る資産等取引の全部をそれぞれの受益者がその有する権利の内容に応じて行ったものとします（消令 26 ④）。

〈「権利の内容に応じること」の例示〉

　消費税法施行令 26 条 4 項の規定の適用に当たっては、例えば、その信託財産に属する資産が、その構造上区分された数個の部分を独立して住居、店舗、事務所又は倉庫その他建物としての用途に供することができるものである場合において、その各部分の全部又は一部が 2 以上の受益者の有する受益権の目的となっているときは、その目的となっている部分（受益者共有独立部分）については、受益者共有独立部分ごとに、その受益者共有独立部分につき受益権を有する各受益者（みなし受益者を含む。）が各自の有する受益権の割合に応じて有しているものとして、同項の規定を適用します（消基通 4-3-2 ）。

⑶　信託の受益者としての権利の譲渡

　受益者等課税信託の受益者等（みなし受益者を含む。）が有する権利の譲渡が行われた場合には、その権利の目的となる信託財産の譲渡が行われたことになります（消基通 4-3-3 ）。

⑷　受益者等課税信託に係る受益者（受益者としての権利を現に有するもの）の範囲

①　受益者（受益者としての権利を現に有するもの）の範囲

　信託の受益者（受益者としての権利を現に有するものに限る。）には、原則として、例えば、残余財産受益者（法 182 ①一）は含まれますが、次に掲げる者は含まれません（消基通 4-3-4 ）。

　　イ　その信託が終了するまでの間における帰属権利者（法 182 ①二）
　　ロ　委託者が生存している間において、委託者の死亡の時に受益権を取得する旨の定めのある信託（法 90 ①一）における受益者となるべき者として指定された者
　　ハ　委託者が生存している間において、委託者の死亡の時以後に信託財産に係る給付を受ける旨の定めのある信託（法 90 ①二）における受益者

②　受益者とみなされる者の範囲

　受益者等課税信託の受益者は、受益者としての権利を現に有するものに限りますが、信託の変更をする権限（軽微な変更をする権限を除く。）を現に有し、かつ、その信託の信託財産の給付を受けることとされている者（受益者を除く。）は、受益者とみなされます（消法 14 ②）。

　なお、停止条件が付された信託財産の給付を受ける権利を有する者は、信託財産の給付を受けることとされている者に該当します（消令 26 ③）。

（注）　「軽微な変更をする権限」とは、信託の目的に反しないことが明らかである場合に限り信託の変更をすることができる権限をいい、信託の変更をする権限には、他の者との合意により信託の変更をすることができる権限を含みます（消令 26 ①②）。

③　受益者とみなされる委託者

受益者とみなされる者には、信託の変更をする権限を有する委託者が次に掲げる場合であるものが含まれます（消基通 4-3-5 ）。

イ　委託者が信託行為の定めにより帰属権利者として指定されている場合

ロ　信託行為に残余財産受益者又は帰属権利者の指定に関する定めがない場合又は信託行為の定めにより残余財産受益者又は帰属権利者として指定を受けた者のすべてが、その権利を放棄した場合

2　集団投資信託等の信託財産に係る取扱い

次に掲げる信託については、その信託財産の実質的な帰属者である受益者等ではなく、現実に信託財産を所有し、その運用等を行っている取引当事者である受託者が、現実の取引のままに、その信託財産に属する資産を有し、かつ、その信託財産に係る資産等取引を行ったものとし、課税資産の譲渡等が行われた場合には、その受託者が納税義務を負います（消法 14 ①ただし書、消基通 4-2-2 ）。

①　集団投資信託

②　法人課税信託

③　退職年金等信託

④　特定公益信託等

3　法人課税信託の受託者に関する消費税法の適用

(1)　法人課税信託の受託者

　法人課税信託の受託者は、各法人課税信託の信託資産等及び固有資産等ごとに、それぞれ別の者とみなして消費税法の規定を適用します（消法15①）。

　この場合において、各法人課税信託の信託資産等及び固有資産等は、そのみなされた各別の者にそれぞれ帰属するものとします（消法15②）。

　したがって、信託事業に係る分と固有事業に係る分ごとに、それぞれ別の者が行ったものとして申告、納付を行うことになります。

> ## ワンポイント！
>
> 1　信託資産等とは、信託財産に属する資産及びその信託財産に係る資産等取引をいい、固有資産等とは、法人課税信託の信託資産等以外の資産及び資産等取引をいいます。（消法15①かっこ書）。
>
> 2　受託事業者とは、法人課税信託の受託者について、その法人課税信託に係る信託資産等が帰属する者として消費税法の規定を適用する場合におけるその受託者をいいます（消法15③かっこ書）。
>
> 3　固有事業者とは、法人課税信託の受託者について、その法人課税信託に係る固有資産等が帰属する者として消費税法の規定を適用する場合におけるその受託者をいいます（消法15④かっこ書）。
>
> 4　消費税法15条1項《法人課税信託の受託者に関するこの法律の適用》の規定は、次の規定には適用されません（消法15①かっこ書）。
>
> ①　消費税法5条《納税義務者》
>
> ②　同法14条《信託財産に係る資産の譲渡等の帰属》
>
> ③　同法20条《個人事業者の納税地》から27条《輸出物品販売場において購入した物品を譲渡した場合等の納税地》まで
>
> ④　同法47条《引取りに係る課税貨物についての課税標準額及び税

　　額の申告等》
　⑤　同法 50 条《引取りに係る課税貨物についての消費税の納付等》
　⑥　同法 51 条《引取りに係る課税貨物についての納期限の延長》
　⑦　同法第 6 章《罰則》

(2)　個人事業者が受託事業者である場合

　個人事業者が受託事業者である場合には、その受託事業者は、法人と
みなして消費税法を適用します（消法 15 ③）。

〈個人事業者を法人とみなす理由〉

　消費税の申告は課税期間ごとに行うこととされており、法人の課税期
間は事業年度、個人事業者の課税期間は暦年とされています（消法 19
①一、二）。

　ところで、信託における受託事業者としての申告は、別の者として行
うこととなるため、その受託事業者としての課税期間も固有事業者とは
別に各法人課税信託ごとに独立した計算期間とする必要があります。

　この場合、法人が受託事業者であるときは、法人税法の規定により各
法人課税信託の計算期間が事業年度とされるため、その計算期間がその
まま消費税の課税期間となります（消法 2 ①十三、19 ①二）。しかし、
個人事業者の場合の課税期間は暦年となってしまうため、個人事業者で
ある受託事業者は法人とみなすことにより、法人と同様、事業年度を消
費税の課税期間として、法人課税信託の計算期間ごとに申告することと
したものです。

---

(3)　固有事業者の納税義務の判定等

①　固有事業者の基準期間における課税売上高の計算の特例と納税義務
　　の判定

　固有事業者のその課税期間に係る基準期間における課税売上高につい

ては、次のイとロにより計算した金額の合計額となります（消法15④、消令27①）。

　この合計額が1,000万円を超える場合には、その固有事業者は課税事業者となります（消法9①）。

　イ　原則を適用した場合における固有事業者のその課税期間の基準期間における課税売上高（消法9②により計算した金額）

　ロ　固有事業者に係る各法人課税信託の受託事業者のその固有事業者の課税期間の基準期間に対応する期間における課税売上高（その固有事業者の課税期間の基準期間の初日から同日以後1年を経過する日までの間に終了したその受託事業者の各事業年度における課税売上高の合計額）

② 固有事業者の特定期間における課税売上高の計算の特例

　固有事業者の固有事業年度等（個人事業者である固有事業者のその年又は法人である固有事業者のその事業年度をいう。）に係る特定期間における課税売上高については、次のイとロにより計算した合計額となります（消法15⑦、消令27②一）。

　イ　その固有事業者の固有事業年度等に係る特定期間における課税売上高として消費税法9条の2第2項の規定により計算した同項に規定する残額（同条3項の規定の適用がある場合には、その特定期間中に支払った給与等金額の合計額）

　ロ　その固有事業者に係る各法人課税信託の受託事業者の次に掲げる場合の区分に応じ、それぞれ次に定める金額（その金額のうちその計算の基礎となった期間の月数がその固有事業者の固有事業年度等に係る特定期間の月数を超えるものである場合には、その金額をその計算の基礎となった月数で除し、これにその特定期間の月数を乗じて計算した金額）の合計額

　ⅰ　その固有事業者の固有事業年度等に係る特定期間中にその受託
　　事業者の準特定期間（その受託事業者の事業年度（6月以下であ
　　るものを除く。）開始の日以後6月の期間をいい、その6月の期間
　　の末日を消費税法施行令20条の6第1項に規定する6月の期間
　　の末日とみなした場合において同項各号に掲げる場合に該当する
　　ときには同項の規定によりみなされた期間とする。）の末日が到
　　来する場合
　　→その準特定期間における課税売上高（その準特定期間を消費税
　　　法9条の2第2項に規定する特定期間とみなした場合における同項
　　　に規定する残額をいい、その固有事業者のイの残額の計算につき同
　　　条3項の規定の適用がある場合には、その準特定期間中に支払った
　　　給与等金額の合計額とする。）
　ⅱ　その固有事業者の固有事業年度等に係る特定期間中に終了した
　　その受託事業者の各事業年度がある場合（ⅰの場合を除く。）
　　→その各事業年度における課税売上高（その固有事業者のイの残
　　　額の計算につき消費税法9条の2第3項の規定の適用がある場合に
　　　は、その各事業年度中に支払った給与等金額の合計額）の合計額

⑷　法人課税信託に合併又は分割があった場合の納税義務の免除の特例

①　合併があった場合の納税義務の免除の特例

　免税事業者である法人が合併により被合併法人の事業を承継した場合
の消費税法9条1項《小規模事業者に係る納税義務の免除》の規定の適
用については、合併法人の基準期間における課税売上高が1,000万円以
下であったとしても、ⅰ合併があった日の属する事業年度については、
被合併法人のその基準期間に対応する期間における課税売上高（被合併
法人が2以上ある場合にはいずれかの被合併法人の課税売上高）が1,000万

円を超える場合、ⅱ合併があった日の属する事業年度の翌事業年度及び翌々事業年度については、合併法人の基準期間における課税売上高と被合併法人のその基準期間に対応する期間における課税売上高（被合併法人が2以上ある場合、各被合併法人のその金額の合計額）との合計額が1,000万円を超える場合には、納税義務の免除の特例は適用されないこととされています（消法11、消令22、消基通1-5-6）。

　合併法人である固有事業者においても、基準期間における課税売上高が1,000万円以下である場合にはこれらの規定が適用され、この特例における被合併法人が法人課税信託の受託者であるときは、その被合併法人の受託事業者としての課税売上高を加味して納税義務の判定を行うことになります（消令27③④）。

②　分割等があった場合の納税義務の免除の特例

　免税事業者である法人に分割等があった場合の消費税法9条1項《小規模事業者に係る納税義務の免除》の規定の適用についても、上記①と同様であり、分割等を行った新設分割親法人の分割等により設立された、又は資産の譲渡を受けた新設分割子法人の分割等があった日の属する事業年度の基準期間に対応する期間における課税売上高（新設分割親法人が2以上ある場合には、いずれかの新設分割親法人の課税売上高）が1,000万円を超えるときは、その新設分割子法人に係る納税義務の免除の特例は適用されないこととされています（吸収分割による分割承継法人の場合も同様です。）（消法12、消令23、消基通1-5-6の2）。

　これらの法人に該当する固有事業者についてもこれらの規定が適用され、この特例における新設分割親法人等が法人課税信託の受託者である場合には、これらの法人の受託事業者としての課税売上高を加味して納税義務の判定を行うことになります（消令27⑤）。

⑸　受託事業者の納税義務及び簡易課税制度の適用の判定

①　受託事業者の基準期間における課税売上高の計算の特例

受託事業者のその課税期間に係る基準期間における課税売上高は、その課税期間の初日の属するその受託事業者に係る法人課税信託の固有事業者の課税期間の基準期間における課税売上高となります（消法 15 ⑤、消基通 4-4-1）。

②　受託事業者の特定期間における課税売上高の計算の特例

受託事業者のその事業年度に係る特定期間における課税売上高は、その受託事業者のその事業年度開始の日の属する受託事業者に係る法人課税信託の固有事業者の固有事業年度等の特定期間における課税売上高として、消費税法施行令 27 条 2 項 1 号により計算した金額となります（消法 15 ⑦、消令 28 ③一）。

③　受託事業者の納税義務の判定

法人課税信託の受託者は、各法人課税信託の信託資産等及び固有資産等ごとに、それぞれ別の者とみなして消費税法が適用されるのですが、受託事業者における納税義務の判定は、その課税期間の初日の属する固有事業者の課税期間の基準期間における課税売上高によります。

ただし、その初日の属する固有事業者の課税期間の基準期間における課税売上高が 1,000 万円以下であっても、例えば、次に掲げる場合には、その固有事業者は納税義務の免除の特例が適用されないため、その固有事業者に係る各法人課税信託の受託事業者のその初日の属する課税期間についても同様に適用されません（消法 15 ⑥、消基通 4-4-1）。

　　イ　固有事業者が課税事業者選択届出書を提出している場合（消法 9 ④）

　　ロ　個人事業者である固有事業者が課税事業者である被相続人の事業を承継した場合（消法 10）

　　ハ　合併があった場合において、合併法人である固有事業者の被合併

法人が課税事業者であるとき（消法11）

　ニ　分割等があった場合において、新設分割子法人である固有事業者
　の新設分割親法人が課税事業者である場合等（消法12）

④　受託事業者の簡易課税制度の適用の判定

　受託事業者のその課税期間における簡易課税制度の適用の有無については、その課税期間の初日における固有事業者の同制度の適用の有無により判定するので、その受託事業者に係る法人課税信託の固有事業者が、その初日の属する固有事業者の課税期間（固有課税期間）につき簡易課税制度の適用を受ける事業者である場合に限り、その受託事業者のその初日の属する課税期間について簡易課税制度を適用します（消法15⑧、消基通4-4-2）。

【消費税簡易課税制度選択届出書】の提出

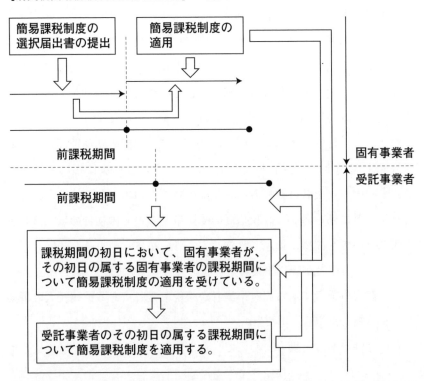

　また、法人課税信託の固有事業者が、固有課税期間において消費税法
37条の2第1項又は6項《災害等があった場合の中小事業者の仕入れ
に係る消費税額の控除の特例の届出に関する特例》の規定の適用を受け
たことにより、受託事業者のその課税期間の初日における固有事業者の
簡易課税制度の適用の有無に変動が生じた場合には、受託事業者につい
て、次のように取り扱います（消法15⑨、消基通4-4-2（注））。

　イ　固有事業者がその固有課税期間について消費税法37条の2第1
　　　項の承認を受けた場合

　　→　受託事業者のその課税期間の初日において、固有事業者は簡易
　　　　課税制度の適用を受ける事業者とみなされるので、受託事業者の
　　　　その課税期間は簡易課税制度が適用される。

　ロ　固有事業者がその固有課税期間について消費税法37条の2第6
　　　項の承認を受けた場合

　　→　受託事業者のその課税期間の初日において、固有事業者は簡易
　　　　課税制度の適用を受けない事業者とみなされるので、受託事業者
　　　　のその課税期間に簡易課税制度は適用されない。

(6) 受託事業者に適用されない消費税法の規定

　受託事業者については、次の規定は適用しません（消法15⑪）。

① 課税事業者選択制度（消法9④～⑨）

② 相続等があった場合の納税義務の免除の特例（消法10～12の4）

③ 簡易課税制度のうち不適用に関する部分（消法37③～⑧）

④ 災害等による簡易課税制度選択届出に係る特例（消法37の2）

⑤ 小規模事業者の納税義務の免除が適用されなくなった場合等の届出
（消法57）

(7)　一の法人課税信託の受託者が 2 以上ある場合

　一の法人課税信託の受託者が 2 以上ある場合、各受託者のその法人課税信託に係る信託資産等は、その法人課税信託の信託事務を主宰する受託者（主宰受託者）の信託資産等とみなして、消費税法の規定を適用します（消法 15 ⑫）。

　また、主宰受託者の信託資産等とみなされたその信託資産等に係る消費税については、主宰受託者以外の受託者は、その消費税について、連帯して納付する責務があります（消法 15 ⑬）。

　　（注）　「信託事務を主宰する受託者」とは、中心となって信託事務の全体を取り
　　　　まとめる受託者をいいます。この場合に、全体を取りまとめているかどうか
　　　　は、信託契約に基づき、信託財産の受入れ事務、信託財産の管理又は処分に
　　　　関する事務、収益計算の報告事務等の処理の実態を総合的に判定します（消
　　　　基通 4-4-4）。

　この場合の消費税の徴収は、その徴収に係る処分の際におけるその消費税の納税地又はその連帯受託者（主宰受託者以外の受託者をいう。）がその法人課税信託の主宰受託者であったとした場合におけるその消費税の納税地の所轄税務署長が行います（消法 15 ⑭、通法 43 ①）。

(8)　収益分配金の取扱い

　集団投資信託、法人課税信託、退職年金等信託、特定公益信託等の収益の分配金は、消費税法別表第一第 3 号に該当し、非課税となります（消基通 6-3-1）。

第 9 章　信託に関するその他の税法の特例

1　国税通則法の特例

(1)　信託に係る受託者の納付義務の承継

①　受託者の変更

　信託の受託者について、死亡、破産、解散、辞任等により任務が終了し（法 56 ①）、新たな受託者（新受託者）が就任したときは、前受託者の信託に関する権利義務は新受託者に承継されます（法 75 ①②）。

　このような受託者の変更により信託に関する権利義務が承継される場合、受託者の負う信託財産責任負担債務となる国税の納付義務（前受託者に課されるべき、又はその受託者が納付し、若しくは徴収されるべき国税）についても、新受託者が承継します（通法 7 の 2 ①）。

②　受託者が二人以上ある場合の承継

　複数の受託者が就任している信託について、そのうちの一人の任務が終了した場合には、他の受託者がその任務が終了した受託者（任務終了受託者）の信託に関する権利義務を承継します（法 86 ④）。

　そのため、受託者の変更があった場合と同様に、任務終了受託者が負う信託財産責任負担債務となる国税の納付義務についても、その信託事務の引継ぎを受けた受託者が承継します（通法 7 の 2 ②）。

③　信託財産法人への承継

　受託者の死亡により任務が終了した場合には、信託財産は法人とされます（法 74 ①）。そのため、この場合における受託者が負う信託財産責任負担債務となる国税の納付義務は、信託財産法人が承継します（通法 7 の 2 ③）。

④　受託者である法人が分割した場合の承継

　受託者である法人の分割により分割承継法人がその受託者としての権利義務を承継した場合には、その分割承継法人が信託財産責任負担債務となる国税の納付義務を承継します（通法7の2④）。

⑤　前受託者等及び新受託者の納付義務の履行責任

　上記①及び②により国税の納付義務が新受託者に承継された場合においても、前受託者又は任務終了受託者は、自己の固有財産をもって、その承継された信託財産責任負担債務となる国税の納付義務を履行する責任を負うこととされています。

　この場合、その国税の納付義務について、信託財産に属する財産のみをもってその履行の責任を負うもの（信託財産責任負担債務）であるときはこの限りではありません（通法7の2⑤）。

　また、上記①の新受託者が国税の納付義務を承継した場合には、信託財産に属する財産のみをもって、その承継された信託財産責任負担債務となる国税の納付義務を履行する責任を負います（通法7の2⑥）。

(2)　法人の分割に係る連帯納付の責任

　法人が分割した場合、分割法人の権利義務は分割承継法人に承継されますが、国税の納付義務については、分割法人が引き続き存続しているため、分割承継法人は分割法人に係る国税の納付義務を承継せず、分割により承継取得した財産の価額を限度として連帯納付責任を負うとされています（通法9の3本文）。

　しかし、上記(1)④のとおり、信託財産責任負担債務となる国税については、受託者である法人が分割した場合、受託者としての権利義務を承継した分割承継法人がその納付義務を承継することとされているため、分割により承継された信託財産責任負担債務となる国税については、分

割による連帯納付責任の対象となり得ないことから、連帯納付責任の対象となる国税から除かれています。

　また、分割前に成立した分割法人の国税が、信託財産に属する財産のみをもって履行責任を負う信託財産限定責任負担債務（法154）であるときも、連帯納付責任の対象から除かれています（通法9の3本文かっこ書）。

(3)　繰上請求

　税務署長は、納税者の財産につき強制換価手続が開始されたとき、又は法人が解散されたときなど一定の事由が生じた場合において、納税すべき税額の確定した国税でその納期限までに完納されないと認められるものであるときは、その納期限を繰り上げ、その納付を請求できることとされています（通法38①）。

　ところで、信託財産責任負担債務である国税については、納税者である受託者が解散したとしても、それは受託者の任務終了事由であって、信託自体は存続し、その納付義務は新受託者に承継されることになるため、徴収の確保を図る必要が生ずるような客観的事由ではないことから、繰上請求の事由から除かれています（通法38①かっこ書）。

　ただし、信託自体が終了した場合は、信託財産責任負担債務である国税の徴収が困難となるおそれがあることから、納税者である法人が解散した場合と同様に、繰上請求の事由とされています（通法38①四）。

(4)　充当

　税務署長等は、還付金等がある場合において、その還付を受けるべき者につき納付すべきこととなっている国税があるときは、還付金等をその国税に充当しなければなりません（通法57①）。

　そして、信託財産責任負担債務である国税に係る還付金等は、その信託に係る信託財産責任負担債務である国税との間でのみ充当できるものとし、受託者の固有財産に係る国税や他の信託に係る国税に充当することはできません。また、受託者の固有財産に係る還付金等は、信託財産に属する財産のみをもって履行責任を負う信託財産限定責任負担債務である国税に充当することもできません（通法57①かっこ書）。

2　国税徴収法の特例

(1)　清算受託者等の第二次納税義務

　法人の解散により清算手続が行われる場合において、清算人は、法人の債務を完済した後でなければ残余財産を分配することはできません。これに違反して国税を納付せずに残余財産の分配又は引渡しが行われた場合には、国税債権を迅速かつ適切に確保するために、その分配等を行った清算人及び残余財産の分配等を受けた者は、第二次納税義務を負うこととされています（国税徴収法34①）。

　信託が終了した場合には、清算受託者により信託の清算が行われますが（法175、177）、信託の清算においても、信託に係る債務を弁済した後でなければ、残余財産を残余財産受益者等に給付することはできません（法181）。

　この信託法の規定に違反して、清算受託者が、信託財産責任負担債務となる国税を納付せずに信託財産に属する財産を残余財産受益者等に給付したときは、その清算受託者に対して滞納処分を執行してもなおその徴収すべき額に不足すると認められる場合に限り、その清算受託者及び残余財産受益者等は、給付した財産の価額又は給付を受けた財産の価額を限度として第二次納税義務を負うことになります（国税徴収法34②）。

⑵　受託者の変更等があった場合の滞納処分の効力

　信託の受託者の任務が終了した場合において、信託財産に属する財産について滞納処分が執行された後に新受託者が就任したときは、その財産につき滞納処分を続行することができるとされています（国税徴収法139③）。

　また、信託の受託者である法人の信託財産に属する財産について滞納処分を執行した後、受託者である法人の分割により分割承継法人が受託者としての権利義務を承継したときは、その財産につき滞納処分を続行することができるとされています（国税徴収法139④）。

3　印紙税法

　印紙税は、経済取引に伴い広範に作成される契約書や有価証券を課税対象とするものですが、信託法の改正前は、株券、出資証券、社債券のほか投資信託、貸付信託、特定目的信託の受益証券を課税対象としていましたが、新信託法により、新たに発行が認められることとなった受益証券発行信託の受益証券についても、課税文書（第4号文書）として印紙税の課税対象とされています（印紙税法別表第一第四号）。

第10章　地方税法の取扱い

1　道府県民税、市町村民税、事業税

　信託財産について生ずる所得については、信託の受益者等がその信託の信託財産に属する資産及び負債を有するものとみなして、地方税法を適用することとされており、道府県民税、市町村民税、事業税についても、所得税、法人税、消費税と同様の取扱いとなります（地方税法24の3、72の3、294の3）。

2　不動産取得税

　不動産取得税については、次のものは非課税となります（地方税法73の7三～五）。

①　委託者から受託者に信託財産を移す場合における不動産の取得

②　信託の効力が生じた時から引き続き委託者のみが信託財産の元本の受益者である信託により受託者からその受益者に信託財産を移す場合における不動産の取得

③　資産の流動化に関する法律2条13項に規定する特定目的信託で、原委託者がその特定目的信託の信託財産に属する不動産をその特定目的信託に係る信託契約の終了の時に買い戻す場合におけるその不動産の取得

④　信託の受託者の変更があった場合における新たな受託者による不動産の取得

3　自動車税環境性能割

自動車税環境性能割についても不動産取得税と同様の取扱いとなります（地方税法 150 ①五〜七）。

4　固定資産税

固定資産税は、実質的な所有者がだれであるかを問わず、固定資産自体に課されるものであり、登記上の所有者である受託者が納税義務者となりますが、信託会社（信託兼営金融機関を含む。）が信託の引受けをした償却資産で、その信託行為の定めるところによりその信託会社が第三者に譲渡することを条件として賃貸している場合、その償却資産がその第三者の事業の用に供するものであるときは、その第三者を所有者とみなします（地方税法 343 ⑨）。

第11章　法定調書

1　信託の計算書

　受益者等課税信託の受託者は、所定の事項を記載した信託の計算書を、信託会社（信託兼営金融機関を含む。）については毎事業年度終了後1月以内に、信託会社以外の受託者については毎年1月31日までに所轄税務署長に提出しなければなりません（所法227、所規96①）。

　なお、各人別の信託財産に帰せられる収益の額の合計額が3万円（合計額の計算の基礎となった期間が1年未満の場合は1万5千円）以下であるときは、信託の計算書は提出する必要はありません（所規96②）。

　ただし、その受益者等が居住者又は国内に恒久的施設を有する非居住者である信託であって、次に掲げる場合に該当するときは提出することとされています（所規96③）。

①　特定寄附信託である場合

②　収益の額に、租税特別措置法8条の5第1項2号から7号まで《確定申告を要しない配当所得等》に掲げる利子等若しくは配当等又は同法41条の12の2第3項《割引債の差益金額に係る源泉徴収等の特例》に規定する特定割引債の同項の償還金若しくは同条1項2号に規定する国外割引債の償還金で同法37条の11第2項《上場株式等に係る譲渡所得等の課税の特例》に規定する上場株式等に該当する同法41条の12の2第6項1号に規定する割引債に係るものが含まれている場合

（注）「特定寄附信託」とは、租税特別措置法4条の5第1項《特定寄附信託の利子所得の非課税》に規定する特定寄附信託契約に基づき設定された信

託をいいます。

〈信託の計算書〉

　信託の計算書における主な記載事項は、次のとおりです（所規 96 ①）。

① 　委託者及び受益者等の氏名又は名称、住所若しくは居所

② 　その信託の期間及び目的

③ 　信託に係る資産及び負債の明細

④ 　信託財産に帰せられる収益及び費用の明細

⑤ 　受益者等に交付した信託の利益の内容、受益者等の異動及び受託
　　者の報酬等

2　信託に関する受益者別（委託者別）調書

　国内に営業所等を有する信託の受託者は、次の事由が生じた場合は、その事由が生じた日の属する月の翌月末日までに、受益者別（受益者としての権利を現に有する者が存しない信託の場合は委託者別）の調書をその営業所等の所在地の所轄税務署長に提出しなければなりません（相法59 ③）。

　ただし、信託に関する権利又は信託財産の価額が一定金額以下であることその他政令で定める事由に該当する場合は、調書の提出は不要となります（相法 59 ③ただし書、相規 30 ⑦）。

① 　信託の効力が生じたこと（その信託が遺言によりされた場合には、その信託の引受けがあったこと）。

② 　相続税法 9 条の 2 第 1 項《贈与又は遺贈により取得したものとみなす信託に関する権利》に規定する受益者等が変更されたこと（同項に規定する受益者等が存するに至った場合又は存しなくなった場合を含む。）。

③　信託が終了したこと（信託に関する権利の放棄があった場合その他
　　政令で定める場合を含む。）。

④　信託に関する権利の内容に変更があったこと。

第 12 章　信託の会計

1　信託の会計処理基準

　信託の会計処理は、その信託の形態に応じて次のような会計基準に基づいて行います。

【信託の形態】	【 会 計 基 準 等 】
金銭の信託 その他の金融 資産の信託	①　企業会計基準第 10 号「金融商品に関する会計基準」（金融商品会計基準） ②　日本公認会計士協会　会計制度委員会報告第 14 号「金融商品会計に関する実務指針」（金融商品会計実務指針）等
不動産の信託	日本公認会計士協会　会計制度委員会報告第 15 号「特別目的会社を活用した不動産の流動化に係る譲渡人の会計処理に関する実務指針」（不動産流動化実務指針）等

　新信託法では、委託者が自ら受託者となる信託（自己信託）などの新たな制度が導入されており、信託は信託財産の管理又は処分の法制度であるという特徴を残しながら、受託者の義務及び受益者の権利行使に関する規定の整備や、信託の多様な利用形態に対応するための整備がされました。

　企業会計基準委員会は、これらに対応する会計処理を示すものとして、これまでの信託の基本的な会計処理を整理するとともに、新信託法による新たな類型の信託等について必要と考えられる会計処理を明らかにするため、実務対応報告第 23 号「信託の会計処理に関する実務上の取扱い」（実務対応報告）において、次のような規定を公表しています。

① 一般的な信託の類型における委託者及び受益者の会計処理

信託財産の種類	委託者兼受益者の数	
金銭の信託	単数（合同運用を除く。）	複数（合同運用を含む。）
金銭以外の信託	単数（合同運用を除く。）	複数（合同運用を含む。）

（注1）ここでの信託は、委託者が当初受益者となるもの（いわゆる自益信託）を前提としており、受益者の金銭拠出を伴う場合を除き、委託者以外の第三者が当初受益者となるもの（いわゆる他益信託）は対象としていません。

（注2）「合同運用」とは、共同しない多数の委託者の信託財産を合同して運用することをいいます（法法2二十六）。

② 新たな類型の信託等における委託者及び受益者の会計処理

　イ　事業の信託

　ロ　受益者の定めのない信託（目的信託）

　ハ　自己信託

③ 受託者の会計処理

2　委託者及び受益者の会計処理

⑴　委託者兼当初受益者が単数である金銭の信託（合同運用を除く。）

　委託者兼当初受益者が単数である金銭の信託の会計処理は、次のとおり取り扱われます。

① 信託設定時

　委託者兼当初受益者は、信託財産となる金銭を金銭の信託であることを示す適切な科目に振り替えます。

② 期末時

　この金銭の信託は、有価証券と同様に、その保有目的により運用目的、満期保有目的、その他に区分することができますが、特定金銭信託又は指定金外信託等については、一般に運用を目的とするものと考えら

れています(金融商品会計基準第 87 項及び金融商品会計実務指針第 97 項)。

　したがって、運用を目的とする金銭の信託の信託財産である金融資産及び金融負債については、金融商品会計基準及び金融商品会計実務指針により付すべき評価額を合計した額をもって貸借対照表価額とし、その評価差額は当期の損益として処理します（金融商品会計基準第 24 項及び金融商品会計実務指針第 98 項)。

(2) 委託者兼当初受益者が複数である金銭の信託（合同運用を含む。）

　委託者兼当初受益者が複数である金銭の信託の会計処理は、次のとおり取り扱われます。

① 信託設定時

　委託者兼当初受益者は、信託財産となる金銭を有価証券 [注] 又は合同運用の金銭の信託であることを示す適切な科目に振り替えます。

> （注）　受益権が有価証券として取り扱われている投資信託（委託者が単数である他益信託として設定されるが、当初から受益権を分割して複数の者に取得させることを目的とするものは、委託者兼当初受益者が複数である金銭の信託に含めています。）は、有価証券として会計処理を行います（金融商品会計実務指針第 58 項第 62 項)。また、合同運用指定金銭信託で設定されている商品ファンドについても有価証券に準じて会計処理を行うこととされています（金融商品会計実務指針第 134 項)。

② 受益権の売却時及び期末時

　金銭の信託の受益者（当初受益者のみならず、他から受益権を譲り受けた者も含む。）は、受益権を有価証券又は有価証券に準ずるものとして会計処理を行います。

　ただし、預金と同様の性格を有する合同運用の金銭の信託（投資信託を含む。）は、取得原価をもって貸借対照表価額とします（金融商品会計実務指針第 64 項)。

③　受益者が複数である金銭の信託と「子会社」及び「関連会社」の範囲

　信託は、財産管理の制度としての特徴も有しているため、通常は、「連結財務諸表制度における子会社及び関連会社の範囲の見直しに係る具体的な取扱い」（以下「子会社等の範囲の見直しに係る具体的な取扱い」という。）にいう「会社、組合その他これらに準ずる事業体」には該当しません。

　しかし、受益者が2人以上ある信託における次の受益者（当初受益者のみならず、他から受益権を譲り受けた受益者も含む。）は、「連結財務諸表原則」（連結原則）及び「子会社等の範囲の見直しに係る具体的な取扱い」に従い、原則として、その信託を子会社として取り扱います。

　イ　すべての受益者の一致によって受益者の意思決定がされる信託（法105①）

　　次に掲げる要件をすべて満たす受益者

　　i　自己以外のすべての受益者が緊密な者又は同意している者

　　ii　「子会社等の範囲の見直しに係る具体的な取扱い」一、3、(2)の②〜⑤までのいずれかの要件に該当する受益者

〈「子会社等の範囲の見直しに係る具体的な取扱い一」3、(2)の②〜⑤〉

　②　役員若しくは使用人である者、又はこれらであった者で自己が他の会社等の財務及び営業又は事業の方針の決定に関して影響を与えることができる者が、その他の会社等の取締役会その他これに準ずる機関の構成員の過半数を占めていること。

　③　他の会社等の重要な財務及び営業又は事業の方針決定を支配する契約等が存在すること。

　④　他の会社等の資金調達額（貸借対照表の負債に計上されているもの）の総額の過半について融資を行っていること。

⑤　その他他の会社等の意思決定機関を支配していることが推測される事実が存在すること。

ロ　信託行為に受益者集会における多数決による旨の定めがある信託（法 105 ②）

「他の会社等の議決権」（「子会社等の範囲の見直しに係る具体的な取扱い」一、3）を「信託における受益者の議決権」と読み替えて、「会社」（「子会社等の範囲の見直しに係る具体的な取扱い」一、3）に該当することとなる受益者

ハ　信託行為に別段の定めがあり、その定めるところによって受益者の意思決定が行われる信託（法 105 ①ただし書）

次のいずれかの受益者

ⅰ　その定めにより受益者の意思決定を行うことができることとなる受益者

ⅱ　自己だけでは受益者の意思決定を行うことができないが、緊密な者又は同意している者とを合わせれば受益者の意思決定を行うことができる場合には、「子会社等の範囲の見直しに係る具体的な取扱い」一、3、(2)の②～⑤のいずれかの要件に該当する受益者

　　また、「子会社等の範囲の見直しに係る具体的な取扱い」二、2 で示す「他の会社等の議決権」を、「信託における受益者の議決権」と読み替えて、「子会社等の範囲の見直しに係る具体的な取扱い」二、2 の会社に該当することとなる受益者は、その信託を「関連会社」として取り扱います。

⑶　委託者兼当初受益者が単数である金銭以外の信託（合同運用を除く。）

委託者兼当初受益者が単数である金銭以外の信託の会計処理は、次のとおり取り扱われます。

①　信託設定時

受益者は、信託財産（有価証券を含む金融資産や不動産）を直接保有する場合と同様に会計処理を行います（金融商品会計実務指針第 78 項等）。

したがって、信託設定時において、委託者兼当初受益者に損益は計上されません。

②　受益権の売却時

受益者は、受益権を売却した場合、信託財産を直接保有していたものとみなして消滅の認識（又は売却処理）（金融商品会計基準第 9 項並びに不動産流動化実務指針第 19 項から第 21 項）の要否を判断します。

③　期末時

イ　原則的な取扱い

受益者は、信託財産のうち持分割合に相当する部分を受益者の貸借対照表における資産及び負債として計上し、損益計算書についても持分割合に応じて処理する方法（総額法）によることになります。

ロ　受益権が質的に異なるものに分割されている場合や受益者が多数となる場合の取扱い

次のような場合には、各受益者は、信託財産を直接保有するものとみなして会計処理を行うことは困難であることから、受益者の個別財務諸表上、受益権をその信託に対する有価証券の保有とみなして評価します。

　i　受益証券が優先劣後等のように質的に異なるものに分割されており、かつ、譲渡等により受益者が複数となる場合

　　ⅱ　受益権の譲渡等により受益者が多数となる場合（受益権の分割
　　　や譲渡が有価証券の募集又は売出しに当たるとき）、又は多数になる
　　　と想定される場合（受益証券発行信託の受益証券を発行しているとき）

　　　　なお、連結財務諸表上、その信託を子会社又は関連会社として
　　　取り扱うかどうかについては、上記(2)の③に準じて判断します。

④　他から受益権を譲り受けた受益者の会計処理

イ　原則的な取扱い

　受益者は、原則として、信託財産を直接保有する場合と同様の会計
処理を行うため、受益権を取得したときは、信託財産を直接取得した
ものとみなして会計処理を行い、受益権をさらに売却したときには、
信託財産を直接保有していたものとみて消滅の認識（又は売却処理）
の要否を判断します。

ロ　受益権が質的に異なるものに分割されている場合や受益者が多数
　　となる場合の取扱い

　各受益者は、信託財産を直接保有するものとみなして会計処理を行
うことは困難であることから、受益権をその信託に対する有価証券と
みなして処理することとなります。このため、その受益権を取得した
ときは、有価証券の取得とみなして処理し、受益権をさらに売却した
ときは、有価証券の売却とみなして売却処理を行うかどうかを判断し
ます。

　期末時においては、受益権をその信託に対する有価証券の保有とみ
なして処理することとなります。

　なお、連結財務諸表上、その信託を子会社又は関連会社として取り
扱うかどうかについては、上記(2)の③に準じて判断します。

(4)　委託者兼当初受益者が複数である金銭以外の信託（合同運用を含む。）

委託者兼当初受益者が複数である金銭以外の信託の会計処理は、次のとおり取り扱われます。

①　信託設定時

各委託者兼当初受益者は、受託者に対してそれぞれの財産を移転し、受益権を取得するため、信託の設定時に損益は計上されません。

ただし、この信託の設定は、共同で現物出資により会社を設立することに類似するものであるため、現物出資による会社の設立における移転元の企業の会計処理（企業会計基準第7号「事業分離等に関する会計基準」第31項）に準じて、その委託者兼当初受益者がその信託について支配することも重要な影響を及ぼすこともない場合には、その個別財務諸表上、移転損益を認識することが適当とされます。

②　受益権の売却時及び期末時

イ　受益権が各委託者兼当初受益者からの財産に対応する経済的効果を実質的に反映し、かつ、売却後の受益者が多数とはならない場合の取扱い

ⅰ　売却時

この場合（例えば、各委託者兼当初受益者が共有していた財産を信託し、その財産に対応する受益権を受け取る場合）、委託者兼当初受益者が複数であっても、経済的効果が信託前と実質的に異ならない場合には、信託財産から生ずる経済的効果を受益者に直接的に帰属するように会計処理することが可能であることから、その受益権を売却するときは、受益者が信託財産を直接保有するものとみなして消滅の認識（又は売却処理）の要否を判断します。

　ⅱ　期末時

　受益者の個別財務諸表上、総額法によって会計処理を行います。

ロ　イ以外の場合

　ⅰ　売却時

　各委託者兼当初受益者がその信託財産を直接保有するものとみなすことは困難であることから、このような受益権を売却する場合には、その受益者（当初受益者のみならず、他から受益権を譲り受けた受益者も含む。以下同じ）は、有価証券の売却とみなして売却処理の要否を判断します。

　ⅱ　期末時

　その受益者の個別財務諸表上、受益権をその信託に対する有価証券の保有とみなして評価します。

　なお、連結財務諸表上、その信託を子会社又は関連会社として取り扱うかどうかについては、上記(2)の③に準じて判断します。

3　事業信託、目的信託、自己信託に係る会計処理

(1)　事業信託における委託者兼当初受益者の会計処理

①　信託法の定め

　新信託法では、信託行為の定めがあり、信託前に生じた委託者に対する債権に係る債務の引受けがされたときには、その債務が信託財産責任負担債務の範囲に含まれることが明示され（法21①三）、金銭その他の財産の信託（金銭以外の信託）と同時に債務の引受けを組み合わせることにより、積極財産と消極財産を一体化した事業自体の信託（事業信託）が可能となります。

②　会計処理

イ　委託者兼当初受益者が単数である場合

事業信託は金銭以外の信託に当たることから、委託者兼当初受益者が単数である場合には、上記2の(3)に準じて処理することになります。

　i　原則的な取扱い

（a）　設定時

信託の設定時に損益は計上されません。

（b）　受益権の売却時及び期末時

受益権を売却した場合、その事業を直接移転したものとみなして売却処理の要否を判断します。

期末時には総額法により処理します。

　ii　受益権が質的に異なるものに分割されている場合や受益者が多数となる場合の取扱い

委託者兼当初受益者は単数であるが、質的に異なる受益権に分割されており、その一部の譲渡等により受益者が複数となる場合、又は受益権の譲渡等により受益者が多数となる場合、受益者（当初受益者のみならず他から受益権を譲り受けた受益者も含む。）は、受益権を取得したときは、有価証券の取得とみなして処理し、受益権を売却するときは、iと同様に、その事業を直接移転したものとみなして売却処理の要否を判断します。

なお、連結財務諸表上、その信託を子会社又は関連会社として取り扱うかどうかについては、上記2の(2)の③に準じて判断します。

ロ　委託者兼当初受益者が複数である場合

事業信託は金銭以外の信託に当たることから、委託者兼当初受益者が複数である場合には、上記2の(4)に準じて処理することになりま

す。

　　i　信託設定時

　　各委託者兼当初受益者は、受託者に対しそれぞれの事業を移転
し、受益権を受け取ることになるため、共同新設分割における分離
元企業の会計処理（事業分離等会計基準第 17 項・20 項・23 項）に準
じて会計処理を行います。

　　ii　売却時及び期末時

　　上記 2 の(4)の②に準じて会計処理を行います。

⑵　**受益者の定めのない信託（目的信託）における委託者の会計処理**

①　**信託法の定め**

　受益者の定めのない信託は、これまでは公益信託を除いては認められ
ていませんでしたが、新信託法では、信託契約による方法又は遺言によ
る方法によって、受益者の定め（受益者を定める方法の定めのない信託を
含む。）のない信託をすることができるものとされました（法 258）。

②　**会計処理**

　信託契約で設定された受益者の定めのない信託（目的信託）について
は、委託者がいつでも信託を終了することができるなど、通常の信託と
は異なるため、原則として、委託者の財産として処理することになりま
す。

　ただし、信託契約の内容等からみて、委託者に信託財産の経済的効果
が帰属しないことが明らかであると認められる場合には、委託者の財産
でないものとして処理します。

(3)　自己信託における委託者及び受益者の会計処理

①　信託法の定め

　自己信託は、自ら信託財産の管理等をすべき意思表示を書面によって する方法による信託であり、委託者が受託者となるという点に特徴があ りますが、その会計処理は、基本的には他者に信託した通常の信託と相 違はないと考えられています。

②　会計処理

　自己信託が、委託者兼受託者である自らのみが当初受益者となる場合 は、次の区分に応じて会計処理を行うことになります。

金銭の信託　　→　「委託者兼当初受益者が単数である金銭の信託」

金銭以外の信託　→　「委託者兼当初受益者が単数である金銭以外の信託」

　なお、受託者が受益権の全部を固有財産で有する状態が1年間継続し た場合には、信託は終了する（法163二）ことから、委託者が自己信託 をし、かつ、その受益権の全部につき自らが当初受益者となるときに は、受益権の一部又は全部を信託設定後に売却することが通常であると 考えられるため、受益権を売却していないときでも、売却を前提とした 会計処理を行うことが適当と考えられています。

イ　信託設定時

　委託者兼受託者である自らのみが当初受益者となる自己信託におい ては、金銭の信託として行われる場合又は金銭以外の信託として行わ れる場合ともに、信託の設定時に損益が計上されることはありません （2(1)(3)参照）。

ロ　受益権の売却時及び期末時

ⅰ　原則的な取扱い

(a) 売却時

　金銭以外の信託の受益者は、信託財産を直接保有していたものとみなして消滅の認識（又は売却処理）の要否を判断します（2(3)②参照）。

(b) 期末時

　金銭以外の信託の受益者は、信託財産を直接保有する場合と同様に会計処理をすることとなるため、総額法によることとなり（2(3)③イ参照）、金銭の信託の受益者は、他者に信託した通常の信託と同様に会計処理することになります（2(1)②参照）。

ⅱ　受益権が質的に異なるものに分割されている場合や受益者が多数となる場合の取扱い

(a) 売却時

　受益権が売却されたときは、信託財産を直接保有していたものとみなして消滅の認識（又は売却処理）の要否を判断します（2(3)②参照）。

(b) 期末時

　受益権は、その信託に対する有価証券の保有とみなして処理されることになります（2(3)③ロ参照）。

　連結財務諸表上、その信託を子会社又は関連会社として取り扱うかどうかは、上記2(2)③に準じることになります。

〈自己信託の信託財産及び受益権の注記〉

　自己信託の場合、委託者兼受託者が自己の固有財産として受益権の一部又は全部を保有していることから、自己の貸借対照表に計上されるこ

ととなる自己信託の信託財産に属する財産について、追加情報として、その貸借対照表計上額及び自らが委託者兼受託者である自己信託の信託財産に属する旨の注記を行うことが適当とされています。

　また、受益権についても、追加情報として、その貸借対照表計上額及び自らが委託者兼受託者である自己信託の受益権である旨の注記を行うことが適当とされています。

(4)　他から受益権を譲り受けた受益者の会計処理

①　原則的な取扱い

イ　取得時

　受益者は、原則として、信託財産を直接保有する場合と同様の会計処理を行うため（2(3)①参照）、受益権を取得したときは、信託財産を直接取得したものとみなして会計処理を行います。

ロ　売却時及び期末時

　受益権を売却したときは、信託財産を直接保有していたものとして消滅の処理（又は売却処理）の要否を判断します。

　また、期末時には、金銭以外の信託の受益者は、信託財産を直接保有する場合と同様に会計処理することとなるため、総額法によることとなり（2(3)④イ参照）、金銭の信託の受益者は、他者に信託した通常の信託と同様に会計処理することとなります（2(1)②参照）。

②　信託に係る受益権が質的に異なるものに分割されている場合や受益者が多数となる場合の取扱い

この場合、各受益者は、信託財産を直接保有するものとみなして会計処理を行うことは困難であることから、受益権をその信託に対する有価証券とみなして処理することとなります（2(3)④ロ参照）。

イ　取得時

受益権を取得したときは、有価証券を取得したものとみなして処理します。

ロ　売却時及び期末時

受益権を売却したときは、有価証券の売却とみなして売却処理を行うかどうかを判断します。

期末時には、受益権をその信託に対する有価証券の保有とみなして処理します。

また、連結財務諸表上、その信託を子会社又は関連会社として取り扱うかどうかについては、上記 2 の(2)の③に準じて判断します。

4　受託者の会計処理

(1)　信託の会計と実務対応報告

新信託法において、信託の会計は、一般に公正妥当と認められる会計の慣行に従うものとされています（法13）。

信託は、財産の管理又は処分のための法制度であり、これを適切に反映するため、その会計は、主に信託契約など信託行為の定め等に基づき行われており、今後も、明らかに不合理であると認められる場合を除き、信託行為の定めやこれまでに定着している信託会計の慣行に基づいて行うこととされています。

なお、信託の会計は、主として委託者及び受益者に対する報告のためにされるものであり、基本的に外部への報告が目的ではないため、この点で委託者及び受益者の会計とはその性格を異にしています。

〈**一般に公正妥当と認められる企業会計の基準に準じて行う信託**〉

　次の信託については、債権者が存在したり現在の受益者以外の者が受益者になることが想定されたりするなど、多様に利用される信託の中で利害関係者に対する財務報告をより重視する必要性があると考えられるため、受託者会計は、原則として、一般に公正妥当と認められる企業会計の基準に準じて行うこととされています。

　①　限定責任信託（法216）

　②　受益者が多数となる信託（ⅰ受益権の分割や譲渡が有価証券の募集又は売出しに当たる場合の信託、ⅱ受益証券発行信託）

(2)　受託者の帳簿等の作成義務

| 受託者 | ① 信託帳簿・財産開示資料等の作成義務
② 作成した帳簿書類の報告義務（別段の定めは可能）
③ 作成した帳簿の保存義務（10年）
　及び計算書類の保存義務（清算結了の日まで） |

①　受託者が作成する信託帳簿

　受託者は、信託期間中、信託事務に関する計算並びに信託財産に属する財産及び信託財産責任負担債務の状況を明らかにするため、信託帳簿（信託財産に係る帳簿その他の書類又は電磁的記録）を作成しなければなりません（法37①、信託計算規則4①）。

　ただし、信託帳簿については、仕訳帳や総勘定元帳の「帳簿」に限定されず、また、一の書面として作成する必要もなく、他の目的で作成された書類等をもって信託帳簿とすることが認められています（信託計算規則4②）。

②　受託者が作成する財産状況開示資料

　受託者は、毎年1回、一定の時期に、財産状況開示資料（信託に関す

る貸借対照表、損益計算書その他の書類又は電磁的記録）を作成し、その内容について受益者又は信託管理人に報告しなければなりません（法37②③、信託計算規則 4③④）。

③　限定責任信託の作成書類

受託者は、その信託が限定責任信託である場合には、より厳密な書類の作成が求められます。すなわち、受託者は、「信託帳簿」として信託計算規則に基づいた会計帳簿を作成し、また、「財産状況開示資料」として信託計算規則に基づいた貸借対照表、損益計算書及び信託概況報告書並びにこれらの附属説明書等を作成する必要があります（法222②〜④、信託計算規則 6、12②）。

④　信託帳簿等の保存

信託帳簿は、その作成の日から 10 年間（その期間内に信託の清算の結了があった時は、その日までの間）保存しなければなりません。ただし、受益者に対し、信託帳簿若しくはその写しを交付し、又は電磁的記録に記録された事項を一定の方法により提供したときは、この限りではありません（法37④）。

財産状況開示資料は、信託の清算の結了の日までの間これを保存しなければなりません。ただし、その作成の日から 10 年間を経過した後において、受益者に対し、財産状況開示資料若しくはその写しを交付し、又は電磁的記録に記録された事項を一定の方法により提供したときは、この限りではありません（法37⑥）。

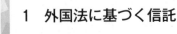

第13章　信託と国際課税

1　外国法に基づく信託

(1)　問題の所在

　日本の所得税法や法人税法が「信託」という文言を用いている場合は、主に日本の信託法制を念頭に置いています。そのため、外国法に基づいて設定された信託や信託類似のものに対しては、そもそもどのような判断・枠組みで所得税法や法人税法を適用すればよいか、という問題が生じます。

　集団投資信託の一つである「投資信託」についてみると、所得税法及び法人税法にいう「投資信託」とは、投資信託及び投資法人に関する法律（以下「投信法」という。）2条第3項に規定する投資信託及び外国投資信託と規定しています（所法2①十二の二、13③一、法法2二十九ロ）。

　そして、ここにいう「外国投資信託」とは、外国において外国の法令に基づいて設定された信託で、投資信託に類するもの（投信法2㉔）を指すものと解されます。そうすると、日本における投資信託法上の投資信託の概念（委託者指図型と委託者非指図型（投信法2③））を基準として、外国で設定した信託が「投資信託に類するもの」に該当するかどうかを判断することとなりますが、そうはいっても、「類するもの」に該当するか否かの判断基準については議論の余地があり、そのため、集団投資信託と法人課税信託の間の明確な線引きは困難となります。

　また、所得税法や法人税法の規定に明示的な受け皿がないだけでなく、関連法においても解釈の手掛かりさえない場合があります。

　外国法との関係では「信託」の定義自体が不確実性を持っており、

「信託」概念のサブカテゴリーに属する種々の概念も同様の不確実性を持っています。

　例えば、法人課税信託の一つである「受益者が存しない信託」については、法人税法2条29号の2ロは「（法人税法）第12条第1項に規定する受益者（同条第2項の規定により同条第1項に規定する受益者とみなされる者を含む。）が存しない信託」をいうものと規定しています。ここでいう「第12条第1項に規定する受益者」とは「受益者（受益者としての権利を現に有するものに限る。）」のことですが、租税法上「受益者」の概念については定義を置いていません。これを日本の信託法からの借用概念であると考えるとしても、外国法上の信託における「受益者」の意味内容をどのように判断するかについては解釈に委ねられているのが現状です。

(2)　問題の現状

　信託についてのこの問題は、外国法上の制度・仕組みを日本の租税法規との関係でどのように位置付けるかということですが、「信託」という概念に限らず「法人」や「配当」という概念についても顕在化してきています。

　外国法上の制度・仕組みを日本の租税法規との関係で論じる場合に、①租税法規上の概念それ自体が問題となる場合と、②租税法規上の概念の当てはめの対象の確定が問題となる場合とを区別することが提唱されています。

　例えば、法人課税信託である「受益者が存しない信託」に該当するか否かを考える場合には、次のようになります。

　すなわち、一方において、①の場合には、租税法上の概念それ自体の解釈として「受益者」の意義を確定する際には、日本の信託法と同じ基

準で概念を立てるのが、借用概念の解釈に関する統一説に親和的です。他方において、②の場合には、その事案における準拠法に従って判定するのか、それとも常に日本の私法に基づいて判定するのかという問題があります。例えば、「受益者が存しない」かどうかという私法上の法律評価を決定する判断基準として、その事案における準拠法によって判定するのか、日本の私法に基づいて判定するのか、考え方の分かれるところです。

このように、外国法に基づいて設定された信託あるいは信託類似の制度・仕組みを日本の租税法規上どのように位置付けるかについては、未解決な点が多く存在します。

2　受益者等課税信託

集団投資信託、退職年金等信託及び法人課税信託については、それぞれ定義規定がありますが、受益者等課税信託については、租税法規は定義規定を置いておらず、「信託」という一般的なカテゴリーの中で残余的にしか定義されていません。

そのため、外国法に基づいて設定された信託や信託類似の制度・仕組みが受益者等課税信託に該当するかの判定においては困難が生じることになります。

(1)　受益者の居住地による区別

受益者等課税信託については、信託収益の発生時に受益者に対して課税することとされています。

すなわち、信託財産に属する資産及び負債は受益者が有するものとみなされ、その信託財産に帰せられる収益及び費用は、受益者の収益及び費用とみなされます（所法13①、法法12①）。

　このことから、所得税法及び法人税法の課税関係は、受益者が日本の居住者又は内国法人であれば、その全世界所得に課税され、受益者が非居住者又は外国法人であれば、国内源泉所得についてのみ課税されるということになります。

(2)　受益者が居住者である場合

　A 国の居住者であり、日本の非居住者である母親を委託者、弁護士を受託者として、受益者である息子 B 男の生活資金に充てるため金融資産を信託した場合において、所得税の課税関係は、受益者が日本の居住者であるか否かによって決まることになります。

　したがって、B 男が日本の居住者（非永住者以外の居住者）である場合には、その信託財産である金融資産の収益について、その発生時において、全世界所得として課税されることになります。

　この事例では、信託財産である金融資産の収益が A 国で課税されていたとすれば、同じ所得に対して A 国と日本で二重に課税されることとなるため、日本における外国税額控除の適用の有無が問題となります。

① 　A 国の税制が日本の税制と同様に、信託財産から生じる収益が B 男に帰属するものと取り扱っているのであれば、信託収益である利子や配当について課税される外国の源泉税は、日本の所得税を計算する際に外国税額控除の対象となるため（所法 95）、特に問題はありません。

② 　これに対して、A 国が信託財産そのものを課税主体として認識し、信託の設定段階で課税する場合には、税法上の手当てがなく、問題となります。

(3)　受益者が非居住者である場合

　日本の居住者である父親を委託者、受託者を弁護士、C国の居住者（日本の非居住者）である娘D子を受益者として、娘の留学資金に充てるために有価証券等の金融資産を信託財産とする信託を設定した場合に、金融資産の収益の発生時において、それが国内源泉所得（所法161①）に該当するときは、その範囲で、受益者であるD子は日本の所得税の納税義務を負うことになります。つまり、信託財産である有価証券等に係る利子や配当が国内源泉所得に該当するか否かによって、日本における課税の有無が決定することになります。

ワンポイント！

〔国内源泉所得の例示〕

1　所得税法23条1項《利子所得》に規定する利子等のうち次に掲げるもの（所法161①八）

①　日本国の国債若しくは地方債又は内国法人の発行する債券の利子

②　外国法人の発行する債券の利子のうちその外国法人の恒久的施設を通じて行う事業に係るもの

③　国内にある営業所、事務所その他これらに準ずるものに預け入れられた預貯金の利子

④　国内にある営業所に信託された合同運用信託、公社債投資信託又は公募公社債等運用投資信託の収益の分配

2　所得税法24条1項《配当所得》に規定する配当等のうち次に掲げるもの（所法161①九）

①　内国法人から受ける剰余金の配当、利益の配当、剰余金の分配、金銭の分配又は基金利息

②　国内にある営業所に信託された投資信託（公社債投資信託及び公募公社債等運用投資信託を除く。）又は特定受益証券発行信託の収益の分配

3　国内にある資産の運用又は保有により生ずる所得（所得税法161条

1 項 8 号～ 16 号までに該当するものを除く。）（所法 161 ①二）

4　国内にある資産の譲渡により生ずる所得として政令（所令 281）で定めるもの（所法 161 ①三）

〔非居住者に対する課税の方法〕

1　総合課税の方法によるもの（所法 164 ①）

(1)　恒久的施設を有する非居住者

所得税法 161 条 1 項 1 号及び 4 号に掲げる国内源泉所得並びに同項 2 号、3 号、5 号から 7 号まで及び 17 号に掲げる国内源泉所得

(2)　恒久的施設を有しない非居住者

所得税法 161 条 1 項 2 号、3 号、5 号から 7 号まで及び 17 号に掲げる国内源泉所得

2　分離課税の方法によるもの（所法 164 ②）

(1)　恒久的施設を有する非居住者

所得税法 161 条 1 項 8 号から 16 号までに掲げる国内源泉所得（同項 1 号に掲げる国内源泉所得に該当するものを除く。）

(2)　恒久的施設を有しない非居住者

所得税法 161 条 1 項 8 号から 16 号までに掲げる国内源泉所得

そして、国内源泉所得に該当するときには、次に課税の方法が問題となります。

信託財産に帰せられる収益及び費用は受益者の収益及び費用とみなされるため（所法 13 ①）、信託財産である有価証券等に係る利子や配当は、非居住者である受益者の D 子に対して支払われたものとして、源泉徴収の対象となります（所法 212 ①）。

また、受益者である D 子が日本国内に恒久的施設である「支店、工場その他事業を行う一定の場所」（所法 2 ①八の四イ）を有しているか否かについては、仮に、日本法人が信託財産である有価証券等を発行したものであり、その有価証券自体が日本国内に存在する発行法人の本支店

等にあることをもって、日本国内に恒久的施設を有しているとまではい
えないと考えられます。

　さらには、信託財産の受託者である弁護士が日本国内に所在すること
により、恒久的施設である「自己のために契約を締結する権限のある者
その他これに準ずる者」（所法2①八の四ハ）であるか否かについては、
仮に、弁護士が有価証券等の金融資産を運用する権限を与えられている
とすると、D子のために「契約を締結する権限のある者」に該当する可
能性もありますが、受益者は受託者を支配する関係にはないので、信託
の受託者であるいう事実だけで「自己のために契約を締結する権限のあ
る者その他これに準ずる者」としての恒久的施設とすることには疑問が
生じます。

　その結果、恒久的施設を有しないということになると、国内源泉所得
である利子や配当については源泉徴収のみで課税関係は終了します（所
法212①、164②二）。

　これに対して、恒久的施設を有する場合には、総合課税の方法により
課税されるため申告しなければなりません（所法166）。

(4)　課税管轄権からの離脱

　上記(3)の事例の場合、信託設定前の有価証券等は、日本の居住者であ
る父親が所有していたことから、その有価証券等に係る利子や配当は、
日本において全世界所得として課税対象となりますが、信託設定後は、
非居住者の受益者である娘D子が信託財産に帰せられる収益として受
ける利子や配当は、国内源泉所得に該当する範囲で日本の課税対象とな
ります。

　しかし、例えば、外国法人の発行した有価証券等が信託財産に含まれ
ていると、その運用から生ずる利子や配当は日本の国内源泉所得ではな

いため、日本では課税されないことになります。

 3　法人課税信託

⑴　受託法人の内外区分

　内国法人はもとより、外国法人又は個人が法人課税信託の引受けを行う受託者（受託法人）となるときは、法人税の納税義務を負います（法法4）。

　受託法人とは、法人課税信託の受託者である法人や個人について、その法人課税信託に係る信託資産等が帰属する者として法人税法の規定を適用する場合におけるその受託者である法人又は個人をいいます（法法4の7柱書括弧）。

　そして、法人課税信託の受託法人については、各法人課税信託の信託資産等（信託財産に属する資産及び負債並びに信託財産に帰せられる収益及び費用という。）及び固有資産等（法人課税信託の信託資産等以外の資産及び負債並びに収益及び費用をいう。）ごとに、それぞれ別の者とみなして、所得税法及び法人税法を適用することとされています（所法6の2①、法法4の6①）。

　ところで、法人課税信託の信託された営業所、事務所その他これらに準ずるもの（営業所）が国内にある場合には、その法人課税信託に係る受託法人は、内国法人とされます（法法4の7一）が、他方、法人課税信託の信託された営業所が国内にない場合には、その法人課税信託に係る受託法人は外国法人とされ（法法4の7二）、法人課税信託の信託された営業所等の所在地によって内外区分を行うということになります。

　このような基準を採用した理由については、信託には法人のように本店登記制度がなく、また、本店又は主たる事務所に相当する概念も存在

しないことから、委託者が信託の設定時において信託財産の管理地として予定していた場所（信託財産の信託された営業所等）で信託の内外区分の判定を行うこととされたものといわれています。

　法人税法4条の7第1号及び2号は「法人課税信託の信託された営業所」という過去形の表現を使用しているので、信託設定時における営業所等が基準になります。「営業所、事務所その他これらに準ずるもの」については、信託財産を管理する人や帳簿などの物理的拠点の存在で判断されることになるものと思われます。そのような営業所等が複数存在する場合には、文理上からは、複数ある営業所の1つでも国内にあれば内国法人と判断されるものと思われます。

　そして、法人課税信託に係る受託法人が内国法人と判定される場合には、内国法人である会社と同様に、全世界所得が課税対象となります。これに対して、外国法人と判定される場合には、外国法人に対して課する各事業年度の所得に対する法人税の課税標準は、国内源泉所得に係る所得の金額（法法141）となります。

　このように、法人課税信託に係る受託法人は、その法人課税信託に係る信託資産等と固有資産等がそれぞれ別の者として取り扱われるので、信託資産等に係る受託法人については内国法人、固有資産等に係る受託法人については外国法人ということもあり得るし、また、その反対の取扱いとなることもあり得ます。

(2)　受託法人に対する会社に準じた課税ルールの適用

　受託法人は、法人課税信託の受託者が個人である場合や会社以外の法人である場合には会社とみなして、法人税法が適用されます（所法6の3三、法法4の7三）。したがって、信託資産等に係る受託法人における法人税の計算については、移転価格税制や外国子会社合算税制、過少資

本税制などの会社に関する国際課税上のルールがそのまま適用されます。

　そして、法人課税信託の受益権は株式又は出資とみなされ、法人課税信託の受益者は株主等に含まれるものとされることから（所法6の3四、法法4の7六）、法人課税信託とその受益者との間の課税関係は、株式会社とその株主との関係と同じです。

　例えば、法人課税信託の収益の分配は資本剰余金の減少を伴わない剰余金の配当とみなされますが（所法6の3八、法法4の7十）、法人課税信託の信託された営業所がロンドンにあり、その法人課税信託に係る受託法人が外国法人である場合に、受託法人は会社とみなされ、その受益者は株主等とみなされますから、受益者が内国法人である場合にはその内国法人が受託法人から受け取る収益の分配については、「外国子会社から受ける配当等の益金不算入」の規定（法法23の2）の適用を受けることができます。

　また、法人税法4条の6第1項は、法人課税信託の受託者は、各法人課税信託の信託資産等及び固有資産等ごとに、それぞれ別の者とみなして、法人税法の規定を適用するとしていますが、納税地の規定（法人税法第1編第6章）を除外していることから、法人課税信託の受託法人が内国法人又は外国法人のいずれに該当するかにかかわらず、納税地は受託法人である会社又は個人を基準に判定することになります（法基通12の6-1-5）。

　なお、公益法人等が法人課税信託の受託者となった場合には、その法人課税信託に係る受託法人は、その公益法人等とは別の会社とみなされるので、その法人課税信託に係る法人税の課税所得の範囲は、収益事業から生じた所得に限定されないことになります（法基通12の6-2-1）。

(3)　課題

　法人課税信託には国際課税上の課題が少なくありません。

　まず、外国法に基づいて設定した信託が、日本の税法上、法人課税信託に該当するかどうかということが問題となります。

　次に、法人課税信託に該当したとして、法人課税信託の各類型について国際的側面、すなわち、恒久的施設の認定、外国源泉所得がある場合の外国税額控除の適用関係が問題になります。

　さらに、受託法人を会社とみなすことにより、会社と株主をめぐる所得税の課税について、外国子会社合算税制、移転価格税制は当然のこととして、会社の設立、運営、終了、組織再編といった会社のライフサイクルに応じた課税関係のほぼすべてが潜在的に問題となります。例えば、法人課税信託の受益者が非居住者・外国人である場合には、剰余金の配当とみなされた支払に関する源泉徴収や、法人課税信託についての日本と外国との間での取扱いの違いなどです。

4　集団投資信託

(1)　外国の信託

　集団投資信託とは、合同運用信託、投資信託及び特定受益証券発行信託をいうと規定されており（所法13③一）、外国の信託がこれらに該当する場合には集団投資信託ということになります。

ワンポイント！

　1　合同運用信託

　信託会社が引き受けた金銭信託で、共同しない多数の委託者の信託財産を合同して運用するもの（投資信託及び投資法人に関する法律に規定する委託者非指図型投資信託及びこれに類する外国投資信託並びに委託

者が実質的に多数でないものとして政令で定める信託を除く。）をいう（所法 2 ①十一）。

2　投資信託

　投資信託及び投資法人に関する法律 2 条 3 項に規定する投資信託及び外国投資信託をいう（所法 2 ①十二の二）。

　⑴　投資信託

　　委託者指図型投資信託及び委託者非指図型投資信託をいう（投信法 2 ③）。

　⑵　外国投資信託

　　外国において外国の法令に基づいて設定された信託で、投資信託に類するものをいう（投信法 2 ㉔）。

3　特定受益証券発行信託

　信託法 185 条 3 項に規定する受益証券発行信託のうち、次に掲げる要件をすべて満たすものをいう（所法① 2 十五の五、法法 2 二十九八、法令 14 の 4 ）。

　⑴　信託事務の実施につき定める要件に該当するものであることについて税務署長の承認を受けた法人（承認受託者）であること。

　⑵　各計算期間の終了の時における未分配利益の額のその時における元本の総額に対する割合（利益留保割合）が 1,000 分の 25 を超えない旨の信託行為における定めがあること。

　⑶　各計算期間開始の時において、その時までに到来した利益留保割合の算定の時期のいずれにおいてもその算定された利益留保割合が 1,000 分の 25 を超えていないこと。

　⑷　その計算期間が 1 年を超えないこと。

　⑸　受益者が存しない信託に該当したことがないこと。

⑵　**外国公募株式投資信託に係る課税**

①　**収益の分配**

　外国公募株式投資信託の収益の分配は配当所得となり（所法 24）、そ

の配当所得の確定申告については、総合課税又は分離課税の選択となります（措法8の4①②）。

そして、外国公募株式投資信託の収益の分配に係る国内における支払の取扱者は、その支払をする際に交付する金額につき所得税を源泉徴収しなければならないこととされ、所得税の源泉徴収がされた場合には、確定申告を要しないことになります（措法8の3③⑥、8の5①三）。

申告不要を選択した外国公募株式投資信託の収益の分配金については、所得税の源泉徴収により課税は終了することになります。

また、国内における支払の取扱者を通じないで直接外国の支払者から支払を受ける場合には、所得税を源泉徴収されることはなく、また、申告不要の選択もできないことになります。

ワンポイント！　外国公募株式投資信託に係る課税に関連する根拠条文

1　外国の株式投資信託の収益の分配金

投資信託（公社債投資信託及び公募公社債等運用投資信託を除く。）の収益の分配に係る所得は配当所得とされていますから（所法24）、外国の株式投資信託の収益の分配金は配当所得に分類されます。

2　国外私募公社債等運用投資信託等の配当等

国外において発行された公社債等運用投資信託及び特定目的信託の受益権の収益の分配金に係る剰余金の配当（国外において支払われるものに限る。）をいいます（措法8の3①）。

3　国外投資信託等の配当等

国外において発行された投資信託（公社債投資信託及び公募公社債等運用投資信託を除く。）若しくは特定受益証券発行信託の受益権又は社債的受益権の収益の分配又は剰余金の配当等（国外において支払われるものに限る。）をいいます（措法8の3②）。

4　国外私募公社債等運用投資信託等の配当等以外の国外投資信託等の

　　配当等と「確定申告を要しない配当所得等」の規定の適用

　　居住者又は内国法人に対して支払われる「国外投資信託等の配当等」の国内における支払の取扱者は、その居住者又は内国法人にその国外投資信託等の配当等を交付する際、その交付する金額につき所得税を源泉徴収しなければなりませんが（措法8の3③）、その場合において、その国外投資信託等の配当等が内国法人から支払を受けるものであるときは、次の①により、内国法人以外から支払を受けるものであるときは、次の①及び②により、措置法8条の5《確定申告を要しない配当所得等》の規定が適用されます（措法8の3⑥）。

　①　内国法人から支払を受けるもの

　　→　国外投資信託等の配当等の国内における支払の取扱者から交付を受けるべき金額については、確定申告を要しない配当所得等として支払を受けるべき金額又は支払を受けるべき配当等とみなされます。

　②　内国法人以外から支払を受けるもの

　　→　これを内国法人から支払を受けるものとみなされます。

5　確定申告を要しない配当所得等

　　確定申告を要しない配当所得等として、内国法人から支払を受ける投資信託でその設定に係る受益権の募集が公募により行われたもの（特定株式投資信託を除く。）の収益の分配に係る所得があります（措法8の5①三）。

6　上場株式等に係る配当所得等の課税の特例

　　投資信託でその設定に係る受益権の募集が公募により行われたもの（特定株式投資信託を除く。）の収益の分配は、申告分離課税と総合課税の選択適用とされます（措法8の4①二、②）。

②　譲渡

　　上場株式等の分離課税について規定している租税特別措置法37条の11《上場株式等に係る譲渡所得等の課税の特例》において、投資信託

でその設定に係る受益権の募集が公募により行われたもの（特定株式投資信託を除く。）の受益権は上場株式等に該当するとされていることから、外国公募株式投資信託を譲渡した場合には、上場株式等に係る譲渡所得として分離課税の方法で課税されます（措法37の11①②）。

③　償還

　投資信託若しくは特定受益証券発行信託（投資信託等）の受益権で上場株式等に該当するもの又は社債的受益権で上場株式等に該当するものを有する居住者又は恒久的施設を有する非居住者が、これらの受益権につき交付を受ける金額、すなわち、その投資信託等の終了又は一部の解約により交付を受ける金銭の額及び金銭以外の資産の価額の合計額は、上場株式等に係る譲渡所得等に係る収入金額とみなされます（措法37の11①②④）。

　したがって、外国公募株式投資信託の償還価額はその全額が受益権の譲渡に係る収入金額となり、分離課税の方法により課税されます。

(3)　外国私募株式投資信託に係る課税

①　収益の分配

　外国私募株式投資信託とは、外国株式投資信託のうち外国公募株式投資信託以外のものをいい、その収益の分配に係る所得は配当所得となります（所法24）。

　そして、外国私募株式投資信託の収益の分配に係る国内における支払の取扱者は、その支払をする際に交付する金額につき所得税を源泉徴収しなければならないこととされ（措法8の3③）、外国私募株式投資信託の収益の分配は、国外私募公社債等運用投資信託等の配当等以外の国外投資信託等の配当等に該当するので（措法8の3②二）、「確定申告を要しない配当所得等」の規定（措法8の5）が適用されます。

　また、外国私募株式投資信託のうち上場株式等に該当するものについては、その収益の分配は上場株式等の配当等とされ（措法37の10②四、37の11②一）、その収益の分配に係る所得は配当所得として、「上場株式等に係る配当所得等の課税の特例」の規定（措法8の4①一）が適用されて、総合課税又は分離課税を選択することができます（措法8の4①一、②）。

　なお、申告不要制度を選択した外国私募株式投資信託の収益の分配金については、所得税の源泉徴収により課税は終了します。しかし、国内における支払の取扱者を通じないで直接、外国の支払者から支払を受ける場合には、所得税を源泉徴収されることはなく、また、申告不要の選択もできないことになります。その結果、「上場株式等に係る配当所得等の課税の特例」の規定（措法8の4①一）は適用されないため申告分離課税の適用はなく、「確定申告を要しない配当所得等」の規定（措法8の5①一・二）の適用もないため確定申告をする必要があります。

ワンポイント！ **外国私募株式投資信託に係る課税に関連する根拠条文**

　（外国公募株式投資信託の収益の分配に係る根拠条文と同じものについては省略しています。）

1　一般株式等に係る譲渡所得等の課税の特例

　一般株式等とは、次に掲げる株式等のうち上場株式等以外のものをいいます（措法37の10②）。

　① 株式

　② 特別の法律により設立された法人の出資者の持分、合名会社、合資会社又は合同会社の社員の持分、協同組合等の組合員又は会員の持分その他法人の出資者の持分

　③ 協同組織金融機関の優先出資に関する法律に規定する優先出資及

　　　び資産の流動化に関する法律に規定する優先出資

　④　投資信託の受益権

　⑤　特定受益証券発行信託の受益権

　⑥　社債的受益権

　⑦　公社債

2　上場株式等に係る譲渡所得等の課税の特例

　上場株式等とは、上記 1 （措置法 37 条の 10 第 2 項）の株式等のうち次に掲げるものをいいます（措法 37 の 11 ②）。

　①　株式等で金融商品取引所に上場されているもの

　②　投資信託でその設定に係る受益権の募集が公募により行われたもの（特定株式投資信託を除く。）の受益権

　③　特定投資法人の投資信託及び投資口

　③の 2　特定受益証券発行信託（その受益権の募集が公募により行われたものに限る。）の受益権

　④　特定目的信託（その社債的受益権の募集が公募により行われたものに限る。）の社債的受益権

　⑤　国債及び地方債

　⑥　外国又はその地方公共団体が発行し、又は保証する債券

　（以下、第 7 号から第 14 号までは省略）

3　上場株式等に係る配当所得等の課税の特例

　申告分離課税の対象となる上場株式等の配当等とは、次に掲げるものをいいます（措法 8 の 4 ①一、二）。

　①　措置法 37 条の 11 第 2 項 1 号に掲げる株式等の配当等で、内国法人から支払がされるその配当等の支払に係る基準日においてその内国法人の発行済株式又は出資の総数又は総額の 100 分の 3 以上に相当する数又は金額の株式又は出資を有する者がその内国法人から支払を受ける配当等以外のもの

　②　投資信託でその設定に係る受益権の募集が公募により行われたもの（特定株式投資信託を除く。）の収益の分配

　（以下、第 3 号〜第 6 号までは省略）

②　譲渡

外国私募株式投資信託の受益権の譲渡による所得は、その外国私募株式投資信託の受益権が措置法 37 条の 11 第 2 項 1 号に該当する場合には上場株式等の譲渡所得として、同号に該当しないものは、同法 37 条の 10 に規定する一般株式等の譲渡所得として、それぞれ分離課税の方法により課税されることになります。

③　償還

外国私募株式投資信託の償還金が外国私募株式投資信託の元本を超える場合は、その超える部分（償還差益）は、「投資信託（公社債投資信託及び公募公社債等運用投資信託を除く。）の収益の分配」として配当所得に該当します（所法 24 ①）。したがって、上記①の収益の分配と同様の課税関係になります。

措置法 37 条の 10 第 4 項は、投資信託若しくは特定受益証券発行信託（投資信託等）の受益権で一般株式等に該当するものを有する居住者又は恒久的施設を有する非居住者が、これらの受益権につき交付を受ける金額で、その投資信託等の終了又は一部の解約により交付を受ける金銭の額及び金銭以外の資産の価額の合計額のうち、その投資信託等について信託されている金額に達するまでの金額（同項 2 号）は、一般株式等に係る譲渡所得等に係る収入金額とみなすと規定しています。したがって、同条 1 項に基づいて、申告分離課税の対象となります。この場合には、元本の金額とその外国私募株式投資信託の受益権の取得価額との差額が譲渡損益となります。

措置法 37 条の 11 第 4 項は、投資信託等の受益権で上場株式等に該当するものを有する居住者又は恒久的施設を有する非居住者がこれらの受益権につき交付を受ける金額で、その投資信託等の終了又は一部の解約により交付を受ける金銭の額及び金銭以外の資産の価額の合計額（1

号）は、上場株式等に係る譲渡所得に係る収入金額とみなすと規定しています。

このように、外国私募株式投資信託の償還の際の課税関係は、これが一般株式等に該当する場合と上場株式等に該当する場合とで異なっています。

⑷　外国投資信託とタックスヘイブン対策税制

①　タックスヘイブン対策税制

タックスヘイブン対策税制とは、所得に対して課される税の負担が日本において法人の所得に対して課される税の負担に比較して著しく低い国（所得に対して課される税が存在しない国又は所得に対して課される税の負担が一定未満の国）に外国子会社が所在し、かつ、内国法人又は日本の居住者がその外国子会社の発行済株式総数の50％超を保有する場合に、その外国子会社の株主のうちその外国子会社の株式を10％以上保有している内国法人又は居住者について、その外国子会社が留保している所得のうちその内国法人又は居住者が保有する株式の持分割合に対応する部分の金額を（その内国法人又は居住者がその外国子会社から配当を受領していないにもかかわらず）その内国法人又は居住者の収益の金額とみなして、所得の金額の計算上、益金の額に算入するというものです（措法40の4、66の6）。

②　外国投資信託とタックスヘイブン対策税制

タックスヘイブン対策税制は、一定の外国信託にも適用することとされています。

具体的には、投資信託及び投資法人に関する法律2条24項に規定する外国投資信託のうち、措置法68条の3の3第1項に規定する特定投資信託に類するもので、その所得に対し課される税の負担が著しく低い

国に所在し、かつ、その特定投資信託の受益権の 50％超が内国法人又は日本の居住者に保有されている場合には、その特定投資信託のうち 10％以上の受益権を保有する内国法人又は日本の居住者に対して、タックスヘイブン対策税制を適用することとしています（措法 66 の 6 ⑫）。

　特定投資信託とは、投資信託及び投資法人に関する法律 2 条 3 項に規定する投資信託のうち法人課税信託に該当するものをいうとされていますが、集団投資信託は法人課税信託から除かれています。

　そうすると、外国投資信託のうち外国証券投資信託及び公募外国投資信託は集団投資信託に該当し、法人課税信託ではありませんから、タックスヘイブン対策税制の対象とはなりませんが、それ以外の外国投資信託はタックスヘイブン対策税制の対象となるということになります。

5　租税条約

　取引の関係者が租税条約締結国で居住者である場合には、国内法の適用に加えて相手国との二国間租税条約の適用が問題となります。日本が締結した租税条約は二重課税を排除するために、一方で、投資所得に対する源泉地国としての課税を制限し、他方で、源泉地国で課された租税につき居住地国が外国税額控除を行うことを約しています。そして、条約の特典を利用できる者を締結国の居住者に限定しています。そこで、信託を設定した場合に特に問題となるのが、誰が、いかなる条件の下で租税条約の特典を享受できるかです。例えば、信託財産の運用収益について租税条約上の限界税率を適用できるかどうかが変わってきます。

　この問題は、締結国間で信託の課税方法が異なる場合に困難な問題を生じます。日米租税条約以降の新条約については、構成員課税か団体課税かが食い違う場合についての規定が置かれています（日米租税条約 4

条6、日英租税条約4条5、日仏租税条約4条6）。

　例えば、外国投資信託が日本法人の株式に投資をして配当を受領した場合を考えてみましょう。

　外国投資信託は集団投資信託に該当するので、外国投資信託の各投資家（受益者）は信託財産を有しているものとはみなされません（法法12①、所法13①）。したがって、各投資家は租税条約の適用を受けることはできません。

　受託者について、法人税法12条3項は、法人が受託者となる集団投資信託の信託財産に属する資産及び負債並びにその信託財産に帰せられる収益及び費用は、その事業年度の所得の金額の計算上、その法人の資産及び負債並びに収益及び費用でないものとみなして法人税法の規定を適用するとしています。しかし、所得税法にこのような規定はありませんから、集団投資信託に関して、所得税法の規定を適用するに当たっては、受託者が配当の受領者であるとして課税関係を決定することになります。したがって、受託者が配当の受領者であるとして租税条約の適用の有無を決めることとなります。

　租税条約においては、通常、所得の受領者が租税条約の相手国の居住者であり、かつ、その所得の受益者である場合に租税条約が適用されることになりますが、外国投資信託の場合は、その所得の受益者となるか否かが問題となるように思われます。

第3編　信託の活用事例と留意点

第1章　受益者等課税信託

1　受益者等課税信託の基本的な類型

Q1　委託者・受益者が個人の場合の課税関係

委託者と受益者が個人の場合（委託者≠受益者）の課税関係について教えてください。

解説

1　信託設定時の課税関係

(1)　委託者

信託の効力が生じた時において、委託者に課税関係は生じません。

ただし、受益者となる者が委託者に対して適正な対価を負担して譲渡所得の基因となる資産が信託された場合には、委託者においてその収受した対価の額について譲渡所得が発生します（所法33）。

(2)　受託者

信託の効力発生時において、受託者に課税関係は生じません。

なお、受託者は、信託の効力が生じた日の属する月の翌月末日までに受益者別の調書を所轄税務署長に提出します（相法59③一）。

(3)　受益者

税務上は、委託者から受益者に対して資産の移転があったものとみなされるため、受益者から委託者に対して適正な対価が負担されている場合には、受益者に課税関係は生じません。

適正な対価の負担がない場合には、受益者は、信託に関する権利を委託者から贈与（その委託者の死亡に基因してその信託の効力が生じた場合に

は、遺贈）により取得したものとみなされるため、贈与税（又は相続税）が発生します（相法 9 の 2 ①）。

　受益者が複数の場合には、信託財産に属する資産及び負債の全部をそれぞれの受益者がその有する権利の内容に応じて有するものとし、その信託財産に帰せられる収益及び費用の全部がそれぞれの受益者のその有する権利の内容に応じて帰せられるものとされます（所令 52 ④）。

2　信託期間中の課税関係

(1)　委託者・受託者

　委託者と受託者に課税関係は生じません（所法 13 ①）。

　なお、受託者は、信託の計算書を年 1 回（ 1 月 31 日期限）所轄税務署長に提出します（所法 227）。

(2)　受益者

　信託財産に帰せられる収益及び費用は受益者の収益及び費用とみなして、受益者である個人の所得金額を計算します（所法 13 ①）。

3　信託終了時の課税関係

(1)　委託者・受託者

　委託者と受託者に課税関係は生じません。

　なお、受託者は、信託の終了した日の属する月の翌月末日までに受益者別の調書を所轄税務署長に提出します（相法 59 ③三）。

(2)　受益者・帰属権利者

　信託設定時に、信託財産は委託者から受益者に移転しているものとみなされているため、受益者を残余財産受益者とする定めのある信託の場合は、受益者に新たな課税関係は生じません。

　一方、帰属権利者の定めのある信託の場合は、残余財産が受益者から

帰属権利者に移転することになるため、残余財産が譲渡所得の基因となる資産であるときは、受益者にその収受する対価について譲渡所得が発生することになります。

　また、帰属権利者が適正な対価を負担せずに残余財産を取得した場合には、帰属権利者は信託の受益者からの贈与により残余財産を取得したものとみなされます（相法9の2④）。

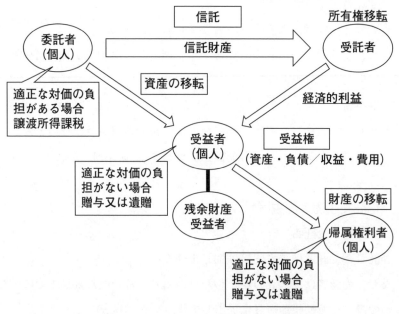

他益信託（委託者≠受益者）の場合の課税関係

Q2 委託者が個人、受益者が法人の場合の課税関係

委託者が個人、受益者が法人の場合の課税関係について教えてください。

解説

1　信託設定時の課税関係

(1)　委託者

信託の効力が生じた時において、委託者に課税関係は生じません。

ただし、受益者となる法人が委託者に対して適正な対価を負担して譲渡所得の基因となる資産が信託された場合には、委託者においてその収受した対価の額について譲渡所得が発生します（所法33）。

なお、この場合において、委託者が収受した対価の額が時価の2分の1未満であるときは、委託者が時価で譲渡したものとみなして譲渡所得の計算をします（所法59①二、所令169）。

(2)　受託者

Q1の信託設定時の課税関係と同じです。

(3)　受益者

受益者となる法人から委託者に対して適正な対価が負担されている場合には、受益者に課税関係は生じません。

適正な対価が負担されていない（又は負担した対価が適正な対価に満たない）場合には、委託者から受益者となる法人に対して贈与があったものとして、受益者に課税関係（受贈益）が生じます。

受益者が複数の場合には、信託財産に属する資産及び負債の全部をそれぞれの受益者がその有する権利の内容に応じて有するものとし、その信託財産に帰せられる収益及び費用の全部がそれぞれの受益者のその有する権利の内容に応じて帰せられるものとされます（法令15④）。

2　信託期間中の課税関係

(1)　委託者・受託者

　委託者と受託者に課税関係は生じません。

(2)　受益者

　信託財産に帰せられる収益及び費用は受益者の収益及び費用とみなして、受益者である法人の所得金額を計算します（法法12①）。

3　信託終了時の課税関係

(1)　委託者・受託者

　Q1の信託終了時の課税関係と同じです。

(2)　受益者・帰属権利者

　受益者を残余財産受益者とする定めのある信託の場合は、受益者に新たな課税関係は生じません。

　帰属権利者の定めのある信託の場合は、残余財産が受益者から帰属権利者に移転することになるため、帰属権利者が適正な対価を負担せずに残余財産を取得した場合には、帰属権利者は信託の受益者からの贈与により残余財産を取得したものとみなされます（相法9の2④）。

　なお、帰属権利者が個人である場合には受益者である法人から贈与により取得した財産は、一時所得として所得税が課税（贈与税は非課税）されます（所法34、所基通34-1、相基通21の3-2）。

受益者が法人の場合の課税関係

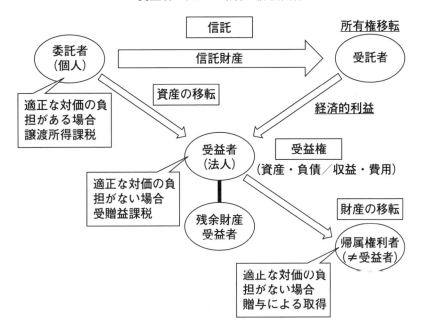

Q3 委託者が法人、受益者が個人の場合の課税関係

委託者が法人、受益者が個人の場合の課税関係について教えてください。

解説

1 信託設定時の課税関係

(1) 委託者

信託の効力が生じた時において、委託者に課税関係は生じません。

ただし、受益者が委託者である法人に対して適正な対価（時価相当額）を負担して資産が信託された場合には、信託財産を譲渡したものとして委託者に資産の譲渡に係る譲渡損益が発生します。

なお、適正な対価の負担がない場合には、委託者から受益者に対し贈与されたものとして、寄附金課税が発生します。

(2)　受託者

　Ｑ1の信託設定時の課税関係と同じです。

(3)　受益者

　受益者となる個人から委託者に対して適正な対価を負担している場合には、受益者に課税関係は生じません。

　適正な対価を負担していない（又は負担した対価が適正な対価に満たない）場合には、実際に負担した対価の額と適正な対価の額（時価相当額）との差額について、委託者である法人から受益者である個人に対して贈与があったものとして、課税関係（通常は一時所得）が発生します。

2　信託期間中の課税関係

(1)　委託者・受託者

　Ｑ1の信託期間中の課税関係と同じです。

(2)　受益者

　Ｑ1の信託期間中の課税関係と同じです。

3　信託終了時の課税関係

(1)　委託者・受託者

　Ｑ1の信託終了時の課税関係と同じです。

(2)　受益者・権利帰属者

　Ｑ1の信託終了時の課税関係と同じです。

Q4　信託財産に属する資産及び負債並びに信託財産に帰せられる収益及び費用の帰属

　1人の受益者が有する受益権がその信託財産に係る受益権の一部である場合の信託財産に属する資産及び負債並びに信託財産に帰せられる収益及び費用の帰属について教えてください。

解説

1　受益者等課税信託における受益者と受益権

　受益者等課税信託の受益者（受益者としての権利を現に有するものに限る。）は、その信託の信託財産に属する資産及び負債を有するものとみなし、かつ、その信託財産に帰せられる収益及び費用はその受益者の収益及び費用とみなすこととされ、また、信託の変更をする権限を現に有し、かつ、その信託の信託財産の給付を受けることとされている者（受益者を除く。）は、受益者とみなすこととされています（所法13①②、法法12①②、消法14①②）。

　そして、信託法における受益者とは受益権を有する者をいい（法2⑥）、受益権とは受益債権及びこれを確保するために受託者その他の者に対し一定の行為を求めることができる権利をいうと規定されています（法2⑦）。したがって、信託行為において受益者の定めがあったとしても、受益権につき停止条件付きの場合には、未だ「受益者としての権利を現に有するもの」に該当しないことになります。

　また、信託行為における受益者の定め方は様々なものがあり、受益者を「将来生まれてくる子や孫」あるいは「受益者となる条件を達成した者」などとするように、信託の設定時には受益者が不存在又は不特定の場合があり、このような場合にも「受益者としての権利を現に有するもの」には該当しないことになります。

2　受益者等課税信託の受益者が有する権利の範囲

⑴　受益者が1人の場合

　信託行為における受益者を定める方法によっては、1人の受益者が有する受益権がその信託財産に係る受益者としての権利の一部（70％）にとどまり、その余の権利（30％）を有する者が不存在又は不特定の場合が生じます。

　この場合、受益者等課税信託における受益者は、受益者としての権利を現に有するものに限られているので、1人の受益者が有する受益権がその信託財産に係る受益権の一部（70％）にとどまる場合であっても、その残りの受益権（30％）を有する者が不存在又は不特定のときには、その受益者がその余の権利を含めて受益権の全部（100％）を有するものとして、信託財産に属する資産及び負債の全部を有するものとみなし、かつ、その信託財産に帰せられる収益及び費用の全部が帰せられるものとみなします（所基通13-1、法基通14-4-1、消基通4-3-1）。

⑵　受益者が複数の場合

　受益権を有する受益者が複数である場合においても、これらの受益者が有する受益権が、例えば、全体の権利のうち70％（各35％）にとどまり、その余の権利（30％）は受益者が不存在又は不特定であるような場合もあり得ます。

　このように、受益者の数が2人以上である場合は、受益者等課税信託の信託財産に属する資産及び負債の全部をそれぞれの受益者がその有する権利の内容に応じて有するものとし、その信託財産に帰せられる収益及び費用の全部がそれぞれの受益者にその有する権利の内容に応じて帰せられるものとされています（所令52④、法令15④、消令26④）。

　したがって、受益者が2人の場合、各受益者の権利の内容（各35％）に応じて信託財産に属する資産及び負債並びに信託財産に帰せられる収

益及び費用の帰属が決められるので、各受益者は均等の権利を有することとなるため、その信託財産に属する資産及び負債の50％をそれぞれ有し、信託財産に帰せられる収益及び費用の50％がそれぞれに帰せられるものとして課税関係が生じることとなります。

　なお、この点については、信託の変更をする権限を現に有し、かつ、その信託の信託財産の給付を受けることとされている者（受益者を除く。）であるみなし受益者についても、受益者と同様に取り扱われることになります。

3　「権利の内容に応じる」ことの例示

　上記2の(2)のとおり、受益者等の数が2人以上である場合、受益者等課税信託の信託財産に属する資産及び負債の全部をそれぞれの受益者等がその有する権利の内容に応じて有するものとし、その信託財産に帰せられる収益及び費用の全部がそれぞれの受益者等にその有する権利の内容に応じて帰せられるものとされています（所令52④、法令15④、消令26④）。

　この規定の適用に当たっては、例えば、その信託財産に属する資産が、その構造上区分された数個の部分を独立して住居、店舗、事務所又は倉庫その他建物としての用途に供することができるものである場合において、その各部分の全部又は一部が2以上の受益者等の有する権利の目的となっているときは、その目的となっている部分（受益者等共有独立部分）については、受益者等共有独立部分ごとに、その受益者等共有独立部分につき権利を有する各受益者等が、各自の有する権利の割合に応じて有しているものとします（所基通13-4、法基通14-4-4、消基通4-3-2）。

Q5 受益権の贈与税及び相続税の評価方法

受益権の贈与税及び相続税における評価方法について教えてください。

解説

　信託の効力が生じた場合において、適正な対価を負担せずにその信託の受益者等となる者があるときは、その信託に関する権利をその信託の委託者から贈与又は遺贈により取得したものとされ、贈与又は遺贈により取得したとみなされる受益者等は、その信託の信託財産に属する資産及び負債を取得し、又は承継したものとみなして、相続税法の規定を適用します（相法9の2）。

　したがって、財産を信託している場合において、受益者等が贈与又は遺贈により取得するのは受益権であることから、贈与税又は相続税の計算においては、その受益権を評価することになります。

　そして、信託受益権の評価については、次に掲げる区分に従い、それぞれ次のとおり計算します。（評基通202）。

⑴　元本と収益との受益者が同一人の場合

　課税時期における信託財産の価額により評価します。

⑵　元本と収益との受益者が元本及び収益の一部を受ける場合

　課税時期における信託財産の価額にその受益割合を乗じて計算した価額により評価します。

⑶　元本の受益者と収益の受益者が異なる場合

　信託受益権の評価は次のとおり計算します。

　　受益権の評価額 ＝ 収益受益権の評価額 ＋ 元本受益権の評価額
　　　　　　　　　　　　（下記①）　　　　　　　（下記②）

　①　収益受益権の評価額

　　＝　評価時点における収益受益者が将来受け取る各年の利益の価額

の合計額

　課税時期の現況において推算した受益者が将来受けるべき利益の
価額ごとに課税時期からそれぞれの受益の時期までの期間に応ずる
基準年利率による複利現価率を乗じて計算した金額の合計額をいい
ます。

(注)　複利現価率とは、n年後の価値を年率x％で割り引いた現在価値を算出
する数値をいいます。

②　元本受益権の評価

　＝　課税時期における信託財産の価額　－　収益受益権の評価額

Q6 受益者の所得金額の計算等

信託期間中における受益者の所得金額の計算等について教えてください。

解説

1　受益者が個人の場合

(1)　収益・費用の帰属の時期

　受益者等課税信託についてはその信託の受益者が信託財産に属する資
産及び負債を有するものとみなし、かつ、信託財産に帰せられる収益及
び費用は受益者の収益及び費用とみなすこととされています（所法13
①）。

　そして、受益者等課税信託の信託財産に帰せられる収益及び費用の帰
属の時期は、その信託行為に定める計算期間にかかわらず、受益者のそ
の年分の各種所得の金額の計算上総収入金額又は必要経費に算入するこ
ととされています（所基通13-2）から、所得税法における所得計算の原
則である暦年によることになります。

(2)　収益・費用の額の計算

　受益者のその受益者等課税信託に係る各種所得の金額の計算上総収入金額又は必要経費に算入する額は、信託財産から生ずる利益又は損失をいうのではなく（言い換えれば、収益の分配として受けたものをいうのではなく）、受益者が信託財産に関して有する権利の内容に応じて有するものとされる信託財産に属する資産及び負債、並びに受益者がその有する権利の内容に応じて帰せられるものとされる信託財産に帰せられる収益及び費用をこれらの金額として計算します（所基通13-3）。

(3)　受益権の譲渡等

　受益者等課税信託の受益者がその有する権利（受益権）の譲渡又は取得が行われた場合には、その有する権利（受益権）の目的となっている信託財産に属する資産及び負債が譲渡又は取得されたことになります（所基通13-6）。

〔例示〕
　受益権の目的となる信託財産である資産が土地である場合に、その受益権が譲渡されたときには、受益者がその土地を譲渡したものとして、その譲渡の態様に応じて所得税法の規定が適用されます。

(4)　信託に係る不動産所得の損益通算の特例

　信託から生じる不動産所得を有する場合において、その年分の不動産所得の金額の計算上損失の金額があるときは、その損失の金額は生じなかったものとみなされ、他の所得との損益通算等の所得税法の規定は適用されません（措法41の4の2）。

2　受益者が法人の場合

(1)　収益・費用の帰属の時期

　法人が受益者等課税信託の受益者等である場合において、その法人の各事業年度の所得の金額の計算上、その受益者等である法人の収益及び費用とみなされる信託財産に帰せられる収益及び費用は、その信託行為に定める計算期間にかかわらず、その法人の各事業年度の期間に対応する収益及び費用となります（法基通14-4-2）。

　したがって、その信託行為に定める信託の計算期間の始期及び終期と受益者である法人の事業年度の開始の日及び終了の日が一致しない場合には、その法人の各事業年度の期間に対応する信託財産に帰せられる収益及び費用に基づき、法人の各事業年度の所得の金額を計算することとなります。

(2)　収益・費用の額の計算

　受益者等課税信託の受益者等である法人は、その信託財産から生ずる利益又は損失をその法人の収益又は費用とするのではなく（言い換えれば、その信託財産に帰せられる損益の計算結果だけをその法人の各事業年度の所得の金額の計算に反映させるのではなく）、その法人に係る信託財産に属する資産及び負債並びに信託財産に帰せられる収益及び費用をその法人のこれらの金額として各事業年度の所得金額の計算を行います（法基通14-4-3）。

(3)　受益権の譲渡等

　受益権の譲渡又は取得が行われた場合には、受益権の目的となっている信託財産に属する資産及び負債が譲渡又は取得されたことになります（法基通14-4-6）。

　したがって、受益者等が個人の場合と同様に、受益権の目的となる信託財産である資産が土地である場合に、その受益権が譲渡されたときに

は、受益者等である法人がその土地を譲渡したものとして、その譲渡の態様に応じて、譲渡、交換、収用、買換え等の法人税法等における特例が適用されます。

(4)　信託による損失がある場合の課税の特例

　受益者等課税信託の受益者等である法人は、その信託につきその債務を弁済する責任の限度が実質的に信託財産の価額とされている場合等には、その法人のその事業年度における信託による損失の額のうちその信託財産の帳簿価額を基礎として計算した金額を超える部分の金額に相当する金額（信託損失超過額）は、その事業年度の所得の金額の計算上、損金の額に算入できません（措法67の12①）。

　なお、損金の額に算入されなかった信託損失超過額は、翌事業年度以後の事業年度に繰り越され、その繰り越された事業年度において生じた信託による利益の額を限度として損金の額に算入することになります（措法67の12②）。

ワンポイント！

受託者が作成する書類の報告義務と受益者の申告

　受託者は、信託事務の処理の状況並びに信託財産に属する財産及び信託財産責任負担債務の状況について、委託者及び受益者に対して報告義務があり、そのため、信託事務に関する計算並びに信託財産に属する財産及び信託財産責任負担債務の状況を明らかにする信託財産に係る帳簿その他の書類又は電磁的記録を作成しなければなりません（法36、37①）。

　また、受託者は、毎年1回、一定の時期に貸借対照表、損益計算書などの書類又は電磁的記録を作成し、その内容について受益者に報告しなければなりません（法37②③）。

　信託において、受託者は、信託財産に属する財産の所有者であり、その管理・処分等を行う者ですが、信託行為により生ずる利益は受益者に帰属することから、税務上、信託設定時に、信託財産に属する財産は委

託者から受益者に移転しているものとみなされているため、信託財産に帰せられる収益及び費用は受益者の収益及び費用とみなして、受益者である個人又は法人に課税されることになります（所法13①、法法12①、消法14①）。

そして、受益者における申告は、受託者の作成する会計帳簿等に基づき行われますが、この場合、実際には信託財産から収益の分配等の支払を受けていなかったとしても、受益者はその報告を基に信託財産に係る所得及び信託財産に係る取引時に生ずる消費税についての納税義務を負うことになります。

2　元本受益者と収益受益者が異なる信託

Q7　**信託受益権が収益受益権と元本受益権に分離された場合の評価**

信託受益権が収益受益権と元本受益権に分離された場合の評価について教えてください。

解説

1　収益受益権と元本受益権

賃貸不動産という資産から得られる利益には、賃貸中に得られる賃貸収入と売却時に得られる売却代金がありますが、賃貸不動産の所有権はこれらがセットになっており、分離することはできません。

しかし、信託を活用することにより、賃貸不動産の賃貸中に得られる賃貸収入を受ける権利を収益受益権とし、信託終了時に信託財産である賃貸不動産の交付又は売却した代金を受ける権利を元本受益権として分離することができます。

このような収益の受益者と元本の受益者が異なる信託（受益権が複層化された信託）の場合には、信託設定時において、収益受益者には収益

受益権が、元本受益者には元本受益権が移転したものとして課税関係が生じることになります。

2　受益権の評価方法

収益受益権と元本受益権が分離した場合のそれぞれの受益権の評価は次のとおりです。

受益権の評価額 ＝ 収益受益権の評価額 ＋ 元本受益権の評価額
　　　　　　　　　　（下記①）　　　　　　　　　　（下記②）

① 収益受益権の評価額

＝ 評価時点における収益受益者が将来受け取る各年の利益の価額の合計額

課税時期の現況において推算した受益者が将来受けるべき利益の価額ごとに課税時期からそれぞれの受益の時期までの期間に応ずる基準年利率による複利現価率を乗じて計算した金額の合計額をいいます（評基通202）。

(注)　複利現価率とは、n年後の価値を年率x％で割り引いた現在価値を算出する数値をいいます。

② 元本受益権の評価額

＝ 課税時期における信託財産の価額 － 収益受益権の評価額

3　信託受益権の計算例

父が所有する土地（相続税評価額10億円）を対価の授受なく信託期間30年で信託し、毎年3,000万円の給付を受ける受益権を長男に、元本受益権を次男に与えた場合

① 課税時期の長期（7年以上）の基準年利率を0.01％と仮定します。

② 信託期間30年、年利率0.01％の場合の複利年金現価率は29.954

とします。

③　毎年 3,000 万円を 30 年間もらい続ける場合の収益受益権の現在
価値は 3,000 万円の 29.954 倍の約 9 億円になります。

④　信託設定時の収益受益権は約 9 億円、元本受益権は約 1 億円（10
億円 − 9 億円）になります。

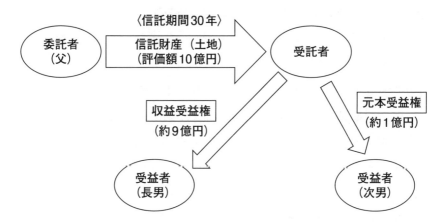

Q 8　信託が合意により終了した場合

　元本受益者と収益受益者が異なる信託でその信託が合意により終了した
場合について教えてください。

解説

1　信託の合意による終了

　委託者及び受益者は、いつでも、その合意により信託を終了させるこ
とができるとされています（法 164 ①）。

　元本受益者と収益受益者が異なる信託（受益権が複層化された信託）に
ついて、委託者と受益者の合意により終了した場合には、原則として、
信託の終了に伴い、その信託の残りの期間に収益を得られる権利は収益
受益権を有する受益者から元本受益権を有する受益者に移転することに

なります。この場合、元本受益者は、その信託が終了する直前に収益受益者が有していた収益受益権の価額に相当する利益をその収益受益者から贈与によって取得したものとして取り扱われて課税関係が生じます（相基通9-13）。

2　信託が合意により終了した場合の計算例

父が所有する土地（相続税評価額10億円）を信託期間30年で信託し、毎年3,000万円の給付を受ける収益受益権を父が取得し、元本受益権を子が取得して、その20年後に合意により信託を終了した場合

① 課税期間の長期（7年以上）の基準年利率を0.01％と仮定します。

② 信託期間30年、年利率0.01％の場合の複利年金現価率は29.954とします。

③ 毎年3,000万円を30年間もらい続ける場合の収益受益権の現在価値は3,000万円の29.954倍の約9億円になります。

④ 信託設定時の収益受益権は約9億円、元本受益権は約1億円（10億円－9億円）になります。

⑤ 20年後に信託を終了する時点での信託の残存期間は10年で、課税期間の長期（7年以上）の基準年利率を0.01％と仮定すると複利年金現価率9.995となり、その時点における収益受益権の価額は約3億円（3,000万円×9.995）、元本受益権の価額は約7億円（10億円－3億円）となります。

⑥ 信託設定時に約1億円であった元本受益権の価額は、20年後には約7億円に回復し、10億円の土地のうち約7億円に相当する元本受益権は子が所有していることとされ、合意による終了時には、父からその子に対し約3億円（10億円－7億円）の贈与があったものとされます。

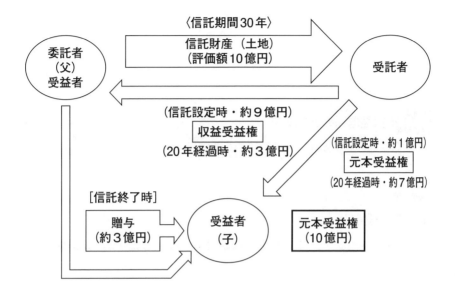

3　自益信託

Q9　自益信託の概要

自益信託について教えてください。

解説

　自益信託とは、委託者自らが受益者となる信託をいいます。

　すなわち、委託者と受益者がそれぞれ一であり、かつ、同一の者である場合の受益者等課税信託においては、次に掲げる移転は受益者である委託者にとって資産の譲渡又は資産の取得には該当しません（所基通13-5、法基通 14-4-5）。

①　信託行為に基づき信託した資産のその委託者から受託者への移転

②　信託の終了に伴う残余財産の給付としての資産の受託者から受益者への移転

（注）　これらの移転があった場合のその資産の取得の日（その信託の期間中に信託財産に属することとなった資産を除く。）は、委託者がその資産を取得した日となります。

Q 10　自益信託の課税関係

自益信託の課税関係について教えてください。

解説

1　信託設定時

委託者（＝受益者）及び受託者に課税関係は生じません（**Q 9**参照）。

2　信託期間中

委託者（＝受益者）は、信託財産に属する資産及び負債を有するものとみなされ、かつ、その信託財産に帰せられる収益及び費用は委託者（＝受益者）の収益及び費用とみなして計算した所得金額について所得税法又は法人税法が適用されます（所法13①、法法12①）。

3　信託終了時

委託者（＝受益者）及び受託者に課税関係は生じません（**Q 9**参照）。

【自益信託】

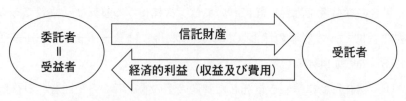

4　土地信託

Q11　土地信託の概要

土地信託について教えてください。

解説

　土地信託とは、土地所有者が、土地の有効活用を目的として信託銀行等を受託者として土地を信託し、受託者が信託契約に基づき土地の有効活用を行って得た利益を信託配当として委託者兼受益者である土地所有者に交付するというものです。

　土地信託には、賃貸型の土地信託と処分型の土地信託があります。

1　賃貸型の土地信託

① 　土地所有者を委託者兼受益者として、受託者（信託会社等）に土地を信託し、土地所有者は信託受益権を取得し、土地は受託者の名義に変わります。

② 　受託者は、信託契約に基づき土地上に賃貸用不動産等の建設を行います。その際の建設資金は金融機関から借り入れます。

③ 　受託者は、賃借人の募集を行い賃貸借契約を結びます。

④ 　受託者は、賃借人から賃料を受け取り、金融機関に対する返済や必要経費、信託報酬を差し引いた後の残額を、信託配当として委託者兼受益者に支払います。

⑤ 　信託終了後、受託者は土地建物等の信託財産を委託者兼受益者に返還します。

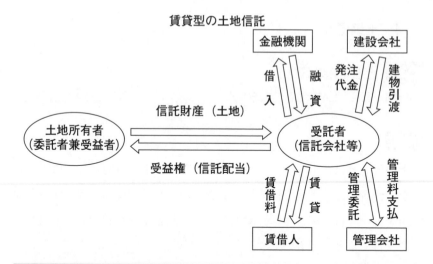

賃貸型の土地信託

【賃貸型の土地信託のメリット・デメリット】

〈メリット〉

① 　土地所有者は、土地を処分せずに有効活用が可能で、それに伴う利益も得られる。

② 　信託終了後、土地・建物がそのまま返却される。

③ 　建設資金等の事業に必要な資金は受託者が調達し、建物の発注、賃借人の募集・管理等の煩雑な手続は受託者が行う。

④ 　信託受益権は売買することができる（不動産売買よりは流動的と言われている）。

〈デメリット〉

① 　信託設定前に予定した信託配当が得られない場合があり、運用次第では入らないこともある。

② 　運用に失敗した場合、土地所有者が借入金債務の負担をすることもある。

2　処分型の土地信託

① 　土地所有者を委託者兼受益者として、受託者（信託会社等）に土

地を信託し、土地所有者は信託受益権を取得し、土地は受託者の名義に変わります。

② 受託者は、信託契約に基づき、土地上に賃貸不動産等の建設を行います。その際の建設資金は金融機関から借り入れます。

③ 建物の建設後、受託者はその土地及び建物を売却し、売却代金を受領します。

④ 受託者は、売却代金から金融機関への返済や必要経費、信託報酬を差し引いた後の残額を、信託配当として委託者兼受益者に支払い、信託は終了します。

処分型の土地信託

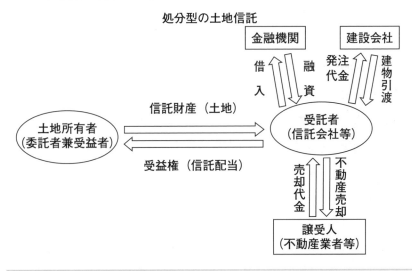

【処分型の土地信託のメリット・デメリット】

〈メリット〉

　開発利益が付加された価額で売却が可能、一般的には土地をそのまま売却するのに比べ、高い利益を得ることができる。

〈デメリット〉

　景気の悪化等による不動産需要の減少など土地開発中のリスクは土地所有者が負担する。

Q12 土地信託の課税関係

土地信託の課税関係について教えてください。

解説

1　信託設定時

　土地信託は自益信託（委託者と受益者が同じである信託）であることが一般的ですが、土地の信託設定時に、委託者兼受益者に課税関係は生じません。

　また、土地の名義は受託者になりますが、受託者に課税関係は生じません。

2　信託期間中

　委託者兼受益者は、信託期間中に受託者から信託配当の支払を受けますが、配当所得には該当せず、配当控除の適用もありません。

　信託期間中、不動産等の信託財産に属する資産及び負債は受益者（兼委託者）が有するものとみなされ、その信託財産に帰せられる収益及び費用は受益者（兼委託者）の収益及び費用とみなして計算した所得に対して受益者（兼委託者）に課税関係が生じます。

　したがって、賃貸型の土地信託の場合は、受益者（兼委託者）が信託財産である賃貸不動産を所有しているものとみなし、不動産所得が課税されます。また、処分型の土地信託の場合は、信託財産である不動産を売却していますから、受益者（兼委託者）が信託受益権を譲渡したものとみなし、譲渡所得が課税されます。

　なお、受託者に課税関係は生じません。

3　信託期間中に委託者兼受益者が死亡した場合

信託期間中に委託者兼受益者が死亡した場合には、委託者兼受益者の相続人が受益権を取得し、相続税の課税対象となります。

この場合、委託者兼受益者が信託財産を所有しているものとして相続財産の評価をします。

4　信託終了時

信託終了時に、土地や建物等の信託財産の名義は受託者から委託者兼受益者に変更されますが、資産の譲渡はないものとみなされるので、委託者兼受益者に課税関係は生じません。

5　信託設定直後に委託者兼受益者が死亡した場合の計算例

① 前提条件

・相続税評価額3億円の更地を信託財産として、賃貸型の土地信託を設定します。

・受託者は2億円を借り入れて2億円の建物を建築後に賃借人へ賃貸（賃貸割合100%）します。

・借地権割合は70%、借家権割合は30%とします。

・建物の固定資産税評価額＝建築価額の60%とします。

② 土地の相続税評価額

3億円 ×（1 - 70% × 30% × 100%）= 2億3,700万円

③ 建物の相続税評価額

2億円 × 60% ×（1 - 30% × 100%）= 8,400万円

④ 相続税における評価額

2億3,700万円（土地）+ 8,400万円（建物）- 2億円（借入金）

= 1億2,100万円

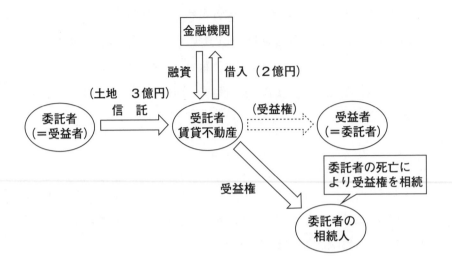

第2章　遺言信託と遺言代用信託

1　信託を活用した事業承継

Q13　他益信託を活用した円滑な事業承継のための株式の管理

　経営者は、後継者である子へ自社株式を承継させたいと考えていますが、子が経営者として未熟なため株式の議決権はそのまま保有することとしています。

　信託を活用して、議決権を経営者に残したまま後継者に株式を移転することができますか。

解説

1　他益信託を活用した円滑な事業承継のための株式の管理

　経営者（委託者）がその生前に、自社株式を信託財産とし、信託契約においてその後継者を受益者と定める信託（他益信託）を設定する方法が考えられます。

（信託の概要）

①　経営者A（委託者）は、信託会社等を受託者、子Bを受益者として、自己が保有する自社株式を信託財産とする信託契約を締結し、受託者は委託者の指図に従って議決権を行使する旨の信託行為を定めます。

　　なお、信託の終了時に子Bが自社株式を取得することとします。

②　自社株式は受託者の名義になり、受託者は株式の配当を受領しますが、その配当は受益者に支払われます。

　　また、株式の議決権の名義人は受託者ですが、議決権の行使は信

託契約に基づき委託者の指図に従います。

③　信託の終了により受益者である子Bに自社株式が交付された後
は、受益者が議決権を行使します。

なお、委託者の死亡が信託の終了事由として定められていなけれ
ば、委託者の死亡後もその相続人が承継して信託は継続します。

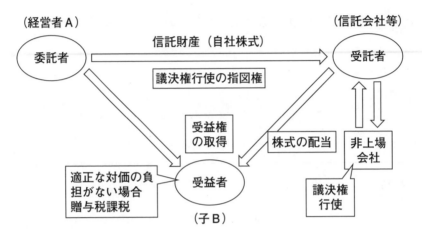

（信託の特徴）

①　経営者が議決権行使の指図権を保持することで、経営者は引き続
き経営権を維持しつつ、自社株式の財産的部分のみを後継者に取得
させることができます。

②　信託契約において、信託の終了時に後継者が自社株式の交付を受
ける旨を定めることで、後継者の地位を確立することができ、後継
者は安心して経営に当たることができます。

③　信託の終了事由には、信託設定後の一定期間経過後又は経営者
（委託者）の死亡時など、委託者である経営者の意向に応じた信託
行為を定めることができます。

2　課税関係

(1)　信託設定時

① 　委託者（経営者 A）

　信託した株式に係る適正な対価の負担がある場合は、株式に係る譲渡所得課税が発生し、対価の負担がない場合に課税関係は生じません（所法 33）。

② 　受託者（信託会社）

　信託された株式の名義は受託者に変更されますが、受託者に課税関係は生じません。

③ 　受益者（子 B）

　株式に係る適正な対価の負担がない場合には、その株式を贈与されたものとみなして贈与税が課税されます（相法 9 の 2 ①）。

(2)　信託期間中

① 　委託者（経営者 A）

　委託者に課税関係は生じません。

② 　受託者（信託会社）

　信託期間中、受託者は株式の配当を受けますが、信託財産である株式は受益者のものとみなされるため、受託者に課税関係は生じません。

③ 　受益者（子 B）

　信託期間中、信託された株式は受益者が有するものとされ、信託財産に帰せられる収益及び費用は受益者の収益及び費用とみなされるため、株式の配当については受益者に所得税（配当所得）が課税されます（所法 13 ①）。

(3)　信託終了時

① 　委託者（経営者 A）

　信託終了時（又は委託者の死亡時）に課税関係は生じません。

② 受託者（信託会社）

受託者に課税関係は生じません。

③ 受益者（子）

信託設定時に株式の贈与を受けたものとみなされた場合、信託終了時又は委託者の死亡時に株式の名義が受託者から受益者に変更されたとしても、受益者に課税関係は生じません。

なお、信託設定時の贈与について相続時精算課税を選択した場合には、贈与したものとみなされた株式は相続財産として相続税の課税対象となります（その株式について納付した贈与税（20％）がある場合には相続時に精算します。）。

ワンポイント！

贈与税の額の計算について、受益者は暦年課税又は相続時精算課税を選択することができます。

1 暦年課税の計算

贈与税の税額は、贈与税の基礎控除額を差し引いた後の課税価格に税率を乗じて計算します。

贈与財産の価額の合計額（課税価格）－ 基礎控除額（110万円）
= 基礎控除後の課税価格

（基礎控除後の課税価格 × 税率）－ 外国税額控除 ＝ 納付税額

2 相続時精算課税の計算例

(1) 相続時精算課税を選択できる要件（年齢は贈与の年の1月1日現在）

・贈与者 → 60歳以上の父母又は祖父母

・受贈者 → 20歳以上の推定相続人及び孫

(2) 贈与税の計算

① 贈与財産の価額から控除する金額 → 特別控除額2,500万円

なお、前年までに特別控除額を使用した場合には、2,500万円か

> ら既に使用した額を控除した金額が特別控除額となります。
> ②　税額　→　特別控除額を超えた部分に対して一律 20％の税率で
> 　　　　　　計算

Q 14　遺言代用信託を活用した円滑な事業承継のための株式の管理

中小企業の事業承継を行う場合、後継者にいつ、どのように引き継がせるかがポイントとなりますが、遺言代用信託という信託制度を活用することにより自社株の承継を円滑に行うことができますか。

解説

1　遺言代用信託を活用した円滑な事業承継のための株式の管理

経営者（委託者）がその生前に、自社株式を信託財産とし、信託契約において自らを当初受益者として、経営者死亡の時に後継者が受益権を取得する旨を定める信託（遺言代用信託）を設定する方法が考えられます。

（信託の概要）

①　委託者兼当初受益者である経営者 A は、信託会社等を受託者として、自己が保有する自社株式を信託財産とする信託契約を締結します。その場合、議決権の行使は、A の死亡前は委託者兼当初受益者 A の指図に従い受託者が行使し、A の死亡後は後継者 B が委託者兼第 2 次受益者となる旨の信託行為を定めます。

②　自社株式は受託者の名義になり、受託者は株式の配当を受領しますが、その配当は委託者兼当初受益者 A に支払われます。

　　また、株式の議決権の名義人は受託者ですが、議決権の行使は信託契約に基づき委託者兼当初受益者 A の指図に従います。

③　委託者兼当初受益者 A が死亡した場合には、受託者は、委託者

兼第2次受益者となった後継者Bの指図により議決権を行使することになり、受領した株式の配当は、後継者Bに支払われます。

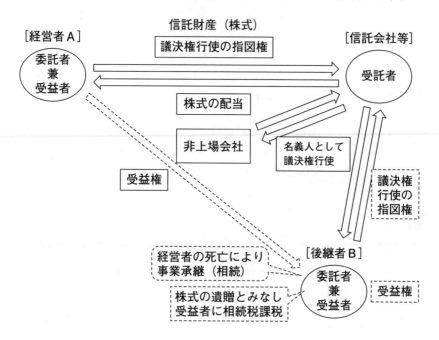

（信託の特徴）

①　経営者は、その生存中は引き続き経営権を維持しつつ、経営者の死亡時には後継者たる子が受益権を取得する旨を定めることにより、後継者が確実に経営権を取得できるようにします。

②　自社株式を信託財産として信託を設定することにより、受託者が株主として自社株式を管理することになるため、後継者への事業承継を安定的、かつ確実に行うことができます。

③　後継者は、経営者の死亡と同時に委託者兼受益者となることから、経営上の空白期間が生じないなど、遺言と比較してメリットがあります。

2　課税関係

(1)　信託設定時

① 委託者兼当初受益者（経営者 A）

経営者 A が委託者兼当初受益者である（自益信託）ため課税関係は生じません。

② 受託者

信託された株式の名義は受託者に変更されますが、受託者に課税関係は生じません。

(2)　信託期間中

① 委託者兼受益者（経営者 A）

信託期間中、信託された株式は受益者が有するものとされ、信託財産に帰せられる収益及び費用は受益者の収益及び費用とみなされるため、株式の配当は、委託者兼受益者 A の配当所得として課税されます（所法13①、所法24）。

② 受託者

信託期間中、受託者は株式の配当を受けますが、株式は受益者のものとみなされるため、受託者に課税関係は生じません。

(3)　委託者兼受益者の死亡時

① 委託者兼第2次受益者となった後継者 B

新たに委託者兼第2次受益者となった後継者 B は、委託者兼当初受益者 A から株式を遺贈されたものとして相続税が課税されます（相法9の2②）。

② 受託者

受託者に課税関係は生じません。

3　遺言代用信託と遺言との相違点

遺言は、遺言者の死亡後の財産の帰属を決める意思表示をするものですが、遺言の効力が生じるのは遺言者の死亡の時からです。そして、遺言の内容は、遺言者の意思により変更が可能であるため、相続人側の意向は反映されないとともに、複数の遺言書がある場合には、遺言の書換、偽装、滅失といったトラブルが生じることもあります。

これに対して、遺言代用信託は、委託者（遺言者）が生前から自己を受益者とする信託契約を締結することができ、信託を変更する場合には、原則として、委託者、受託者及び受益者の合意が必要であり、委託者が単独で変更することはできません（信託行為に定める場合を除く。）から、より円滑な資産の承継が可能となります。

Q 15　遺言代用信託による遺留分に配慮した事業承継

遺言代用信託を活用した事業承継において、後継者以外の非後継者（相続人等）が存在する場合には、非後継者の遺留分に配慮しなければならないと考えますが、どのような内容の信託ですか。

解説

1　遺言代用信託による遺留分に配慮した事業承継

経営者（委託者）がその生前に、自社株式を信託財産とし、信託契約において自らを当初受益者として、経営者死亡の時に受益権を分割して後継者及び非後継者が取得する旨を定める信託（遺言代用信託）を設定する方法が考えられます。

（信託の概要）

① 委託者兼当初受益者である経営者Ａは、信託会社等を受託者として、自己が保有する自社株式を信託財産とする信託契約を締結し

ます。その場合、議決権の行使については、A の死亡前は委託者兼当初受益者である A の指図に従って受託者が行使し、A の死亡後は後継者 B にのみ議決権行使の指図権を付与することとし、受益権については遺留分に配慮して後継者 B と非後継者 C に分割する旨の信託行為を定めます。

②　自社株式は受託者の名義になり、受託者は株式の配当を受領しますが、その配当は委託者兼当初受益者 A に支払われます。

　　また、株式の議決権の名義人は受託者ですが、議決権の行使は信託契約に基づき委託者兼当初受益者 A の指図に従います。

③　委託者兼当初受益者 A が死亡した場合には、受託者は、後継者 B の指図により議決権を行使することになります。また、受託者が受領した株式の配当は、第 2 次受益者である後継者 B 及び非後継者 C にそれぞれ支払われます。

(信託の特徴)

①　経営者は、その生存中は引き続き経営権を維持し、経営者の死亡時には、各相続人を受益者と定めて遺留分に配慮しつつ、後継者のみを議決権行使の指図権者として指定することにより、議決権の分散を回避することができます。

②　自社株式を信託財産として信託を設定し、複数の受益者のうち特定の者に議決権行使の指図権を付与することは、遺言や遺産分割によって株式それ自体を相続する場合と比較して、円滑な事業承継を図ることができるといえます。

2　課税関係

(1)　信託設定時

①　委託者兼当初受益者（経営者A）

経営者Aが委託者兼当初受益者である（自益信託）ため、課税関係は生じません。

②　受託者

信託された株式の名義は受託者に変更されますが、受託者に課税関係は生じません。

(2)　信託期間中

①　委託者兼当初受益者（経営者A）

信託期間中、信託された株式は受益者が有するものとされ、信託財産に帰せられる収益及び費用は受益者の収益及び費用とみなされるため、株式の配当は、委託者兼当初受益者Aの配当所得として課税されます（所法13①、24）。

②　受託者

信託期間中、受託者は株式の配当を受けますが、株式は受益者のものとみなされるため、受託者に課税関係は生じません。

(3)　委託者兼受益者の死亡時

①　第2次受益者となった後継者B及び非後継者C

第2次受益者となった後継者B及び非後継者Cは、委託者兼当初受益者Aから株式を遺贈されたものとして相続税が課税されます（相法9の2②）。

なお、議決権行使の指図権は、独立して取引の対象となる財産ではないため、財産的価値はないものと考えられています。

②　受託者

受託者に課税関係は生じません。

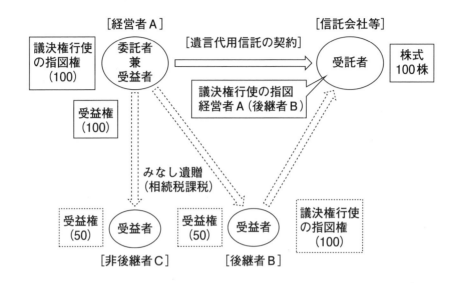

2　賃貸不動産を引き継ぐための信託

Q16　賃貸不動産を引き継ぐための信託（遺言信託の場合）

　父は、自己の所有する賃貸不動産から生ずる収益について、同人の死亡後の一定期間、障害者である長男の生活費に充てるために与えることとし、長男の日常生活の面倒は次男夫婦が引き受けてくれることから、その賃貸不動産は次男に引き継がせたいと考えています。

　そのために以下のような遺言信託を設定し、収益受益者を長男、元本受益者を次男、受託者は賃貸不動産の管理会社に依頼しようと考えていますが、この場合の課税関係を教えてください。

［信託の設定例］

①　相続税評価額3億円の貸地を信託財産として、長男を収益受益者、次男を元本受益者とする信託を設定します。

②　信託契約は、長男が父の死亡後20年にわたり収益を受けることができる旨の内容です。

③　貸地から得られる収益は、年間1,000万円の見込みです。

解説

1　遺言信託の仕組み

　遺言信託は、通常の遺言と同じように、公正証書遺言や自筆証書遺言によって行いますが、委託者である父の死亡によりその信託の効力が生じます。

　信託財産は、委託者の死亡により受託者に移転し、信託期間中は、信託財産から生ずる収益及び費用は収益受益者である長男に帰属し、信託終了時に元本受益者である次男が信託財産を取得します。

2　課税関係

(1)　信託設定時

　①　収益受益者（長男）

　収益受益者である長男は、信託設定（父親の死亡）後20年間にわたり貸地から生ずる利益を得ることになるため、信託設定時に収益受益権の遺贈を受けたものとして相続税が課税されます。

　収益受益権の評価額は次のとおり計算します。

　　［収益受益権の価額］

　　1,000万円 × 19.979[※] ≒ 2億円

　　※　基準年利率0.01％、残存期間20年の複利年金現価率（令和2年3月分）

　②　元本受益者（次男）

　元本受益者である次男は信託終了後に貸地を取得することになりますが、課税上は、信託設定時に父から貸地の遺贈を受けたものとして相続税が課税されます。

　この場合、遺贈を受けたこととされる金額は、信託設定時の信託財産の評価額からその時点における収益受益権の価額を控除した金額になります。

　　　［元本受益権の価額］

　　　3 億円（貸地の評価額）－ 2 億円（収益受益権の価額）≒ 1 億円

(2)　信託期間中

①　収益受益者（長男）

　信託期間中、収益受益者である長男は信託財産である不動産（貸地）を有しているものとみなされ、長男の不動産所得について所得税が課税されます。

②　元本受益者（次男）

　信託期間中、元本受益者である次男に課税関係は生じません。

(3)　信託終了時

①　収益受益者（長男）

　収益受益者である長男は、信託設定時に既に収益受益権の遺贈を受けたものとして相続税が課税されていますから、信託終了時おいて課税関係は生じません。

②　元本受益者（次男）

　元本受益者である次男は、信託設定時に貸地の遺贈を受けたものとして相続税が課税されていますから、信託終了時に貸地の名義が受託者から元本受益者である次男に変更されたとしても、課税関係は生じません。

(4)　信託設定（父の死亡）から 10 年後に長男が死亡した場合

　信託設定（父の死亡）から信託期間中である 10 年後に長男が死亡した場合には、長男が有する収益受益権（残りの信託期間 10 年間に収益を受ける権利）が相続財産として相続税の課税の対象となります。

　　　［収益受益権の価額］

　　　1,000 万円 × 9.995 ※ ≒ 1 億円

　　※　基準年利率 0.01％、残存期間 10 年の複利年金現価率（令和 2 年 3 月分）

【信託設定時（父の死亡）】

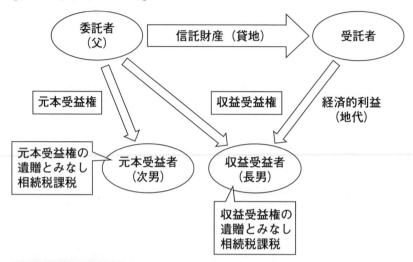

ワンポイント！

　長男が収益受益権を保有している時に死亡した場合には、その収益受益権は長男の他の相続財産に含めて長男の相続人等に相続されることになります。

　この場合、委託者である父親が予め「長男の死亡により次男（又は他の第三者）が収益受益権を取得する」旨を遺言又は信託契約に定めておくことで、長男の他の相続財産とは別に特定の者に承継させることができます（受益者連続型信託）。

　また、収益受益者である長男の死亡を信託の終了事由と定めることで、信託の終了後に信託財産のすべてを元本受益者である次男に帰属させることができます。

　なお、このような信託の設定は、遺言信託に限らず、遺言代用信託においても同様に行うことができます。

Q 17 賃貸不動産を引き継ぐための信託（遺言代用信託（設定時に受益者が存しない信託）の場合）

Q 16のケースで遺言代用信託（設定時に受益者が存しない信託）の場合では課税関係はどうなりますか。

解説

1 遺言代用信託（設定時に受益者が存しない信託）の仕組み

委託者（父）は、受託者との間において財産（不動産）を信託して、委託者の死亡の時に長男を収益受益者、次男を元本受益者とする旨を定めた信託契約を締結します。

信託契約の締結時に信託の効力は生じるため、信託財産は受託者に移転しますが、収益受益者である長男及び元本受益者である次男が信託財産から給付を受ける権利を有するのは委託者である父が死亡した時となります。

委託者の死亡から信託が終了するまでの間、信託財産から生じる収益は収益受益者である長男が給付を受け、信託が終了した場合には、元本受益者である次男が信託財産（元本）である不動産を取得します。

このように、信託の設定時に受益者が存在しない信託は、課税上、その信託の効力発生時に、委託者から受託者に対して信託財産が移転したものとされ、受託者を法人とみなして課税する法人課税信託といいます（所法6の3七、法法2二十九の二）。

2 課税関係

(1) 信託設定時

① 委託者（父）

委託者である父から法人とみなされる受託者（受託法人）に信託財

産が譲渡されたものとみなして、委託者に譲渡所得が発生します。

　なお、このときの信託財産（不動産）の価格は時価により評価します。

②　受託者

　受託者は法人とみなされ、委託者から信託財産の贈与を受けたものとして受贈益に法人税が課税されます（所法6の3七）。

　また、受益者が存しない信託に財産を移転して相続税を逃れようとすることを防止するため、受益者等となる者が委託者の親族であるときは、受託者は、委託者から信託財産に関する権利を贈与により取得したものとみなして贈与税（受託者を法人とみなして計算された受贈益に対する法人税相当額は控除できます。）が課税されます（相法9の4①）。

(2)　信託期間中

①　委託者（父）

委託者に課税関係は生じません。

②　受託者

　信託期間中の信託財産から生ずる利益は、受託者（受託法人である法人又は個人）を納税義務者として法人税が課税されます（所法6の2、法法4の6）。

(3)　委託者（父）の死亡時

①　受託者

　委託者（父）の死亡により長男が収益受益者、次男が元本受益者となることによって、受益者が存しない法人課税信託である遺言代用信託に受益者が存在することになります。

　その結果、法人課税信託に該当しないこととなった場合には、その法人課税信託の受託法人は、その受益者に対して、その信託財産に属

する資産及び負債をその該当しなくなった時の直前の帳簿価額により引継ぎをしたものとして、その受託法人の各事業年度の所得の金額を計算することになります（法法64の3②③）。

②　収益受益者（長男）・元本受益者（次男）

受益者が存しない法人課税信託について受益者が存在することとなったときは、受益者は、受託法人からその信託財産に属する資産及び負債をその該当しなくなった時の直前の帳簿価額に相当する金額により引継ぎを受けたものとして、受益者のその引継ぎを受けた日の属する年分の各種所得の金額の計算をします（所法67の3①）。

この場合、その資産及び負債の引継ぎにより生じた収益の額又は損失の額は、生じなかったものとみなされます（所法67の3②）。

したがって、収益受益者である長男及び元本受益者である次男に課税関係は生じません。

受益者が存しない信託の設定時及び信託期間中において、受託者が受益者に代わって課税されていることから、受益者が存在することになったときには、受益者は受託者から信託財産を帳簿価額で引き継ぐこととして、課税関係は生じないこととされています。

遺言代用信託の設定時（法人課税信託）

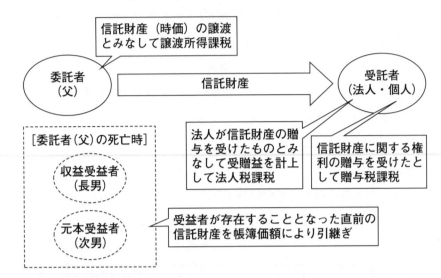

信託財産（時価）の譲渡とみなして譲渡所得課税

委託者（父）

信託財産

受託者（法人・個人）

［委託者(父)の死亡時］

収益受益者（長男）

元本受益者（次男）

法人が信託財産の贈与を受けたものとみなして受贈益を計上して法人税課税

信託財産に関する権利の贈与を受けたとして贈与税課税

受益者が存在することとなった直前の信託財産を帳簿価額により引継ぎ

ワンポイント！

遺言と遺言信託、遺言代用信託の違いとは？

1　遺言とは、自己が死亡した後の相続財産の帰属先を予め定めておくものであり、自筆や公正証書等の方式で作成します。遺言の内容により、自己の死亡後の相続財産が相続人等に承継されます。

2　遺言信託とは、遺言により信託の仕組みを設定するものであり、遺言者（委託者）の死亡時に初めて効力が生じる信託をいいます。遺言信託はあくまでも遺言によるものであり、通常の遺言と同じです。

3　遺言代用信託とは、委託者が信託契約を締結し、その信託の効力を生じさせて受託者が財産管理を行い、委託者が死亡した場合には、指定された受益者等が信託財産を引き継ぐ信託をいいます。遺言代用信託では、受益者が最終的に委託者の全部又は一部の財産を引き継ぐこととなるため、遺言と同様の効果をもたらします。

Q18 賃貸不動産を引き継ぐための信託（遺言代用信託（設定時に委託者が受益者となる信託）の場合）

Q16 のケースで遺言代用信託（設定時に委託者が受益者となる信託）の場合では課税関係はどうなりますか。

解説

1　遺言代用信託（設定時に委託者が受益者となる信託）の仕組み

委託者（父）は、受託者との間において財産（不動産）を信託して、委託者が死亡するまでの間は自己を唯一の受益者（収益受益権及び元本受益権の双方を有する受益者）として、自己の死亡後は、長男が収益受益権を取得し、次男が元本受益権を取得する旨を定めた信託契約を締結します。

信託契約の締結時に信託の効力は生じるため、信託財産は受託者に移転します。

委託者が受益者となる場合の遺言代用信託は、いわゆる自益信託であり、課税上、受益者が存在する受益者等課税信託に該当しますから、信託設定時に課税関係は生じません。

そして、委託者である父の死亡後、信託の終了までの間信託財産から生ずる収益（賃料）は収益受益者である長男が分配を受け、信託終了時に元本受益者である次男が信託財産（元本）を取得します。

2　課税関係

遺言代用信託で、信託の設定時に委託者が受益者となる場合の委託者が死亡した後の課税関係は、**Q16** の遺言信託の場合と同様です。

なお、委託者としての地位を相続した者について課税関係は生じません。

ワンポイント！　遺留分侵害額請求権について

　信託を利用して財産承継を行う遺言信託や遺言代用信託の場合、受益者は受益権を委託者から相続又は遺贈により取得したものとみなされるため、通常の遺言による相続又は遺贈と同様に遺留分侵害額請求権の対象となるとされています（民法 1046）。

　したがって、信託設計を行う際には、トラブルを防止するため、受益者以外の法定相続人の遺留分に配慮した内容とすることも必要です。

　なお、受益者連続型信託については、第 2 次受益者以降の受益者が先順位の受益者から受益権を取得する場合には、第 2 次受益者以降の受益者は、先順位の受益者からその受益権を取得するのではなく、委託者から直接に受益権を取得するものと法律構成されるため、遺留分侵害額請求権の対象とはならないと解されています。

　ただし、税務上は、第 1 次受益者が死亡したことその他の事由により適正な対価を負担せずに新たに第 2 次受益者が信託に関する権利を取得した場合には、第 1 次受益者からの贈与（又は遺贈）によって受益権を取得したものとみなされ、この取扱いは、第 2 次受益者以降の受益者についても同じとなります。

第3章 受益者連続型信託

1 受益者連続型信託の基本的な類型等

Q19 後継ぎ遺贈型の受益者連続の信託（受益者連続型信託）

後継ぎ遺贈型の受益者連続の信託について教えてください。

解説

1 後継ぎ遺贈型の受益者連続の信託の仕組み

受益者連続型信託（いわゆる後継ぎ遺贈型の受益者連続の信託）とは、受益者の死亡により、その受益者の有する受益権が消滅し、他の者が新たな受益権を取得する旨の定め（受益者の死亡により順次他の者が受益権を取得する旨の定めを含む。）のある信託をいいます（法91）。

受益者連続型信託は、その信託の効力発生時から30年経過時の受益者（下図の長男）が死亡した以後に受益権を取得した受益者（下図の次男）が死亡するまで（又はその受益権が消滅するまで）の間は、その効力を有します。

下記の図のような受益者連続型信託を設定した場合の課税関係について以下で説明します。

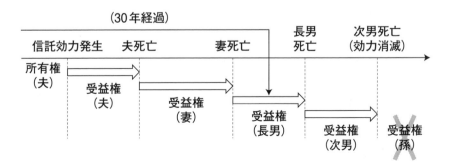

2　課税関係

(1)　信託設定時

　受益者等課税信託の場合と同様に、委託者兼受益者である夫及び受託者に課税関係は生じません。

(2)　委託者兼受益者（第1次受益者）である夫が死亡した場合

　第1次受益者である夫が死亡したことその他の事由により、適正な対価を負担せずに新たに第2次受益者（妻）が信託に関する権利を取得した場合には、直前の受益者である第1次受益者からの贈与（直前の第1次受益者の死亡に基因して第2次受益者が存することとなった場合は遺贈）によって受益権を取得したものとみなされます（相法9の2①～③）。

　なお、この取扱いは、第2次受益者以降の受益者についても同じであり、いずれも直前の受益者から贈与又は遺贈により取得したものとみなされます。

　新たに受益権を取得した第2次受益者（妻）の課税関係は、受益者等課税信託の場合と同様です。

ワンポイント！　相続税法18条《相続税額の加算》

　相続又は遺贈により財産を取得した者がその相続又は遺贈に係る被相続人の一親等の血族及び配偶者以外の者である場合において、その者に係る相続税は、相続税法17条の規定により算出した金額に20％を加算した金額とする旨規定しています。

　父親の遺産相続において、先妻の子が父親から後妻を介することなく直接財産を相続した場合には、1親等の血族であるため先妻の子が相続税の20％加算をされることはありません。

　しかし、先妻の子が後妻から遺贈により財産を取得したとみなされる場合において、後妻と先妻の子が養子縁組をしているときは1親等の血族となりますから、相続税の20％加算をされることはありませんが、後

妻と先妻の子が養子縁組をしていないときは 1 親等の姻族となり、相続税の 20％加算が適用されることになります。

Q 20　受益権に制約が付されている受益者連続型信託（受益者が個人の場合）

受益権に制約が付されている受益者連続型信託について教えてください。

解説

1　受益権に制約が付されている受益者連続型信託（受益者が個人の場合）の概要

受益者連続型信託に関する権利で、その受益者連続型信託の利益を受ける期間の制限その他その権利の価値に作用する要因としての制約がされているものについては、その制約は付されていないものとみなします（相法 9 の 3 ①）。

そして、受益者連続型信託に関する権利の価額は、その権利の全部を適正な対価を負担せずに取得した場合には、その信託財産の全部の価額とされています（相基通 9 の 3-1(1)）。

例えば、受益者連続型信託における第 2 次受益者の場合、第 1 次受益者が死亡した時点から自己が死亡するまでの間の信託財産に帰属する収益を収受する権利があるのみで、信託財産そのものを取得する権利はありません。しかし、このような経済的価値の制約については、その制約がないものとみなして課税することになります。

したがって、第 2 次受益者が適正な対価を負担せずに信託に関する権利を取得した場合には、第 1 次受益者からの遺贈によって受益権を取得したものとみなされ、その受益権の評価額は、第 1 次受益者が死亡した

時点における信託財産の全部の価額となります。同様に、第2次受益者が死亡したことにより第3次受益者が取得した受益権の評価額は、第2次受益者が死亡した時点における信託財産の全部の価額となります。

　ただし、その受益者連続型信託に関する権利を有する者が法人である場合には、この規定の適用はありません（**Q21** を参照）。

2　事例

(1)　信託の内容

　①　信託期間を30年、信託財産の価額を3億円とする受益者連続型信託を設定します。

　②　第1次受益者は信託設定時から15年間受益権を保有し、残りの15年間は、第1次受益者から受益権を取得した第2次受益者が保有します。

(2)　課税関係

　この受益者連続型信託では、第一次受益者及び第2次受益者に15年という期間の制限がついていますが、この期間の制約はないものとみなされることから、第1次受益者が保有する15年の受益権の価額は3億円のうちの1.5億円というような按分計算による評価はせず、第1次受益者が取得した受益権の価額は3億円とされます。

　したがって、第1次受益者が適正な対価を負担せずに信託の受益者となった場合には、その信託の効力が生じた時において、第1次受益者は、その受益権を委託者から贈与により取得したものとみなされ、3億円の資産の贈与を受けたものとして贈与税が課税されます。そして、15年経過後、第2次受益者が適正な対価を負担せずに第1次受益者から受益権を取得した場合には、15年の期間の制約はないものとして受益権を評価して、第1次受益者からその評価額による贈与を受けたもの

として贈与税が課税されます。

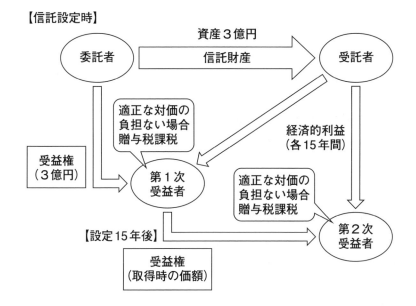

【信託設定時】

委託者 →（資産3億円 信託財産）→ 受託者

受益権（3億円）

適正な対価の負担ない場合贈与税課税

第1次受益者

経済的利益（各15年間）

適正な対価の負担ない場合贈与税課税

第2次受益者

【設定15年後】

受益権（取得時の価額）

ワンポイント！ **受益権が複層化している場合**

　受益者連続型信託において収益受益権の受益者と元本受益権の受益者が異なっている場合、つまり受益権が複層化している受益権の評価は、次のとおりです（相基通9の3-1(2)(3)）。

① 受益権が複層化された受益者連続型信託に関する収益受益権の全部を適正な対価を負担せずに取得した場合　→　信託財産の全部の価額

② 受益権が複層化された受益者連続型信託に関する元本受益権の全部を適正な対価を負担せずに取得した場合　→　零

　※　収益受益権を法人が有する場合又は収益受益権の全部若しくは一部の受益者等が存しない場合は適用されません。

　上記①及び②の受益権が複層化された受益者連続型信託の元本受益権は、価値を有しないとみなされることから、相続税又は贈与税の課税関

係は生じません。

　ただし、受益者連続型信託の終了した場合において、その元本受益者が残余財産を取得したときは贈与又は遺贈により取得したものとみなされます。

Q 21　受益者連続型信託の受益者が法人である場合

受益者連続型信託の受益者が法人である場合はどうなりますか。

解説

1　受益者が法人である場合

　受益者連続型信託に関する権利で、その受益者連続型信託の利益を受ける期間の制限その他その権利の価値に作用する要因としての制約がされているものについては、その制約は付されていないものとみなしますが、その受益者（受益権が複層化している場合には収益受益権を有する者）が法人の場合には適用されません（相法9の3①ただし書）。

　したがって、受益権が複層化した受益者連続型信託において、収益受益者が法人、元本受益者が個人であるときは、通常（受益者連続型信託以外の信託）どおり、収益受益権と元本受益権を評価します。

2　元本受益権及び収益受益権の評価方法

　元本受益権及び収益受益権の受益者が異なる場合の評価方法は次のとおりです（評基通202(3)）。

　①　収益受益権の評価額

　　　＝　課税時期の現況において推算した受益者が将来受けるべき利益の価額ごとに課税時期からそれぞれの受益の時期までの期間に応ずる基準年利率による複利現価率を乗じて計算した金額の

合計額

②　元本受益権の評価額

　　＝　課税時期における信託財産の価額　－　①の評価額

3　事例

(1)　信託の内容

①　評価額 3 億円の資産を信託財産とする受益者連続型信託を設定し、第 1 次収益受益者、第 1 次元本受益者をいずれも個人とします。

②　第 2 次収益受益者を法人、第 2 次元本受益者を個人とします。

③　第 1 次収益受益者（個人）から第 2 次収益受益者（法人）に収益受益権が移転し、第 1 次元本受益者（個人）から第 2 次元本受益者（個人）に元本受益権が移転します。

(2)　課税関係

①　第 1 次収益受益者（個人）

　　受益権が複層化している場合の受益者連続型信託の収益受益権の全部を適正な対価を負担せずに取得したときにおける収益受益権の評価額は、信託財産の全部の価額となりますから、評価額は 3 億円となります（相基通 9 の 3-1(2)）。

　　したがって、贈与税又は相続税の課税関係が生じます。

②　第 1 次元本受益者（個人）

　　受益権が複層化している場合の受益者連続型信託の元本受益権の全部を適正な対価を負担せずに取得したときにおける元本受益権の評価額は、「零」となります（相基通 9 の 3-1(3)）。

　　したがって、課税関係は生じません。

③　第2次収益受益者（法人）

　受益権が複層化した受益者連続型信託において収益受益者が法人、元本受益者が個人であるときは、通常（受益者連続型信託以外の信託）どおり、収益受益権と元本受益権を評価します。

　したがって、適正な対価を負担せずに第1次収益受益者（個人）から第2次収益受益者（法人）が取得したときにおける収益受益権の評価額は、次のとおりとなり、第2次受益者である法人に受贈益が生じます（評基通202(3)ロ）。

　・第2次収益受益権の評価額

　　＝　課税時期の現況において推算した受益者が将来受けるべき利益の価額ごとに課税時期からそれぞれの受益の時期までの期間に応ずる基準年利率による複利現価率を乗じて計算した金額の合計額

④　第2次元本受益者（個人）

　受益権が複層化した受益者連続型信託において、収益受益者が法人、元本受益者が個人であるときは、通常（受益者連続型信託以外の信託）どおり、収益受益権と元本受益権を評価します。

　したがって、第2次収益受益者が法人、第2次元本受益者が個人である受益者連続型信託においても、通常どおり、元本受益権を評価することになりますから、第2次元本受益者が適正な対価を負担せずに第2次元本受益権を取得したときにおける評価額は、次のとおりとなり、贈与税又は相続税の課税関係が生じます（評基通202(3)イ）。

　・第2次元本受益権の評価額

　　＝　評価時における信託財産の価額　－　第2次収益受益権の評価額（上記③の価額）

Q 22　受益権が複層化された受益者連続型信託の元本受益者が法人である場合のその法人の株式の相続税評価額

受益権が複層化された受益者連続型信託の元本受益者が法人である場合のその法人の株式の相続税評価額はどうなりますか。

解説

1　概要

受益権が複層化された受益者連続型信託で、個人がその収益受益権の全部又は一部を有し、法人（その収益受益権を有する個人がその法人の株式（又は出資）を有する場合に限る。）がその元本受益権の全部又は一部を有している場合において、その個人の死亡に基因して、その個人からその法人の株式を相続又は遺贈により取得した者の相続税の課税価額の計算に当たっては、財産評価基本通達185《純資産価額》の計算上、その法人の有するその受益者連続型信託に関する元本受益権（その死亡した個人が有していた受益者連続型信託に関する収益受益権に対応する部分に限る。）の価額は、「零」として取り扱われます（相基通9の3-2）。

2　相続税法基本通達9の3-2の趣旨

例えば、被相続人である個人がその収益受益権の全部を、法人がその元本受益権の全部をそれぞれ有しており、かつ、その被相続人がその法人の株式（出資を含む。）を有している場合において、被相続人の相続税の課税価格の計算に当たり、法人の株式の評価額にはその元本受益権の価額が算入されることになるが、受益権が複層化された受益者連続型信託については、原則として収益受益者が受益権のすべてを有しているものとみなすこととしている（相法9の3①）ため、その元本受益権の価額は収益受益権の価額に折込済みであることから、二重課税が生じるこ

とになります。

　そのため、このような場合における元本受益権を有する法人の株式の評価に当たっては、法人の有する元本受益権の価額を「零」とすることとしたものです。

3　事例

(1)　前提

　①　被相続人であるX社の先代社長Aが受益者連続型信託の収益受益権の全部とX社の株式の100％を保有し、X社はその元本受益権の全部を保有しています。

　②　X社の先代社長Aの死亡により、X社の現社長Bは、受益者連続型信託の収益受益権の全部とX社の株式50％を相続し、現社長の姉CはX社の株式50％を相続しました。

　③　受益者連続型信託の信託財産の全部の価額は10億円、X社が保有する資産は10億円、負債は4億円とします。

(2)　現社長Bの相続財産の計算

　被相続人であるX社の先代社長Aが受益者連続型信託の収益受益権の全部を保有し、X社がその元本受益権の全部を保有しており、かつ、AがX社の株式を100％保有している場合、X社の株式の評価に当たっては、同社が保有する元本受益権の評価額は「零」となるため、X社の株式の全体の評価額は6億円（10億円－4億円）となります。

　その結果、X社の現社長Bが保有するX社の株式は全体の50％であるので、Bの相続財産は、収益受益権の10億円とX社の株式3億円（6億円×50％）となります。

(3)　現社長Bの姉Cの相続財産の計算

　現社長Bの姉Cの相続財産はX社の株式の全体の50％です。そし

て、Cは収益受益権を相続していませんから、Cの相続財産はX社の株式3億円（6億円×50%）となります。

Q 23　受益者連続型信託の信託終了時における課税関係
受益者連続型信託の信託終了時における課税関係を教えてください。

解説

1　委託者及び受託者

受益者連続型信託の終了時における委託者及び受託者については、受益者等課税信託と同様に原則的な取扱いとなり、課税関係は生じません。

2　受益者

(1)　受益権が複層化していない場合

受益者連続型信託において、第1次受益者が死亡したことその他の事由により、適正な対価を負担せずに新たに第2次受益者が信託に関する権利を取得した場合には、直前の受益者である第1次受益者からの贈与（直前の第1次受益者の死亡に基因して第2次受益者が存することとなった場合は遺贈）によって受益権を取得したものとみなされます（相法9の2②）。

この第2次受益者が残余財産受益者である場合には、第2次受益者は信託に関する権利を第1次受益者から贈与又は遺贈によって取得したものとみなして課税されているため、信託の終了時に課税されることはありません。

これに対して、信託に帰属権利者の定めがある場合には、残余財産が第2次受益者から帰属権利者に移転するため、その残余財産が譲渡所得

の基因となる資産であるときは、信託の終了時に第2次受益者に譲渡所得の課税関係が生じます（第2次受益者が個人の場合）。

　また、帰属権利者が適正な対価を負担せずに残余財産を取得した場合には、帰属権利者は残余財産を贈与（受益者の死亡に基因して信託が終了した場合には、遺贈）により取得したものとみなされます（相法9の2④）。

　なお、この取扱いは、第2次受益者以降の受益者についても同じです。

(2)　受益権が複層化している場合

　受益権が複層化された受益者連続型信託の元本受益権は価値を有しないとみなされることから、元本受益権を取得したとしても相続税又は贈与税の課税関係は生じないのですが、その受益者連続型信託が終了した場合において、その元本受益権を有する者が残余財産を取得したときは、相続税法9条の2第4項の規定の適用があると定めています（相基通9の3-1(3)、(注)）。

　したがって、受益権が複層化した受益者連続型信託が終了し、元本受益権を有する者が適正な対価を負担せずに残余財産を取得した場合には、その終了直前の収益受益者から残余財産を贈与（又は遺贈）により取得したものとして贈与税（又は相続税）が課税されることになります（相法9の2④）。

2　受益者連続型信託の活用事例

Q24　子のいない夫婦の夫が妻の相続を指定する信託

　子供がいない夫婦の夫は、預貯金・有価証券などの金融資産を保有しています。夫は、自分の死後、妻が生活に困らないようにするため、そのす

べての財産を妻に相続させたいと考えていますが、夫には兄弟がいるため、妻が亡くなった後は、妻が費消した夫の残りの財産を兄弟に遺したいと考えています。

　夫は、金融資産を信託し、自分が生きている間は自分を受益者（自益信託）とし、夫の死後は妻を受益者、妻の死後は夫の兄と弟を受益者とする信託契約を締結しました。

　このような信託を設定した場合の課税関係を教えてください。

解説

　子供がいない夫婦の場合、例えば、夫の遺言により妻がその全財産を相続した結果、妻の相続ではその財産は妻の法定相続人である親や兄弟姉妹などに相続されることが多くあります（その反対も同様です。）。

　また、遺言書がない場合の夫の相続において、妻と夫の親が相続人であるときは妻が3分の2を、夫の親が3分の1を法定相続することになり、妻と夫の兄弟姉妹が相続人であるときは妻が4分の3を、兄弟姉妹が4分の1を法定相続することになります。

　ところで、夫の財産を相続した妻が死亡した場合に、妻が遺言書を作成していないときにはその全財産が妻の親又は兄弟等に相続され、夫の親又は兄弟等は相続することができません。そのため、夫が生前妻に対し、妻の相続において夫の財産を夫の兄弟に相続させるように遺言書の作成を要請していたとしても法的な拘束力はありません。

　そこで、受益者連続型信託を活用することにより、信託された財産については、委託者（この場合は夫）はその信託の効力発生時から30年経過した時以後に受益権を取得する受益者までを指定することが可能となります。

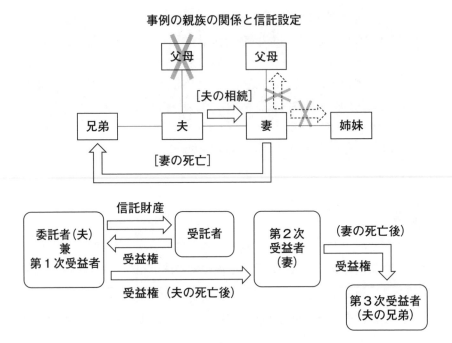

1　課税関係

(1)　信託設定時

　委託者は自己が所有する資産を信託し、その収益を受益者として受け取るため、課税上資産の移転はないことから、課税関係は生じません（所基通13-5）。

(2)　夫の死亡時

　受益者等の存する信託について、適正な対価を負担せずに新たにその信託の受益者等が存するに至った場合には、その受益者等が存するに至った時において、その信託の受益者等となる者は、その信託に関する権利をその信託の受益者等であった者から贈与（又は遺贈）により取得したものとみなされます（相法9の2②）。

　夫の死亡に基因して妻が受益者となるので、妻は受益権を遺贈により

取得したものとみなされますが、事例の場合、妻は、信託財産である金融資産を取得したものとみなされるので相続税が課税されることになります（相法 9 の 2 ⑥）。

(3)　妻の死亡時

夫の兄弟は、妻の死亡に基因して受益者となるので、妻から信託財産を遺贈により取得したものとみなされ、相続税が課税されます。

この場合の兄弟の相続税の計算に当たっては、相続税額の 2 割加算が適用されます（相法 18 ①）。

2　遺言等の場合との相違点

夫が事例のような受益者連続型信託を設定した場合と、遺言により被相続人の妻に資産を移転し、妻の遺言により被相続人の兄弟に資産を引き継がせるという場合を比較すると、いずれの場合も、資産が妻に移転するときに相続税が課税され、また、妻から夫の兄弟に資産が移転するときに相続税が課税されるので、特に課税上のメリットがあるというわけではありません。

しかし、受益者連続型信託を設定することによって、夫の資産を夫の死亡後に妻へ移転し、その妻の死亡後は夫の兄弟へ移転させたいという夫の希望を確実に実現させることができます。

Q 25　遺言により再婚者が後妻の相続を指定する信託

Ａは賃貸不動産を所有しています。自分の死後は、再婚した妻Ｂの生活のためその収益を与えたいと考えていますが、妻Ｂが死亡した後は先妻（死別）との間の子Ｃに賃貸不動産を取得させたいと考えています。

Ａは、遺言により、賃貸不動産を信託財産とし、自分の死後は、妻Ｂを第 1 次受益者、妻Ｂの死後は子Ｃを第 2 次受益者とする信託を設定しました。

> このような信託を設定した場合の課税関係を教えてください。

解説

　再婚した夫婦に子がいないため、夫が妻の死亡した後に先妻の子に自己の資産を引き継がせたいという場合、通常では、生前に夫が妻に対し、妻の相続において先妻の子に資産を引き継ぐように遺言書を作成してもらう必要がありますが、それは妻の意思次第であり、必ずしも夫の希望通りになるわけではありません。

　このようなケースでも受益者連続型信託を活用すると、夫から妻に相続された資産（受益権）を先妻の子に確実に引き継がせることができます。

　ただし、先妻の子に引き継がせることができる資産は、妻の全財産ではなく、あくまでも信託により夫から妻に遺贈された資産（受益権）となります。

《事例の親族の関係と信託設定》

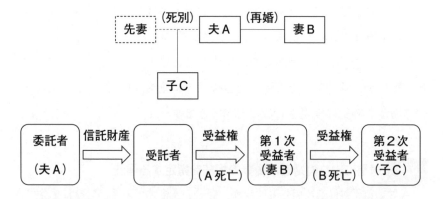

1　課税関係

⑴　信託設定時（夫Aの死亡時）

　夫Aの死亡により信託の効力が生じ、妻Bは適正な対価を負担せず

に受益権を取得して受益者となっていることから、BはAから受益権の遺贈を受けたものとみなされます（相法9の2①）。

したがって、妻Bは、信託財産である賃貸不動産を取得したものとみなされるので相続税が課税されることになります（相法9の2⑥）。

(2)　妻Bの死亡時

妻Bの死亡時に、先妻の子Cは、Bの死亡に基因して適正な対価を負担せずにBから受益権を取得していることから、CはBから受益権の遺贈を受けたものとみなされます（相法9の2①）。

したがって、先妻の子Cは、信託財産である賃貸不動産を取得したものとみなされるので相続税が課税されることになります（相法9の2⑥）。

なお、先妻の子Cが妻Bの養子になっているときは1親等の血族となるので相続税の2割加算は適用されませんが、そうでない場合には、相続税の2割加算が適用されます（相法18①）。

2　遺言等の場合との相違点

この事例の場合においても、前述の事例「子のいない夫婦の夫が妻の相続を指定する信託」（**Q24**）の場合と同様に、相続税の課税上、特にメリットがあるというわけではありません。

しかし、受益者連続型信託を設定することによって、夫は、その所有する賃貸不動産について、自己の死亡後は妻へ移転させて妻の生活を保障することができ、また、妻の死亡後は先妻の子へ移転させたいという希望を確実に実現させることができます。

Q 26　障害のある子の生活を保障する信託

Aには、妻と二人の子（長男と長女）がいますが、長男には障害があり、現在はA夫婦が面倒を見ています。

　Ａは、居住用不動産と預貯金を信託財産として、自分が死亡した後に妻を第１次受益者、妻が死亡した後は障害のある長男を第２次受益者とする信託を設定することとしました。

　長女は、信託の受託者として、高齢の妻の信託財産を管理し、また、妻が死亡した後は長男が引き継いだ信託財産の管理を継続していくこととしています。

　長男の死亡により信託は終了し、信託財産のすべてを残余財産帰属者である長女が取得します。

　このような信託を設定した場合の課税関係を教えてください。

解説

　障害のある子を持つ親にとって特に問題となるのは、両親の死亡後におけるその子の生活をどのように保障することができるかということです。

　親が存命であっても高齢になれば、認知症による意思判断能力が失われてしまう可能性もあり、その場合には、資産の管理・処分等が困難となり、障害のある子の生活の面倒もままならなくなります。また、親が死亡した後、障害のある子が不動産や金融資産を相続したとしても、自分でその運用や管理ができないことから、成年後見人の選任が必要となります。しかし、成年後見人に不動産や預貯金等の財産の管理はしてもらえますが、ともすると画一的な管理になりがちであるという問題も生じます。

　このような場合に、受益者連続型信託を活用することにより、財産の管理は受託者に任せて、障害のある子を受益者としてその生活の保障を確保することができます。

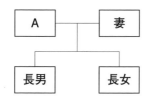

事例の親族の関係と信託設定

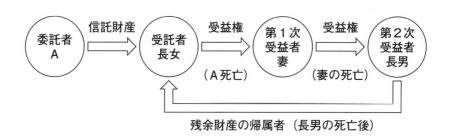

1　課税関係

(1)　信託設定時（Aの死亡時）

　Aの死亡により信託の効力が生じ、妻は適正な対価を負担せずに受益権を取得して受益者となることから、妻はAから受益権の遺贈を受けたものとみなされます（相法9の2①）。

　したがって、妻は、信託財産である居住用不動産と預貯金を遺贈により取得したものとみなされるので相続税が課税されることになります（相法9の2⑥）。

　なお、居住用不動産に係る「小規模宅地等の特例」の適用については、相続した場合と同様です。

(2)　妻の死亡時

　妻の死亡時に、長男は妻の死亡に基因して適正な対価を負担せずに妻から受益権を取得していることから、長男は妻から受益権の遺贈を受け

たものとみなされます（相法9の2①）。

　したがって、長男は、信託財産である居住用不動産と預貯金を遺贈により取得したものとみなされるので相続税が課税されることになります（相法9の2⑥）。

　なお、居住用不動産に係る「小規模宅地等の特例」の適用については、相続した場合と同様です。

⑶　信託の終了時（長男の死亡時）

　受益者等が存する信託が終了した場合において、適正な対価を負担せずにその信託の残余財産の給付を受けるべき、又は帰属すべき者となる者があるときは、その給付を受けるべき又は帰属すべき者となった時において、その残余財産の給付を受けるべき、又は帰属すべき者となった者は、その信託の残余財産をその信託の受益者等から贈与（その受益者等の死亡に基因してその信託が終了した場合は、遺贈）により取得したものとみなすと規定されています（相法9の2④）。

　長男の死亡により信託は終了し、長女は残余財産帰属者であるので、残余財産である居住用不動産と預貯金を長男から遺贈により取得したものとみなされ、相続税が課税されます。

　なお、長女の場合、1親等の血族ではない（2親等）ため、相続税の計算において相続税の2割加算が適用されます（相法18①）。

2　通常の相続との相違点

　この信託は受益者連続型信託ですが、通常の相続により妻に資産が移転し、さらに、妻から長男に資産が移転するという場合と比較すると、いずれの場合にも、妻に資産が移転するときに妻に相続税が課され、妻から長男に資産が移転するときに長男に相続税が課税されるので、相続税の負担という面では同じです。

　しかし、長男が相続により居住用不動産や預貯金を取得したとして
も、長男には適切な管理・処分等ができない可能性があります。一方、
受益者連続型信託を利用すると、財産の管理を受託者である長女に任せ
ることにより、必要な金銭を定期的に渡せるなど経済的な面からも長男
の生活の面倒を見ることができます。

　また、長男が死亡した後の財産の処分について、長男にその意思決定
能力がない場合でも、長男の面倒を見た長女に残余財産を取得させるこ
とができるメリットがあります。

3　その他の活用事例

Q 27　夫死亡後の妻の生活を保障する信託

　主に夫が所有する賃貸用不動産から生じる収益によって生活する夫婦に
おいて、夫は、自分が死亡した後も、その賃貸用不動産の収益により妻の
生活を保障したいと考えて、信託を設定することとします。以下のような
信託を設定した場合の課税関係を教えてください。
ケース1：
　　賃貸用不動産を信託財産とし、夫の死後、収益受益権を妻に、元本受
　益権を子供に移転させ、妻が死亡後は、収益受益権を子に移転させる受
　益者連続型信託を設定する。
ケース2：
　　賃貸用不動産を信託財産とし、夫の死後、収益受益権を妻に、元本受
　益権を子に移転させ、妻が死亡後に信託が終了する受益者等課税信託を
　設定する。

解説

　不動産の財産承継については、①相続人の間で所有権の持分共有とい

う形式にすると、その管理・処分等に共有者の合意が難しく支障を来たすことがあること、②代々承継することにより細分化の可能性があること、③共有持分のある不動産は第三者への譲渡がしにくいなどの問題が生じます。

このような場合に、信託を活用して受益権を分割する形式で不動産を承継することにすれば、不動産に関する意思決定権は受託者に任せて、財産の経済的価値を分割することが可能となります。

また、受益権の相続であっても信託財産の相続とみなされるため、不動産の評価や小規模宅地等の特例等についても、通常の相続と同様に適用されます。

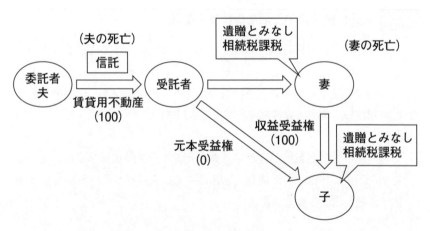

ケース1の信託

ケース2の信託

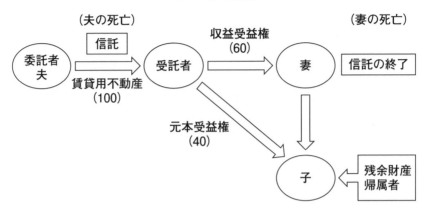

1　課税関係

⑴　ケース1の信託（受益者連続型信託）の場合

①　信託設定時（夫の死亡時）

　受益者連続型信託に関する権利を受益者が適正な対価を負担せずに取得した場合において、その受益者連続型信託に関する権利（異なる受益者が性質の異なる受益者連続型信託に係る権利をそれぞれ有している場合にあっては、収益に関する権利が含まれるものに限る。）でその受益者連続型信託の利益を受ける期間の制限その他のその受益者連続型信託に関する権利の価値に作用する要因としての制約が付されているものについては、その制約が付されていないものとみなされます（相法9の3①）。

　また、受益者連続型信託で、かつ、受益権が複層化された信託に関する収益受益権の全部を適正な対価を負担せずに取得した場合の信託に関する権利の価額は信託財産の全部の価額となり、受益者連続型信託で、かつ、受益権が複層化された信託に関する元本受益権の全部を適正な対価を負担せずに取得した場合の信託に関する権利の価額は

「零」となると定められています（相基通9の3-1）。

　ケース1の信託では、この信託の受益権は、妻が取得する収益受益権と長男が取得する元本受益権に分割されていますが、妻の収益受益権については、妻の死亡までという期間の制限は付されていないものとみなされ、その価額は信託財産である賃貸不動産の全部の価額となり、また、長男の元本受益権の価額は「零」と評価されます。

　したがって、信託の設定時である夫の死亡時において、妻は適正な対価を負担せずに受益者となっていることから、妻は夫から収益受益権を遺贈により取得したものとみなされ、相続税が課税されます（相法9の2⑥）。

　長男が取得した元本受益権の価額は「零」と評価されるため、長男に課税は生じません。

② 妻の死亡時

　受益者等の存する信託について、適正な対価を負担せずに新たにその信託の受益者等が存するに至った場合には、その受益者等が存するに至った時において、その信託の受益者等となる者は、その信託に関する権利をその信託の受益者等であった者から贈与（その受益者等の死亡に基因して受益者等が存するに至った場合には、遺贈）により取得したものとみなすと規定されています（相法9の2②）。

　長男は、妻の死亡に基因して収益受益者になるので、収益受益権を妻から遺贈により取得したものとみなされます。そして、長男が取得したその収益受益権の価額は、信託設定時（夫の死亡時）に妻が取得した収益受益権の価額と同様、信託財産である賃貸用不動産の全部の価額となります。

(2)　ケース2の信託（一般の信託）の場合

①　信託設定時（夫の死亡時）

　ケース2の信託では、信託の受益権は、妻が取得する収益受益権と子が取得する元本受益権に分割されていますが、相続税法9条の3第1項及び相続税法基本通達9の3-1の適用はなく、通常（受益者連続型信託以外の信託）どおり、収益受益権と元本受益権をそれぞれ評価することになります（評基達202(3)）。

〈元本受益権及び収益受益権の評価方法〉

　①　収益受益権の評価額

　　＝　評価時点における収益受益者が将来受け取る各年の利益の価額の合計額

　②　元本受益権の評価額

　　＝　評価時点における信託財産の価額　－　収益受益権の評価額

　したがって、信託設定時（夫の死亡時）に、妻はその収益受益権の価額相当額を遺贈により、その子は元本受益権の価額相当額を遺贈によりそれぞれ取得したものとみなされて、相続税が課税されます（相法9の2①⑥）。

②　信託終了時（妻の死亡時）

　信託終了時（妻の死亡時）には、まず、元本受益者である子は信託元本（賃貸用不動産）を取得し、その後にさらに残余財産がある場合には残余財産帰属者又は帰属権利者が取得することになります。

2　2つの信託の相違点

　受益権が複層化している受益者連続型信託（ケース1の信託）で個人が収益受益権を有する場合は、収益受益権の価額は信託財産の全部の価

額とされ、元本受益権は「零」と評価されます（相法9の3①、相基通9の3-1）。

　その結果、信託設定（夫の死亡）により元本受益権を取得した子には課税が生じませんが、妻が取得した収益受益権の価額は信託財産の全部の価額と評価されて相続税が課税されます。さらに、妻の死亡により、子は収益受益権を取得しますが、この場合にも、その収益受益権の価額は信託財産の全部の価額と評価されて相続税が課税されることとなります。

　一方、受益者連続型信託以外の信託（ケース2の信託）では、信託の設定（夫の死亡）により、妻が取得した収益受益権の価額は信託財産の全部の価額ではなく通常どおり評価した価額として、また、子が取得した元本受益権は信託財産の価額から収益受益権の評価額を控除した価額として、妻及び子に対してそれぞれ相続税が課税されます。

　したがって、妻の死亡後に特に信託の継続を望まないのであれば、受益権の複層化した一般の信託を利用した方が税負担が軽減することになります。

Q 28　親族等に特定の資産を承継させたい場合の信託

　夫は、年金と賃貸用不動産からの収益により妻と2人で生活をしていますが、自分の死後は、賃貸用不動産からの収益を妻の生活費に充てるため、賃貸用不動産は妻に取得させて、妻の死後は、3人の子のうち夫婦と同居する長男に取得させたいと考えています。

　しかし、夫は、妻が長男の妻と折り合いが悪いため、賃貸用不動産を妻に相続させた場合には、長男以外の2人の子に賃貸用不動産を取得させるのではないかという不安があります。

　そこで、夫が、賃貸用不動産を信託財産として、自分の死後は妻を受益

者とし、妻の死後は長男を受益者とする受益者連続型信託を遺言により設定した場合、課税関係はどうなりますか。

解説

　親族等に特定の資産を承継させたいときや親族等の生活を保障したいときには、ご質問の賃貸用不動産を信託財産とする①受益者連続型信託を設定する方法のほか、②受益権が複層化した一般の信託を設定する方法と、③負担付遺贈による方法が考えられます。

1　受益者連続型信託

(1)　課税関係

①　信託設定時（夫の死亡時）

　委託者である夫の死亡により信託の効力が生じ、妻は適正な対価を負担せずに受益権を取得して受益者となっていることから、妻は夫から受益権の遺贈を受けたものとみなされます（相法9の2①）。

　したがって、妻は、信託財産である賃貸用不動産を遺贈により取得したものとみなされるので相続税が課税されることになります（相法9の2⑥）。

②　妻の死亡時

　妻の死亡により長男は適正な対価を負担せずに受益権を取得して受益者となっていることから、長男は妻から受益権の遺贈を受けたものとみなされます（相法9の2②）。

　したがって、長男は、信託財産である賃貸用不動産を遺贈により取得したものとみなされるので相続税が課税されることになります（相法9の2⑥）。

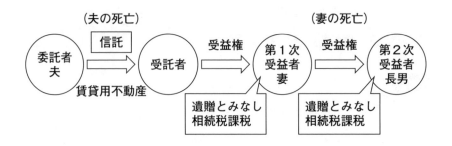

(2)　通常の相続との相違点

　受益者連続型信託を利用した場合、委託者である夫の死亡時と妻の死亡時の合わせて2回相続税の課税が生じます。これは、信託を利用せずに賃貸用不動産を夫から妻へ、妻から長男へと相続した場合でも同様に相続税が課税されるので、受益者連続型信託を利用したからといって相続税が軽減されるわけではありません。

　しかし、受益者連続型信託を利用することによって、夫の死後、妻の意向にかかわらず、確実に賃貸用不動産を長男に引き継がせたいという夫の希望を叶えることが可能になります。

　なお、賃貸用不動産を長男が引き継ぐことによって、他の2人の子に対する遺留分の問題が発生することは通常の相続の場合と同じです。

〈通常の相続〉

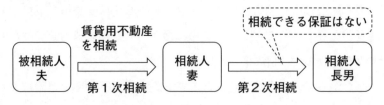

2　受益権が複層化した一般の信託

　受益者連続型信託以外の一般的な信託においても、信託財産である賃

貸用不動産の受益権を複層化して、収益受益権を妻に、元本受益権を長男に取得させることによって、妻の生活を保障することができます。そして、妻の死亡により信託を終了させることにすれば、長男が賃貸用不動産を取得することになります（**Q27**ケース2）。

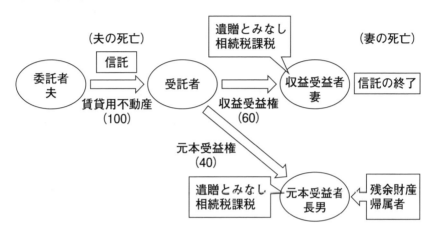

(1)　課税関係

　信託の受益権は、妻が取得する収益受益権と長男が取得する元本受益権に分割されていますが、相続税法9条の3第1項及び相続税法基本通達9の3-1の適用はなく、通常（受益者連続型信託以外の信託）どおり、収益受益権と元本受益権をそれぞれ評価することになります（評基通202(3)）。

　したがって、信託設定時（夫の死亡時）に、妻はその収益受益権の価額相当額を遺贈により、長男は元本受益権の価額相当額を遺贈によりそれぞれ取得したものとみなされて、相続税が課税されます（相法9の2①⑥）。

(2)　受益者連続型信託との相違点

　受益者連続型信託を利用した場合、夫の死亡時と妻の死亡時の合わせ

て2回相続税の課税が生じます。

　しかし、受益権が複層化した一般の信託では、収益受益権を妻に、元本受益権を長男に取得させることによって、妻の生活を保障することができるとともに、妻の死亡により信託を終了させることにすれば相続税が軽減されることになります。

3　負担付遺贈による場合

　賃貸用不動産からの収益を妻の生活費を充てることにより、夫の死後、妻の生活を保障したいという場合、負担付遺贈でも信託と同様の効果を得ることができます。

　負担付遺贈とは、ある人に財産を与えるとともに一定の負担を負わせる内容の遺贈をいいます。

　事例では、遺言により長男に賃貸用不動産を相続させる代わりに、妻の存命中は妻に対し賃貸用不動産からの収益を給付させる義務を負わせることになります。

〈負担付遺贈〉

(1)　課税関係

　①　夫の死亡時

　　妻は、その存命中は賃貸用不動産からの収益の給付を受ける権利を相続した者として相続税が課税されます。

　長男は、負担付遺贈により取得した賃貸用不動産の価額から母に対する債務（賃貸用不動産からの収益の給付）を控除した後の価額に対して相続税が課税されます。

② 妻の死亡時

　妻の有する賃貸用不動産の収益の受給権は妻の死亡と同時に消滅することから、この権利以外に相続財産がなければ相続税は課税されません。

(2)　負担付遺贈と信託との相違点

　負担付遺贈の場合には、夫の相続開始時に、夫の財産の全部に対して相続税が課税されますが、妻の相続時に相続税が課されず、相続税の課税は 1 回で終わります。受益者連続型信託を利用した場合には、夫の死亡時に夫の財産の全部に対して相続税が課税され、妻の死亡時に、妻が夫から相続した財産の全部に対して相続税が課税されるため、相続税の課税が 2 回発生することになりますから、税負担に関しては負担付遺贈の方が軽減されます。

　しかし、負担付遺贈の場合には、長男が確実に母に対する賃貸用不動産からの収益の給付を行う保証はありませんが、信託であれば、受託者から妻へ確実にその収益の給付が行われます。

　したがって、ある特定の者に一定の収益を保障したい場合には、受益者連続型信託を利用するよりも受益権が複層化した一般の信託又は負担付贈与を利用した方が相続税の負担を軽減することとなり、また、収益の給付を保証できるという点においては、負担付遺贈よりも、受益権を複層化した一般の信託の方が確実ということができます。

Q 29　事業承継（自己の直系血族に会社経営を代々承継させる場合）

　非上場会社の創業者兼代表取締役である父Aは、高齢のため長男Bに代表取締役を譲ることが決まっています。その後は、長男には子がいないため、次男の子Cが代表取締役を務めることで親族間の了承を得ています。

　そこで、Aは自分が所有している非上場会社の株式を信託財産とする信託を設定して、代表取締役が交代する際に、新たな代表取締役がその信託の受益権を就任と同時に取得するという信託契約を締結しました。課税関係はどうなりますか。

解説

　非上場会社では、株の所有者と会社の経営者が一致しているため、経営者は自己の判断により会社経営を行うことができますが、経営者でない者が多くの株式を所有することになる場合には、会社経営に支障を来たすことにもなりかねないことから、会社経営を担う後継者に確実に株式を承継させる必要があります。

　現在の経営者が次の後継者に株式を直接所有させるという方法（贈与又は相続）の場合には、その意思は次の後継者までであり、そのため、将来は経営者以外の者に株式が分散してしまうおそれがあります。そこで、いわゆる後継ぎ遺贈型の受益者連続信託を利用することによって、現在の経営者の意思に基づき受益者を代々の経営者として承継させていくことが可能となります。

　ただし、後継ぎ遺贈型の受益者連続型信託の場合、その信託の効力の有効期間は、効力発生時から30年経過した時以後に受益権を取得した受益者が死亡するまで（又はその受益権が消滅するまで）の間となります（Q 19参照）。

〈親族の関係図と信託〉

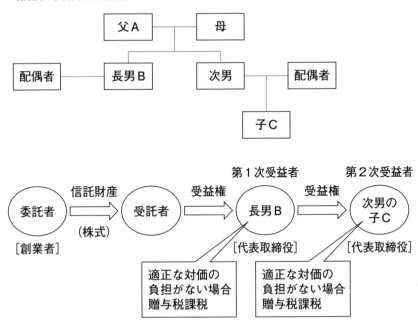

1　課税関係

長男Bは、代表取締役に就任した時に受益権を取得して第1次受益者となりますが、その際に適正な対価を負担しなかった場合には、父からの贈与により信託に関する権利を取得したものとして贈与税が課税されます（相法9の2①⑥）。

第2次受益者である次男の子Cは、代表取締役に就任した時に受益権を取得することになるので、その際に適正な対価を負担しなかった場合には、直前の受益者である長男から贈与により信託に関する権利を取得したものとみなされて贈与税が課税されます。

2　通常の相続の場合との比較

　贈与税は相続税と比較して一般的に負担が重いため、税負担の面から考えるとメリットがないように思われます。

　しかし、事例のようなケースでは、創業者一族内での相続争いを未然に防ぐことや安定した会社経営を行うことができるという点では信託を利用する価値があると考えます。

第４章　受益者等が存しない信託

1　法人課税信託における「受益者等が存しない信託」

Q 30 法人課税信託における「受益者等が存しない信託」の概要

法人課税信託における「受益者等が存しない信託」について教えてください。

解説

1　税法上の「受益者等が存しない信託」

信託は、税法上の取扱いから、受益者等課税信託、法人課税信託及びそれ以外の信託に分類されますが、受益者（みなし受益者を含む。）が存しない信託は法人課税信託に該当します（所法２①八の三、13①、法法２二十九の二ロ、12①）。

ところで、税法上、信託の受益者とは、信託法上の受益者であることに加え、受益者としての権利を現に有するものに限ることとされ、また、信託の変更をする権限（軽微な変更をする権限として政令で定めるものを除く。）を有し、かつ、その信託の信託財産の給付を受けることとされている者（受益者を除く。）は、受益者とみなします（所法13①②、法法12①②、相法９の２①⑤）。

したがって、法人課税信託における「受益者等が存しない信託」とは、次の要件を満たす信託をいいます。

① 信託法上の受益者が存在しない信託

② 信託法上の受益者は存在するが、受益者としての権利を現に有するものが存せず、信託の変更をする権限（軽微な変更をする権限

として政令で定めるもの^(注)を除く。）を有し、かつ、その信託の信託
財産の給付を受けることとされている者（受益者を除く。）が存在し
ない信託

(注)　「軽微な変更をする権限として政令で定めるもの」とは、信託の目的に反
　　しないことが明らかな場合に限り信託の変更ができる権限をいいます。
　　　また、信託を変更する権限には、他の者との合意により信託の変更をす
　　ることができる権限が含まれます（所令52①②、法令15①②、相令１の７
　　①②）。
　　　なお、所得税法及び法人税法にいう「みなし受益者」は、相続税法では
　　「特定委託者」といいます。

２　信託法上の「受益者が存しない信託」

　税法上の「受益者等が存しない信託」と、信託法上の「受益者が存し
ない信託」とは必ずしも一致しません。

　税法上の「受益者」とは、信託法上の受益者であることに加え、受益
者としての権利を現に有するものであることが必要とされています。ま
た、信託の変更をする権限（軽微な変更をする権限を除く。）を有し、か
つ、その信託の信託財産の給付を受けることとされている者（受益者を
除く。）であるみなし受益者（特定委託者）についても「受益者」とされ
ます。

　これに対し、信託法上の「受益者が存しない信託」には、次の２つの
類型があります。

①　信託行為において受益者の定め（受益者を定める方法の定めを含
　む。）のない信託は、将来的に受益者が生じることが想定されてい
　ないため、信託契約等に受益者の定め（受益者を定める方法の定めを
　含む。）が設けられていない信託であり、公益信託と公益信託以外
　の目的信託があります。

② 　信託行為において受益者の定め又は受益者を定める方法の定めは
あるものの現時点においては受益者が存在しない信託、又は将来的
には受益者が存在することが予定されているものの現時点において
は受益者が存在しない信託です。

※ 　第 1 編第 8 章「5 　目的信託」「7 　受益者指定権等の定めのある信託」「8 　
遺言代用信託」を参照。

Q 31　法人課税信託における「受益者等が存しない信託」の課税関係

法人課税信託における「受益者等が存しない信託」の課税関係について
教えてください。

解説

1　基本的な考え方

受益者等が存しない信託の課税関係についての基本的な考え方は、受
益者等課税信託と比較すると、次のとおり整理することができます。

	受益者等が存しない信託	受益者等課税信託
課税上の信託財産の所有者	受託者	受益者
信託による財産の移転（委託者から受託者への移転）	委託者から受託者への信託財産の贈与とみなす	委託者から受託者へ信託財産が移転したものとみなす
受託者	個人の場合は会社とみなす	─
受益権の評価	─	信託財産の評価
受託者の課税関係（信託期間中）	信託財産から生じる所得を申告	課税関係は生じない
受益者の課税関係（信託期間中）	─	信託財産から生じる所得を申告

2　信託設定時の課税（原則）

(1)　委託者

受益者等が存しない信託において、委託者がその有する資産の信託を設定した場合には、委託者は受託法人に対して贈与により資産を移転したものとみなします（所法6の3七）。

受託法人とは、法人課税信託の受託者である法人（その受託者が個人である場合にはその受託者である個人）をいい、会社でない受託法人は会社とみなします（所法6の3、法法4の7）。

したがって、委託者が個人の場合には、個人から法人への贈与として委託者に対してみなし譲渡所得が課税されます（所法59①）。

また、委託者が法人の場合には、法人から法人への贈与として委託者である法人には寄附金課税が行われます（法法37）。

ワンポイント！　受益者等が存しない信託以外の法人課税信託の取扱い

受益者等が存しない信託以外の法人課税信託において、その信託の委託者が有する資産の信託をした場合には、これらの法人課税信託に係る受託法人に対する出資があったものとみなされることから、信託設定時の課税関係は受益者等が存しない信託と異なります（所法6の3六、法法4の7九）。

(2)　受託者

信託設定時における受託法人（法人課税信託の受託者である法人又は個人）は、委託者から贈与により資産の移転を受けたものとみなすことから、受託法人に受贈益が認識されて法人税が課税されます（所法6の3七）。

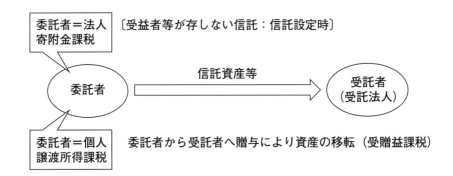

3　信託設定時の課税（特例）

　受益者等が存しない信託の効力が生じる場合において、その信託の受益者等となる者がその委託者の親族であるとき（その信託の受益者等となる者が明らかでない場合にあっては、その信託が終了した場合にその委託者の親族がその信託の残余財産の給付を受けることとなるとき）は、その信託の効力が生ずる時において、その信託の受託者は、その委託者からその信託に関する権利を贈与（その委託者の死亡に基因してその信託の効力が生ずる場合にあっては、遺贈）により取得したものとみなし、贈与税（又は相続税）が課税されます（相法 9 の 4 ①）。

　また、将来受益者となる者が複数名存在する場合で、そのうちに 1 人でもその信託の委託者の親族がいるときには受託者に対して贈与税（又は相続税）が課税されます（相基通 9 の 4-3 ）。

　この規定により、受託者に対して贈与税又は相続税を課税する場合には、受託者に課される法人税及び地方税（事業税、道府県民税、市町村民税、特別法人事業税）を控除することになります（相法 9 の 4 ④、相令 1 の 10 ⑤）。

　なお、この場合、その信託の受託者が個人以外であるときは、その受託者を個人とみなして贈与税（又は相続税）が課税されます（相法 9 の 4

③）。

4　本特例の趣旨

　受益者等が存しない信託においては、信託財産に属する資産を有する
ものとみなされる者は存在しませんが、信託財産からは所得が生ずるこ
とから、これに課税しないことは適当でないため、その後存在すること
となる受益者等に代わって受託者に対する課税を行うというものです。

　したがって、信託設定時に受託者に対して法人税を課税（受贈益課
税）し、信託期間中の信託財産の運用益についても受託者に対して課税
しますが、その後において、受益者等が存在することとなった場合に
は、受益者等が受託者から信託財産を引き継ぐだけで、課税関係は生じ
ません（所法67の3①、法法64の3②）。

　このため、このような仕組みを使った相続税等の課税回避策として
は、例えば、親が子に財産を贈与する場合は子に贈与税が課税されます
が、一方で、親が委託者である受益者等が存しない信託の場合には、受
託者に贈与税を課税しないと、その後に子が受益者等となったときに贈
与税の課税漏れが生じてしまいます。

　そこで、課税の公平を確保する観点からこのような課税回避に対応す
るため、受益者等が存しない信託においては、将来の受益者等として予
定されている者が委託者の親族である場合には、受託者が得る受贈益に
対しても贈与税（又は相続税）を課税することとしています。

Q 32　法人課税信託における「受益者等が存しない信託」の基本事例

　以下のような「受益者等が存しない信託」を設定した場合の課税関係を
教えてください。
　委託者：父

受託者：委託者の長男
受益者：信託設定時は存在しない。将来長男に子が生まれた時には、その長男の子（孫）を受益者とする。
信託財産：賃貸マンション

解説

1　設定時の課税

　信託の設定時に受益者は存在しないので、受託者が委託者からの贈与により信託財産である賃貸マンションを取得したとみなします。そして、受託者は法人とみなしますから、信託財産を委託者から贈与により取得したものとして受託者に対して法人税（受贈益）が課税されます。

　また、将来の受益者として指定された者は委託者の親族（孫）であるため、受託者は父から信託財産である賃貸マンションを贈与により取得したものとして贈与税が課税されます。この場合、贈与税額の計算上、二重課税に相当する法人税の額を控除します。

　なお、委託者は個人であるため、個人から法人への贈与として委託者にみなし譲渡所得が課税されます。

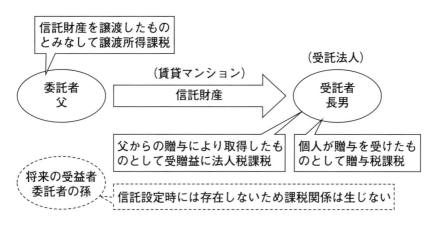

2　信託期間中の課税

(1)　委託者

　委託者については、信託設定時に課税関係が終了しているため、信託期間中に課税関係は生じません。

(2)　受託者

　受託者は、法人課税信託の信託資産等（信託財産に属する資産及び負債並びにその信託財産に帰せられる収益及び費用をいう。）及び固有資産等（法人課税信託の信託資産等以外の資産及び負債並びに収益及び費用をいう。）ごとに、それぞれ別の者とみなして、所得税法及び法人税法の規定を適用することになります（所法6の2①、法法4の6①）。

　この場合、法人課税信託の信託資産等と受託者の固有資産等は、それぞれ別の者に帰属するものとして課税されます（所法6の2②、法法4の6②）。

　すなわち、受益者等が存しない信託の受託者は、受託者が所有する信託財産から生ずる所得に課税される法人と、受託者固有の財産として所有する固有資産等から生ずる所得に課税される法人又は個人とに区分して所得計算をして行い課税関係が生じることになります。

　なお、受託法人が個人の場合であっても、その受託法人は会社とみなしますから、信託資産等に係る所得には、所得税ではなく法人税が課税されます（所法6の3三、法法4の7三）。

3　受託者の変更

　受益者等が存しない信託について、受託者を変更する場合には、信託財産を有するとみなされる者が前の受託者から次の受託者へと移転することになります。

　しかし、受託者の変更に伴う信託財産の移転は、次の受託者は前の受

託者から信託財産（資産及び負債）を変更直前の帳簿価額で引き継いだものとされ、前の受託者及び次の受託者に課税関係は生じません（法法64の3④、法令131の3③）。

> **ワンポイント！　受益者等が存しない信託の受託者が死亡した場合**
>
> 　受益者等が存しない信託において、その信託に関する権利を贈与又は遺贈により取得したものとみなされた受託者が死亡した場合であっても、その信託に関する権利については、その死亡した受託者の相続税の課税財産を構成しないとされています（相基通9の4-4）。
>
> 　なお、受益者等課税信託の場合は、信託財産を有する者は受益者であり、受託者を変更しても課税関係は生じません。
>
> （注）　信託法上、受託者の死亡により任務が終了した場合の信託財産は、法人とされ、その後新受託者が就任したときは、信託財産法人ははじめから成立しなかったものとみなされます（法74①④）。

4　信託終了時の課税

　受益者等が存しない信託が終了する場合において、残余財産の帰属権利者が次のいずれに該当するかにより課税が異なります。

　①　帰属権利者が契約締結時等において存在する又は委託者の親族ではない場合

　②　帰属権利者が契約締結時等において存在せず、委託者の親族である場合

(1)　帰属権利者が契約締結時等において存在する又は委託者の親族でない場合

　①　委託者

　委託者については、信託設定時に課税関係が終了しているため、信託終了時に課税関係は生じません。

② 受託者

信託が終了した場合には受託法人の解散があったものとします（所法6の3五、法法4の7八）。

受益者等が存しない信託が終了して帰属権利者が受益者となる場合、受託者から帰属権利者に残余財産が移転しますが、「信託財産の帳簿価額による引継ぎ」の規定（所法67の3①、法法64の3②）は適用されないため（注）、残余財産が受託者から帰属権利者に時価で移転したものとします。

したがって、受託者である法人は、給付した残余財産を時価で譲渡したものとして譲渡損益を計上するとともに、給付した残余財産の価額に相当する対価を帰属権利者から受領していないため、その対価相当額を寄附したものとされます。

(注) この規定が適用されるのは、受益者及びみなし受益者（所法13①②、法法12①②）を含み、清算中における受益者は除かれます。

③ 帰属権利者

受益者等が存しない信託が終了して帰属権利者がいる場合、帰属権利者は受託者から残余財産の給付を受けますが、「信託財産の帳簿価額による引継ぎ」の規定（所法67の3①、法法64の3②）は適用されないため、帰属権利者にはその残余財産の価額（時価）相当額に対して所得税が課税されます（注）。

この場合、受託者である法人からの贈与による所得となるため、帰属権利者は一時所得として課税されます（所基通34-1(5)）。

(注) 帰属権利者が法人である場合は、時価で信託財産の贈与を受けたものとみなして、受贈益を計上することになります。

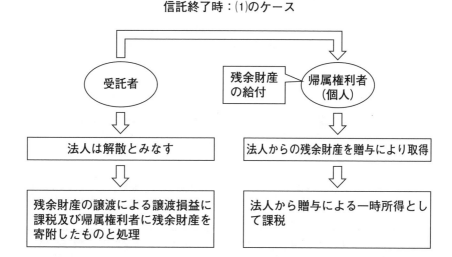

信託終了時：(1)のケース

(2)　帰属権利者が契約締結時等において存在せず、委託者の親族である
　　場合

①　委託者

　　委託者については、信託設定時に課税関係が終了しているため、信
託終了時に課税関係は生じません。

②　受託者

　　受託者である法人は、給付した残余財産を時価で譲渡したものとし
て譲渡損益を計上するとともに、給付した残余財産の価額に相当する
対価を帰属権利者から受領していないため、その対価相当額を寄附し
たものとされます。

③　帰属権利者

　　受益者等が存しない信託について、帰属権利者が締結時等に存しな
い場合において、その帰属権利者が契約締結時等における委託者の親
族であるときは、帰属権利者（相法9の5、相基通9の5-1 ）は、その
信託の終了時において、残余財産を個人から贈与により取得したもの

とみなして贈与税が課税されます（相法9の5）。

信託終了時：⑵のケース

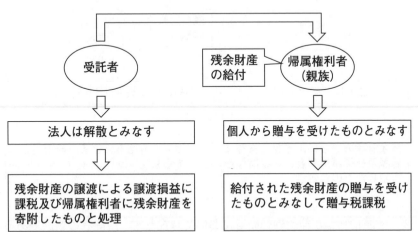

Q 33 受益者等が存しない信託について受益者等が存することとなった場合の課税関係

　受益者等が存しない信託について受益者等が存することとなった場合の課税関係について教えてください。

解説

1　概要

　受益者等が存しない信託について受益者等が存することとなった場合とは、次のような場合が考えられます。

① 停止条件付の受益者を定めた信託において、条件が成就した場合

② 受益者指定権を定めた信託において、受益者が指定された場合

③ 未だ生まれていない孫等を受益者とし、その孫等が生まれた場合

2　受益者等が存することとなった場合の課税関係（原則）

(1)　委託者

委託者は、信託の設定時に課税関係が終了しているので、受益者等が存することになっても課税関係は生じません。

(2)　受託者

受益者等が存しない信託について、受益者等が存することとなったときには、受託法人の解散があったものとみなします（所法6の3五、法法4の7八）。

この場合、受益者等は受託法人から信託財産を引き継ぐことになりますが、引継ぎの価額は、受益者等が存することとなった時の直前の帳簿価額を用いることになります（所法67の3①、所令197の3①②、法法64の3①）。

(3)　受益者

個人又は法人が受益者等が存しない信託の受益者等となったことにより、受益者等が存しない信託に該当しないこととなった場合には、その受託法人からその信託財産に属する資産及び負債をその該当しなくなった時の直前の帳簿価額により引継ぎを受けたものとされます（所法67の3①、所令197の3①②、法法64の3①）。

この場合、引継ぎにより生じた収益の額（資産の帳簿価額の合計額－負債の帳簿価額の合計額）又は損失の額（負債の帳簿価額の合計額－資産の帳簿価額の合計額）は生じなかったものとします（所法67の3②⑧、所令197の3③④、法法64の3③）。

これは、受益者等が存しない信託の設定時において、受託法人が受益者等に代わって課税されていることから、受益者等が存することとなったときには、受益者等は受託者から信託財産を帳簿価額で引き継ぐこととして、課税関係を生じないように整理されていることによります。

3　受益者等が存することとなった場合の課税関係（特例）

　受益者等が存しない信託について、その信託の契約締結時等^(注1)において存しない者^(注2)がその信託の受益者等となる場合において、その信託の受益者等となる者がその信託の契約締結時等における委託者の親族であるときは、その存しない者がその信託の受益者等となる時において、その信託の受益者等となる者は、その信託に関する権利を個人から贈与により取得したものとみなし、贈与税が課税されます（相法9の5）。

　なお、この規定は、受益者等が存しない信託等の特例（相法9の4①②）の適用の有無にかかわらず適用され、上記の要件に該当する場合には受益者等に贈与税が課税されます（相基通9の5-1）。

（注1）「信託の契約締結時等」の範囲
　　① 信託契約　→　信託契約の締結の時
　　② 遺言信託　→　遺言者の死亡の時
　　③ 自己信託　→　公正証書等の作成の時又は受益者となるべき者として指定された第三者に対する確定日付のある証書による通知の時
（注2）「信託の契約締結時等において存しない者」とは、例えば、契約締結時等において出生していない者、養子縁組前の者、受益者として指定されていない者等をいいます。
　　※　相続税法9条の5の規定の趣旨については、第2編第7章「信託に関する相続税法の特例」を参照してください。

4　受益者等が存することとなった後の信託財産に係る所得の課税関係

　受益者等が存しない信託について、受益者等が存することとなった場合には、受益権を取得した後の信託財産に属する資産及び負債並びに信託財産に帰せられる収益及び費用は受益者等に帰属するものとして、受

益者等課税信託における課税関係の原則的な取扱いにより、受益者等に対する所得税又は法人税が課税されることになります（所法 13 ①、法法 12 ①）。

5　信託のイメージ

　　信託の内容：受益者等となる者が委託者の親族であるとき

　　委託者：父

　　受託者：委託者の長男

　　受益者：信託設定時は存在しないが、将来長男に子が生まれた時には
　　　　　　その長男の子を受益者とする。

　　信託財産：賃貸マンション

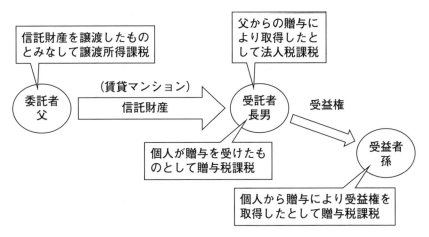

※　本事例は、信託の契約締結時等は受益者等の存しない信託（法人課税信託）であり、受託者は、相続税法 9 条の 4 第 1 項、3 項の規定の適用を受けているものとします。

Q 34　受益者等が存する信託において受益者等が存しないこととなった場合の課税関係

受益者等が存する信託において受益者等が存しないこととなった場合の課税関係について教えてください。

解説

1　概要

信託の効力発生時には受益者等が存在していたが、その後存在しなくなった場合については、法人課税信託における受益者等が存しない信託と同様の課税関係が生じます。

すなわち、受益者等が存する信託について、その信託の受益者等が存しないこととなった場合において、その受益者等の次に受益者等となる者がその信託の効力が生じた時の委託者又はその次に受益者等となる者の前の受益者等の親族であるとき（その次に受益者等となる者が明らかでない場合にあっては、その信託が終了した場合にその委託者又はその次に受益者等となる者の前の受益者等の親族がその信託の残余財産の給付を受けることとなるとき）は、その受益者等が不存在となった場合に該当することとなった時において、その信託の受託者は、その次に受益者等となる者の前の受益者等からその信託に関する権利を贈与（その次に受益者等となる者の前の受益者等の死亡に基因してその次に受益者等となる者の前の受益者等が存しないこととなった場合にあっては、遺贈）により取得したものとみなします（相法9の4②）。

なお、次に受益者等となる者が複数人存在する場合で、そのうちに1人でも「信託の効力が生じた時の委託者」又は「次に受益者等となる者の前の受益者等」の親族がいるときには、受託者に対する贈与税又は相続税が課税されます（相基通9の4-3）。

２　事例

(1)　信託の内容

　　委託者：父

　　受託者：委託者の長男

　　受益者：父、父が死亡したときは長男の子（委託者の孫となる者です
　　　　　　が委託者の死亡時には生まれていない。）

　　信託財産：賃貸マンション

(2)　委託者の死亡時の課税関係

①　委託者（＝受益者）

　父は、信託財産である賃貸マンションを受託者である長男に贈与し
たものとみなされるため（所法６の３七）、時価で信託財産を譲渡した
ものとみなして譲渡所得が課税されます（所法59①）。

②　受託者

　受益者等が存在しない信託の受託者は会社とみなされるため（所法
６の３三）、長男は、時価相当額での信託財産の受贈益に対して法人
税が課税されます。

　また、次に受益者等となる者の前の受益者等（父：委託者＝受益者）
と次に受益者となる者である長男の子（孫：未出生）は親族であるこ
とから、前の受益者である父から受託者に対して遺贈があったものと
して相続税が課税されます（相法９の４②）。

　なお、この場合、受託者を会社とみなして課されるべき受贈益に対
する法人税相当額等は相続税の額から控除されます（相法９の４④）。

（注１）　受贈益に対する法人税相当額等（信託財産の価額から翌期控除事業税等
　　　　相当額（信託財産の価額を所得とみなして計算した事業税の額）を控除
　　　　した価額をその信託の受託法人の事業年度の所得とみなして計算した法人
　　　　税の額、事業税の額、地方法人税の額、道府県民税の額、市町村民税の額

及び特別法人事業税の額の合計額をいう（相令1の10⑤）。）が相続税から控除されます。

（注2）　相続税額の計算の注意点

①　信託の受託者が相続人である場合には、その被相続人から遺贈により取得したものとみなされる信託に関する権利に係る受託者の数は、基礎控除を算定する際の相続人の数に算入しません（相令1の10④一）。

②　信託の受託者が遺贈により取得したものとみなされるその信託に関する権利に係る相続税額の計算は、2割加算の規定が適用されます（相令1の10④二）。

③　相続開始前3年以内に贈与があった場合の相続財産に加算する規定（相法19）、相次相続控除（相法20）及び立木の評価（相法26）の規定は適用されません（相令1の10④三）。

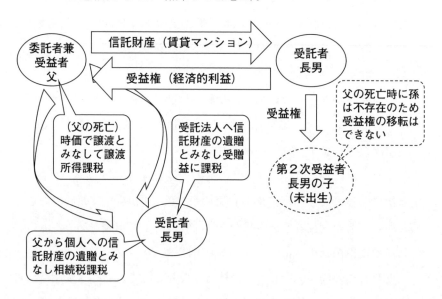

2　目的信託

目的信託について教えてください。

解説

1　目的信託の法的要件

　目的信託とは、受益者の定め（受益者を定める方法の定めを含む。）のない信託であり、受益権を有する受益者の存在を予定していないことから、その信託財産は受益者の利益のためではなく、信託行為で定められた信託の目的を達成するために管理・処分等がされることになります。

　そして、目的信託は、契約及び遺言の方法によってすることができ、自己信託の方法ですることはできません（法258①）。また、目的信託は、通常の信託とは異なり、その存続期間が20年を超えることができないとされています（法259）。

2　法人課税信託におけるみなし受益者

　信託における受益者とは、受益者及びみなし受益者をいいます（所法13①、法法12①）から、受益者等が存しない信託とはこれらの受益者及びみなし受益者が存在しない信託をいいます。

　ところで、みなし受益者とは、受益者以外の者で、信託を変更する権限（軽微な変更をする権限として政令で定めるものを除く。）を現に有し、かつ、その信託の信託財産の給付を受けることとされている者をいいます（所法13②、法法12②）。

〈**みなし受益者の要件（所令 52 ①〜③、法令 15 ①〜③）**〉

①　みなし受益者が「信託を変更する権限を現に有する場合」において、軽微な変更をする権限として除外されるものは、信託の目的に反しないことが明らかである場合に限り信託の変更をすることができる権限であり、その権限は、信託を実質的に変更しないことと同様であるため、除外されています。

　なお、みなし受益者が信託を変更する権限には、他の者との合意によって信託の変更をすることができる権限が含まれます。

②　信託財産の給付を受けることとされている者はみなし受益者とされていますが、停止条件が付された信託財産の給付を受ける権利を有する者も受益者に該当します。

〈**みなし受益者に含まれる委託者（所基通 13-8、法基通 14-4-8、相基通 9 の 2-2 ）**〉

①　委託者が信託行為の定めにより帰属権利者として指定されている場合

②　信託行為に残余財産受益者若しくは帰属権利者の指定に関する定めのない場合

③　信託行為の定めにより残余財産受益者若しくは帰属権利者として指定された者のすべてがその権利を放棄した場合

3　信託法にいう「受益者」と受益者等が存しない信託との関係

　信託法上、受益者とは、信託行為に基づいて受託者が受益者に対し負う債務であって信託財産に属する財産の引渡しその他の信託財産に係る給付をすべきものに係る債権（受益債権）及びこれを確保するために受託者その他の者に対し一定の行為を求めることができる権利を有する者とされています（法2⑥⑦）。また、残余財産受益者は、受益債権の内容が残余財産の給付であることを除けば通常の受益者と異なるところは

なく、信託の終了前においても受益者の権利を有し、帰属権利者は、信託の終了後に受益者としての権利を有します（法182、183⑥）。したがって、信託法における受益者とは、受益者及びその権利を承継する者、残余財産受益者並びに信託の清算中における帰属権利者ということになります。

ところで、委託者は、信託行為に残余財産受益者又は帰属権利者の定めがない場合には委託者を帰属権利者として指定する旨の定めがあったものとみなすと規定されているため（法182②）、別段の定めがない場合には、委託者が税法上の「みなし受益者」になります（前記2参照）。そして、委託者が死亡した場合の委託者の地位は、原則として相続により相続人に承継されますが、遺言信託における委託者の地位は、信託行為に別段の定めがない場合には承継されないこととされています（法147）。

したがって、遺言による目的信託を設定した場合には、委託者の相続人が委託者の地位を承継しなければ、「みなし受益者」は存在しないこととなるため、法人課税信託である受益者等の存しない信託となります。他方、信託契約により目的信託を設定し、委託者がみなし受益者の要件に該当する場合には、受益者等課税信託となります。

4　目的信託の受託者

目的信託を利用するに当たっては、受託者となることができるのは、学術・技芸・慈善・祭祀・宗教その他公益を目的とするものを除いて、政令で定める下記の法人以外の者は受託者となることができません（法附則3項、令3）。

①　国又は地方公共団体

②　信託を適正に処理するに足りる財産的基礎及び人的構成を有する

法人（純資産の額 5,000 万円超及び法人の役員等に犯罪を犯した者や反社会的団体の構成員等が存しないこと等）

Q36 遺言による目的信託の活用事例

音楽家であるＡは、自分が亡くなった後は、その財産の一部を若手音楽家の育成のために使いたいと考え、遺言で自己を委託者とする目的信託を設定し、受託者である法人にその管理・運営を任せることとしました。

この場合の課税関係を教えてください。

なお、この目的信託には帰属権利者の指定に関する定めはありませんが、委託者には相続人が存在します。

解説

この信託は遺言による目的信託であり、残余財産を取得する帰属権利者の定めもないことから、受益者等が存しない信託となります（**Q35** 解説の3参照）。

1 信託設定時

この目的信託は、Ａの死亡によりその効力が生じ、受益者等が存しない信託に該当するため、信託財産は贈与により受託者に移転したものとみなされ（所法6の3七）、その財産が譲渡資産である場合には委託者にみなし譲渡所得が課税されます。法人である受託者には受贈益に対して法人税が課税されます（法法22②）。

2 信託期間中

信託財産から収益が生じた場合には、受託者に対して法人税が課税されます（法法4の6）。

若手音楽家が支給を受ける育英資金は、受託者（法人）からの贈与と

して所得税（一時所得）が課税されます（所基通34-1(5)）。

3　信託終了時（20年経過後）

　受益者等が存しない信託が終了した場合の残余財産は、委託者の相続人に帰属することとなり、委託者の相続人が存在しないときは清算受託者に帰属することになります（法182②③）。

　信託が終了した場合には受託法人の解散があったものとします（所法6の3五、法法4の7八）。そして、受託者は、帰属権利者に対して残余財産を給付しますが、この場合に「信託財産の帳簿価額による引継ぎ」の規定（所法67の3①、法法64の3②）は適用されないため、残余財産が受託者から帰属権利者に時価で移転したものとします。したがって、受託者である法人は、給付した残余財産を時価で譲渡したものとして譲渡損益を計上するとともに、帰属権利者から給付した残余財産の価額に相当する対価を受領していないため、その対価相当額を寄附したものとします。

　また、帰属権利者にはその残余財産の価額（時価）相当額に対して所得税が課税されますが、この場合、受託者である法人からの贈与による所得となるため、帰属権利者は一時所得として課税されます。

　（注）　帰属権利者が法人である場合は、時価で信託財産の贈与を受けたものとみなして受贈益を計上することになります。

遺言による目的信託（受益者等の存しない信託）

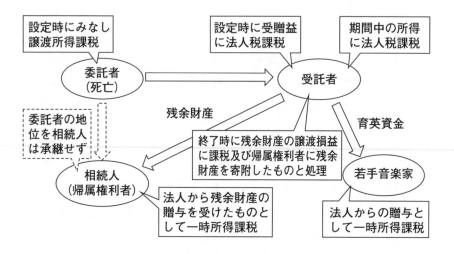

Q37 契約による目的信託の活用事例

　大学のOBであるAは、自己の財産を拠出してその大学において優れた研究を行った者に対して奨励金を出捐したいと考えて、Aを委託者とし、信託財産の管理・運営する法人を受託者とする目的信託を設定しました。

　この場合の課税関係を教えてください。

　なお、この目的信託には帰属権利者の指定に関する定めはないが、委託者には相続人が存在します。

解説

　この目的信託には帰属権利者の指定に関する定めがないことから、委託者がみなし受益者とされます。つまり、この目的信託は、受益者等課税信託となります（**Q35**解説の3参照）。

1　信託設定時

　委託者は受益者とみなされるため、信託設定時に課税関係は生じません。

2　信託期間中

　信託財産から生じた収益は受益者である委託者に帰属するため、委託者に所得税が課税されます。

　受託者に課税関係は生じません。

　なお、奨励金が支給される研究者が確定したときには、その研究者に対する給付財産について受託者からの贈与として所得税（一時所得）が課税されます（所基通34-1(5)）。

3　信託終了時（20年経過後）

　信託行為に帰属権利者に関する定めがない場合には、委託者に残余財産が帰属することになります（法182②）。したがって、委託者に課税関係は生じません。

　なお、信託の終了前に委託者が死亡しているときは、相続人がその地位を承継します。

委託者生存による目的信託（受益者等課税信託）

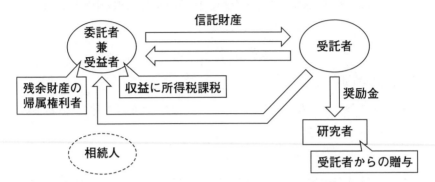

（注）　委託者以外の帰属権利者の定めがある場合には、受益者等が存しない信託
として、残余財産を取得した帰属権利者に対して所得税又は法人税が課税さ
れます。

第 5 章　事業信託

 ## 1　事業信託の類型

Q 38　**事業信託の概要**
　法人課税信託となる事業信託について教えてください。

解説

1　事業信託の類型

　事業は、商品、棚卸資産、機器等の動産、土地建物等の不動産、売掛金及び預貯金等の債権、借入金や買掛金等の債務、そして従業員である人というように、様々な権利義務関係が有機的一体となった財産であると考えられ、事業信託とは、これらの動産や不動産、債権債務等の有機的一体としての財産を信託するものとされています。

　事業信託に対する課税は、他の信託と同様に、信託財産から生ずる所得を受益者の所得とみなして課税する受益者等課税信託を原則としています。

　しかし、事業信託とされる信託のうち法人を委託者とする信託で一定のものについては、租税回避行為を防止する観点から、その信託の受託者を納税義務者として法人税を課税する法人課税信託とされています（法法２二十九の２ハ(1)～(3)）。

　ただし、公共法人及び公益法人等、信託財産に属する資産のみを信託するものは対象外となります。

（注）　「事業信託」の税法上の詳細については、「第２編 第４章 法人課税信託１(3)法人が委託者となる信託のうち一定の信託」を参照してください。

(1)　重要事業の信託

　委託者である法人のその譲渡につき株主総会の決議 ^(注1) が必要な事業の全部又は重要な一部を信託し、かつ、その信託の効力が生じた時において、その法人の株主等が受益権の50％超を取得することが見込まれていた場合には、法人課税信託とされて受託者に法人税が課税されます（法法2二十九の二ハ(1)）。

　これは、その法人が本来行っている事業が信託されて、受益権がその法人の株主等に交付された場合、事業収益に対する法人税が課税できなくなる事態を防止するための措置とされています。

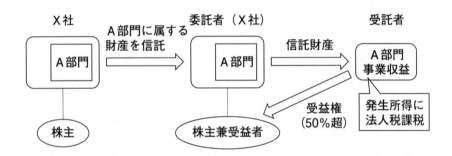

　なお、信託財産に属する金銭以外の資産の種類がおおむね同一の場合 ^(注2) は、単に財産の管理を目的とする租税回避の懸念のない管理型信託と考えられるため、法人課税信託の適用除外とされています。

　（注1）　「株主総会の決議を要するもの」とは、法人の事業の全部又は重要な一部の譲渡を行う場合において、その法人の株主総会の決議（これに準ずるものを含む。）によって、その譲渡に係る契約の承認を受けなければならないこととされる行為をいうのであって、現にその決議が行われたかどうかは問わないとされています（法基通12の6-1-3）。

　（注2）　法人課税信託にならない場合として「信託財産に属する金銭以外の資産の種類がおおむね同一の場合」とは、信託財産に属する金銭以外の資産を区分したときにその資産のおおむね全部が同一の区分に属する場合とする

と規定されています（法令 14 の 5 ②）。

　　なお、信託財産に属する金銭以外の資産が同一の区分に属するかどうか
の判定する場合の区分は、次のとおりです（法規 8 の 3 の 2）。

①　貸付金その他の金銭債権（預貯金を含む。）及び有価証券（以下「金銭
債権等」という。）をもって一の区分とする。

②　不動産等（土地（土地上に存する権利を含む。）及び建物（その附属設
備を含む、以下「建物等」という。））をもって一の区分とする。

③　減価償却資産（建物等を除く。）については、減価償却資産の耐用年数
等に関する省令別表第 1 から別表第 5 までに規定する種類ごとに異なる区
分とする。

④　金銭債権等、不動産等及び上記③の減価償却資産以外の資産について
は、③に準じた区分とする。

(2)　長期の自己信託等

　法人が委託者となる信託で、その信託の効力発生時等において、その
法人又はその法人と特殊な関係にある者（特殊関係者[注1]）が受託者で
あり、かつ、その信託の効力発生時等[注2]以後の信託の存続期間が 20
年を超えるものとされていた場合には、法人課税信託に該当します。

　また、委託者である法人又はその法人の特殊関係者のいずれもがその
受託者でなかった場合において、その法人又はその法人の特殊関係者が
その受託者に就任する（効力発生時には自己信託等[注3]でないものの、の
ちに自己信託等となる）こととなり、かつ、その就任の時において、そ
の時以後のその存続期間が 20 年を超えるものとされていた場合にも、
法人課税信託に該当します（法法 2 二十九の二ハ(2)）。

　これは、長期間継続する事業を自己信託等により行う場合、その事業
に係る法人税が課税できなくなるために設けられた取扱いです。

（注 1）　「特殊関係者」とは次に掲げる者をいいます（法令 14 の 5 ③）。

　　①　委託法人と他の者との間にいずれか一方の者が他方の者（法人に限
る。）を直接又は間接に支配する関係にある場合におけるその他の者

　　　　なお、他の者が個人の場合は、同族関係者の範囲（法令4①）に規定
　　する特殊な関係のある個人も他の者に含まれます（②に同じ）。
　　②　委託法人と他の者（法人に限る。）との間に同一の者がその委託法人及
　　　び他の者を直接又は間接に支配する関係にある場合におけるその他の者
（注2）「信託の効力発生時」には、その信託行為において定められた存続期間
　　　の定めの変更があった場合におけるその変更の効力が生じた時を含みます。
（注3）「自己信託等」とは、次のいずれかに該当する信託をいいます。
　　①　委託者である法人が受託者である信託
　　②　委託者である法人の特殊関係者が受託者である信託

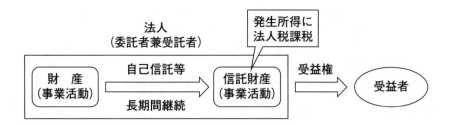

　なお、上記の要件を満たす場合であっても、次のものは、信託財産の
性質上、その信託財産の管理又は処分に長期間を要する管理型信託であ
り、租税回避行為の懸念がないと考えられるため、法人課税信託の適用
から除外されています（法令14の5⑤）。

①　効力発生時等において、信託財産に属する主たる資産が耐用年数
　　20年超の減価償却資産であることが見込まれていたこと

②　効力発生時等において、信託財産に属する主たる資産が減価償却
　　資産以外の固定資産であることが見込まれていたこと

③　効力発生時等において、信託財産に属する主たる資産が償還期間
　　20年超の金銭債権を含む金銭債権であることが見込まれていたこ
　　と

⑶　収益分配割合の変更が可能な自己信託等

　法人を委託者とする信託で、その信託の効力発生時において、委託者である法人又はその特殊関係者を受託者と、その法人の特殊関係者をその受益者とし、かつ、その時においてその特殊関係者に対する収益の分配の割合の変更が可能である場合として政令で定める場合 ^(注) に該当する信託は法人課税信託に該当します（法法2二十九の二ハ⑶）。

　つまり、受益者に対する収益の分配の割合について、受益者、委託者、受託者その他の者がその裁量により決定できる場合には、企業グループ内の法人間で恣意的な利益の付替えが可能となることから、これを防止するため、信託財産から生ずる所得に法人税を課税することとしています。

> (注)　「特殊関係者に対する収益の分配の割合の変更が可能である場合」として政令で定める場合とは、受益者である特殊関係者に対する収益の分配の割合につき受益者、委託者、受託者その他の者がその裁量により決定することができる場合とすると規定しています（法令14の5⑥）。
>
> 　そして、「受益者、委託者、受託者その他の者がその裁量により決定することができる場合」とは、例えば、信託行為において受益者である特殊関係者に対する収益の分配の割合が確定的に定められている場合であっても、信託の効力発生時において、信託行為に受益者、委託者、受託者その他の者のいずれかが信託の変更によりその定めの内容の変更を単独で行う権限を有する別段の定めがある場合が含まれます（法基通12の6-1-4）。

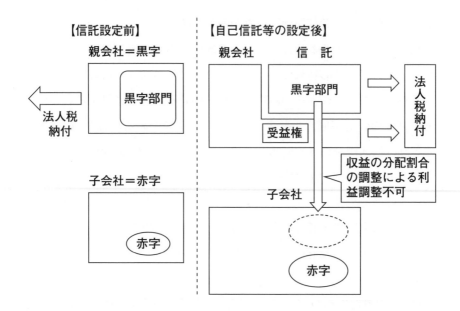

Q 39　事業信託の課税関係

事業信託の課税関係について教えてください。

解説

1　信託設定時の課税関係

⑴　委託者（法人）

　法人課税信託（受益者等が存しない信託を除く。以下同じ。）の委託者（法人）がその有する資産を信託した場合又は受益者等課税信託が法人課税信託に該当することとなった場合には、法人課税信託の受託法人に対する出資があったものとみなします（法法4の7九）。

　この場合、委託者は、その事業に係る資産・負債を受託者に対して時価で譲渡したものとみなし、委託者に譲渡損益が認識されます。

　委託者が受益者から適正な対価の支払を受けなかった場合は、寄附金課税となります。

(2)　受託者

　受託者は、委託者から出資を受けたものとみなされます。

　この場合には、委託者により信託された資産のその信託の時における価額から、これと併せて受託法人に移転した委託者の負債のその移転の時における価額を減算した金額は、受託者の資本金等の額に含まれます（法法2十六、法令8①一、14の10④）。したがって、その取引は資本等取引となり、課税関係は生じません。

　受託法人は、その受託法人に係る法人課税信託の効力が生ずる日に設立されたものとします（法法4の7七）。

　そして、受託法人は、設立の日以後2月以内に一定の事項を記載した届出書を納税地の所轄税務署長に提出しなければなりません（法法148①②）。

(3)　受益者

　法人課税信託の受益権は株式又は出資とみなされ、法人課税信託の受益者は株主等に含まれます（法法4の7六）。

　この場合において、法人課税信託の受託者である法人の本来の株式又は出資は、その受託法人の株式又は出資でないものとみなし、その受託者である法人の株主等はその受託法人の株主等でないものとします。

　受益者が委託者に対して適正な対価を負担せずにその信託が設定された場合には、受益者はその信託の効力が生じた時において、その信託に関する権利を贈与によって取得したものとみなします（相法9の2①）。

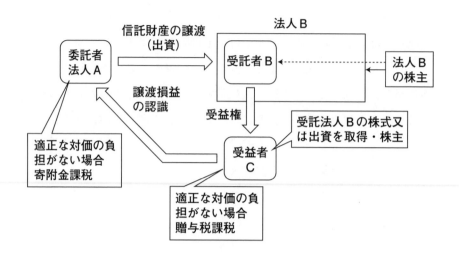

2　信託期間中の課税関係（信託財産に係る所得についての課税）

(1)　委託者

委託者に課税関係は生じません。

(2)　受託者

　内国法人、外国法人又は個人が法人課税信託の引受けを行う場合には、法人税を納める義務があるため、受託法人に対しては信託財産から生じる所得に対して法人税が課税されます（法法4①③④）。

　この場合において、法人課税信託の受託法人に対しては、各法人課税信託の信託資産等（信託財産に属する資産及び負債並びに信託財産に帰せられる収益及び費用）と固有資産等（法人課税信託の信託資産等以外の資産及び負債並びに収益及び費用）ごとにそれぞれ別の者とみなして法人税が課税され、各法人課税信託の信託資産等と固有資産等は、そのみなされた別の者にそれぞれ帰属するものとされます（法法4の6①②）。

(3)　受益者

受益者に課税関係は生じません。

3　信託期間中の課税関係（収益分配時の課税）

(1)　委託者

委託者に課税関係は生じません。

(2)　受託者

受託者に課税関係は生じません。

なお、受益者に対して受託法人が行う法人課税信託に係る収益の分配は配当所得になることから、受託法人は所得税の源泉徴収義務を負うとともに、支払調書の提出義務を負います（所法181 ①、225 ①）。

このため、受託法人は、収益の分配を行う時までに、受益者から、受益者の住所氏名等の報告を受けるとともに、その収益の分配が法人課税信託の収益の分配である旨の通知をしなければなりません（所法224 ①③、法令 14 の 10 ⑦）。

(3)　受益者

受益者が受託法人から受ける法人課税信託の収益の分配は、資本剰余金の減少に伴わない剰余金の配当とみなします（法法4の7 十）。

受益者が個人の場合は、収益の分配に係る所得は配当所得となり、配当控除の適用があります（所法24 ①、92 ①）。

また、受益者が法人の場合、法人課税信託の収益の分配は、資本剰余金の減少に伴わない剰余金の配当とみなされることから、受取配当等の益金不算入の規定の適用を受けることができます（法法23、法基通12 の6-2-3 ）。

これらの規定は、信託財産から生じる所得について、既に受託法人に対して法人税が課税されていることから、二重課税を排除するために設けられています。

なお、受取配当等の益金不算入の適用を受ける場合において、関係法人株式等及び非支配目的株式等の判定に当たっては、たとえ受益者がそ

の法人課税信託の受託者である法人の株式又は出資を有していたとしても、受益者が有する受益権のみにより判定を行うこととなります（法基通12の6-2-3（注））。

4　信託期間中の課税関係（元本払戻し時の課税）

(1)　委託者

委託者に課税関係は生じません。

(2)　受託者

受託者に課税関係は生じません。

なお、上記3(2)と同様に、源泉徴収義務、支払調書提出義務、告知制度の適用があります。

(3)　受益者

法人課税信託の元本の払戻しは資本剰余金の減少に伴う剰余金の配当とみなします（法法4の7十）。払戻しにより受益者が支払を受ける金額のうち、払戻しの対象となった資本金等の額を超える部分の金額は、配当とみなされます（所法25①四、法法24①四）。

受益者が個人の場合は、収益の分配に係る所得は配当所得となり、配当控除の適用があり（所法24①、92①）、また、受益者が法人の場合は、受取配当等の益金不算入の規定の適用を受けることができます（法法23、法基通12の6-2-3）。

なお、払戻しにより受益者が支払を受ける金額のうち、資本金等の額が受益権の取得価額を超える部分の金額に相当する額は、譲渡所得として課税されます（法法61の2⑱、法令119の9、措法37の10③四、所令61②四）。

5　信託終了時の課税関係

(1)　委託者

委託者に課税関係は生じません。

(2)　受託者

法人課税信託について信託が終了した場合には、その法人課税信託に係る受託法人の解散があったものとみなされます（法法4の7八）。

(3)　受益者

信託の終了により金銭等の支払を受ける者については、支払を受ける金額のうち資本金等の額を超える部分の金額は配当とみなされます（所法25①四、法法24①四）。

受益者が個人である場合は、配当控除の適用があり（所法24①、92①）、受益者が法人の場合には、受取配当等の益金不算入の規定の適用を受けることができます（法法23、法基通12の6-2-3）。

また、受益者が支払を受ける金額のうち、資本金等の額が受益権の取得価額を超える部分の金額に相当する額は、譲渡所得として課税されます（法法61の2⑱、法令119の9、措法37の10③四、所令61②四）。

Q 40　信託の併合、分割及び受益者が変更になった場合の課税関係

事業信託で信託の併合、分割及び受益者が変更になった場合の課税関係について教えてください。

解説

1　信託の合併

信託の併合は合併とみなし、信託の併合に係る従前の信託である法人課税信託に係る受託法人は、被合併法人（法法2十一）に含まれるものとされ、信託の併合に係る新たな信託である法人課税信託の受託法人は

合併法人（法法2十二）に含まれるものとされます（法法4の7四）。

2　信託の分割

　信託の分割は分割型分割（法法2十二の九）に含まれるものとし、信託の分割によりその信託財産の一部を受託者を同一とする他の信託又は新たな信託の信託財産として移転する法人課税信託に係る受託法人は分割法人（法法2十二の二）に含まれるものと、信託の分割により受託者を同一とする他の信託からその信託財産の一部の移転を受ける法人課税信託に係る受託法人は分割承継法人（法法2十二の三）に含まれるものとされます（法法4の7五）。

3　受託者の変更

　法人課税信託に係る受託法人が受託者の変更により法人課税信託に係る資産及び負債を移転したときは、変更後の受託者にその移転をした資産及び負債のその変更の直前における帳簿価額により引き継いだものとして、受託法人の各事業年度の所得の金額を計算します（法法64の3④）。

　受託者の変更があった場合には、新たな受託者は、その就任の日以後2月以内にその旨を所得税務署長に届け出なければなりません（法法149の2①）。

4　受益者の変更

　受益権を譲渡した従前の受益者について、株式等の譲渡として課税が生じます（措法37の10①、②一）。

2 事業信託の活用

Q 41 複数の会社による共同事業のための信託

複数の会社が共同で事業を行うために設定する信託には、どのような方法やメリットがありますか。

解説

1 他益信託による共同事業を設定する場合

(1) 信託の設定パターン

［基本形］

① 委託者であるA社は、受託者（他社）との間において、委託者の固有財産のうち特定の対象事業を信託財産とする信託を設定します。

その後、A社は、その事業に参加する事業者を探し、参加したい事業者B社が現れた場合には、B社に受益権の一部を譲渡して共同事業とします。

② A社とB社は共に委託者として、受託者（他社）との間において、それぞれの社の固有財産のうち特定の対象事業を信託財産とする信託を設定して共同事業とします。

［応用形］

基本形の応用として、A社及びB社は、共同事業における資金調達目的のため、信託行為において信託の運営に関する事項についての承諾を求める必要のない優先配当受益権を設定して、投資のみを目的とするC社を募集し、同社に優先配当受益権を譲渡します。

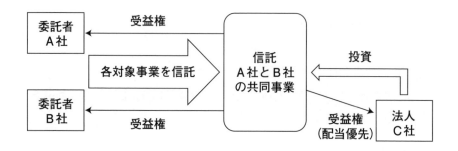

(2)　メリット

　複数の会社による共同事業として新会社を設立した場合、共同事業がスタートした後に、出資会社間の関係が悪化することによって会社間の共同事業に関する取り決めに反する株主総会決議が行われてしまうことがありますが、このような際には、出資した当事者間で損害賠償の問題として解決せざるを得ず、株主総会決議の取消しや無効確認を行うことは難しいと考えられます。

　一方、信託では、委託者、受託者及び受益者の合意がなければ信託行為の内容を変更できないとされ（法149）、受託者が信託契約に違反した行為を行った場合には、権限違反行為の取消し（法27）や利益相反行為の制限（法31）等により、当事者間においても第三者との関係でも無効と考えられますから、このような点で、信託を用いた方が共同事業の設定時における当事者の意思を確実に実現できるということができます。

2　自己信託による共同事業を設定する場合

(1)　信託の設計のパターン

　［基本形］

　　A社は、自社を委託者及び受託者として、自社の固有財産のうち特定の対象事業を信託財産とする自己信託を設定します。そして、共同

事業への参加を希望するＢ社にその受益権の一部を譲渡します。

［応用形］

　基本形の応用として、Ａ社は、事業運営に関する一定事項の承諾権限が与えられている受益権をＢ社に譲渡し、一方で、承諾権限はないが、資金調達目的のために配当率の高い受益権をＣ社に譲渡します。

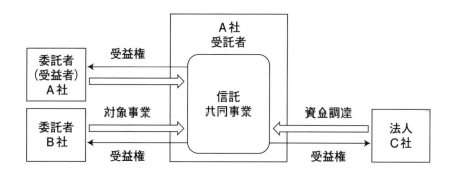

(2)　メリット

　自己信託による事業信託の場合、委託者が現に行っている事業のうち特定の対象事業を自己を受託者とする信託財産とし、その事業運営を信託事務として行うことから、財産管理上の区分を変更するだけであり、事業を信託する際に必要な信託財産の移転手続、対抗要件具備手続、債務・契約上の地位等について、債権者・契約の相手方の同意を得ずに信託を設定することができます。

　また、自己信託は、①第三者に信託事務を委託しないため受託者報酬の支払がないなど一般に維持費用が低廉となること、②許認可が必要な事業の場合には、許認可を取得するための体制等がすでに委託者に備わっていることから監督官庁から許認可の承認を得やすいことなどのメリ

ットが考えられます。

　なお、自己信託の場合、信託期間が20年以下であれば法人課税信託に該当せず、受益者等課税信託になります

（法法2二十九の二ハ(2)）。

Q42 新規事業へ進出するための信託

　新規事業へ進出するために設定する信託にはどのような方法やメリットがありますか。

解説

1　新規事業におけるリスクを分散するために設定する信託

(1)　信託の設定パターン

　A社は、自社を委託者及び受託者とする自己信託を設定し、自社の事業のうちリスクのある事業を信託財産とする新規事業を立ち上げ、その受益権の一部をB社に譲渡します。

　さらに、新規事業から生じるリスクを受託者としてのA社から切り離すために限定責任信託とすることもできます。

（注）　限定責任信託とは、受託者がその信託のすべての信託財産責任負担債務について、信託財産に属する財産のみをもってその履行責任を負う信託をいいます（法2⑫）。

⑵　メリット

　既存の会社がリスクが高いと見込まれる新規事業を立ち上げる場合、その事業のリスクを既存事業から切り離すことは従来から行われています。この新規事業について、自己信託による事業信託を設定した場合、リスクのある新規事業を自社で完結させたことにより従業員の移転手続きが不要となり、さらに限定責任信託とした場合には、リスク事業から生じる債務（信託財産責任負担債務）につき信託財産に属する財産に責任財産を限定することができることから、会社分割や子会社化を行うよりもリスクをより限定的にすることができます。

　なお、自己信託においては、受託者が受益権の全部を固有財産で有する状態が1年間継続したときには信託は終了するため（法163②）、A社は受益権の引受先を自己信託設定後1年以内に決める必要があります。

2　新規事業の資金調達のために設定する信託

⑴　信託の設定パターン

　A社は、自社を委託者及び受託者とする自己信託を設定し、自社の事業のうちリスクのある事業を信託財産として新規事業として立ち上げます。

　資金調達のため、配当率は高いが信託の運営事項に関する受益者の承諾事項を限定し、残余財産の分配などでA社が保有する受益権に劣後する受益権（劣後信託受益権）を信託行為において、設定してB社に譲渡します。

　また、新規事業の市場における期待が高い場合などには、優先信託受益権を受益証券として販売します。

　なお、受益証券として販売する優先信託受益権については、①信託期

間中、事業から生じる利益について受益者である投資家がA社に優先して配当を受けとることができる旨、②信託終了時点では、投資家にリスク事業から生じた利益の額に応じた金額を交付することにより優先信託受益権の償還がされる旨を信託行為に定めることが考えられます。

（注）　劣後信託受益権とは、信託受益権のうち、信託の配当金が優先信託受益権に先に分配されることにより劣後する信託受益権をいいます。

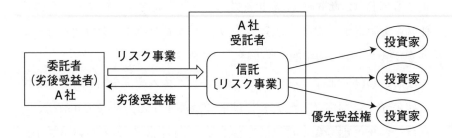

(2)　メリット

　資金の使途がリスク事業の運転資金である等の理由により、金融機関等からの融資が困難な場合などの資金調達方法として、自己信託としての事業信託を考えることができます。

　なお、信託期間が20年以下であれば法人課税信託には該当せず、受益者等課税信託となります。

　また、受益証券を発行した場合、その信託が「特定受益証券発行信託」に該当するときは、集団投資信託となります。集団投資信託は法人課税信託ではないため、法人課税信託としての課税は受けませんが、「特定受益証券発行信託」でないときは、法人課税信託として課税されます。

Q 43　事業再生のための信託

事業再生のために設定する信託にはどのような方法やメリットがありますか。

解説

1　事業再構築のための資金調達

(1)　信託の設定パターン

A社は、不採算事業の立直しのための資金調達方法として、自社の事業のうち高収益事業を信託財産とする自己信託を設定し、その高収益事業から生ずる収益を原資として分配する受益権を投資家に販売します。

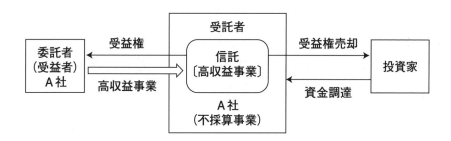

(2)　メリット

事業再構築のための資金調達の手段として、全体の事業から高収益事業だけを切り離して信託を設定することにより、担保価値のある資産を有していない場合でも、高収益事業から生ずる安定した収益を担保に有利な条件での資金調達ができ、その資金を不採算事業の立て直しに投入することが可能になります。

2　赤字事業の再生

(1)　信託の設定パターン

　黒字事業と赤字事業のあるA社（委託者兼受益者）が、赤字事業について高い技術・収益力を持っているB社を受託者として、その赤字事業を信託することにより事業再生を図ります。

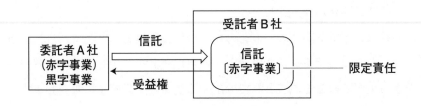

(2)　メリット

　事業信託を利用することにより、事業そのものの所有を継続しながら事業再生を第三者に委ね、信託期間終了（再生）後はその事業を再び委託者であるA社の元に戻すことができます。

　受託者であるB社にとっては、新規資金を投入せずに収益の機会を得ることができ、また、資金リスクをとることなく、事業再生の進捗や自社事業との相乗効果を見極めたうえでその事業を買収するという選択肢も出てきます。

　なお、信託を限定責任信託とすることで、受託事業のリスクがB社の固有財産に及ぶことを防ぐこともできます。

3　財務リストラクチャリング

(1)　信託の設定パターン

　過剰債務企業であるA社は、その事業のうち再生可能な事業についてB社を受託者、A社を受益者とする信託を設定します。

　事業の再生の目途がついた段階あるいは赤字事業や過剰債務の整理の見込みがついた段階で信託を終了させて、再生可能な事業を A 社に戻します。

　また、事業再生がある程度進んだ段階で受益権を投資家あるいは受託者に売却するという選択肢もあります。

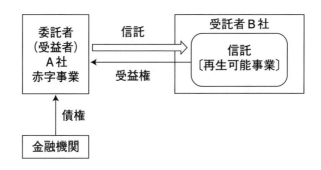

(2)　メリット

　経営不振により過剰債務になった企業の財務リストラクチャリングの一手法として、過剰債務企業である A 社が、再生の可能性がある事業を第三者に信託することにより、赤字事業と過剰債務から再生可能な事業を分離して事業価値の低下を防ぎ、早期の再生を図ることができます。

　A 社は受益者として受益権を保有するので、債権者との交渉・調整又は債権者間の調整がまとまる前であっても信託の設定をすることができ、赤字事業と過剰債務から再生可能な事業を分離して事業価値の毀損を防ぐことができます。

　融資をしている金融機関にとっても、A 社が過剰債務による信用不安や資金不足で事業が毀損している状態で事業を売却するよりも、より多額の債権回収を期待することができることになります。

4　事業受託用の新会社を設立する場合

(1)　信託の設定パターン

上記2及び3の応用形として、赤字事業を抱えるA社から再生可能な事業を受託するB社が100％出資する新会社C社を設立し、C社を受託者として事業再生を図る信託を設定します。

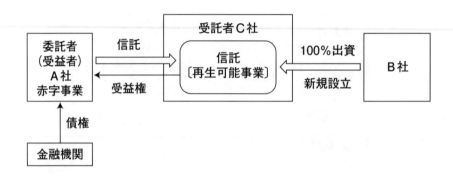

(2)　メリット

C社は、その事業内容に応じた柔軟な報酬制度などを採用することができ、また、B社の固有財産と信託財産を分別管理する実務上の煩雑さを減らすことができます。

5　グループ内再編の場合

(1)　信託の設定パターン

上記3の応用形として、グループ企業の子会社であるB社は、赤字の事業部門を有しているため、その事業のうち再生可能な部門を親会社であるA社を受託者として、事業再生を図る信託を設定します。

事業再生後には信託を終了させてその事業をB社に戻します。

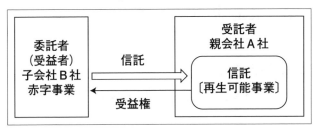

⑵　メリット

　事業信託を設定することにより、事業経営の実際の運営は親会社であるＡ社が行いつつ、Ｂ社はその繰越欠損金を活用することができ、事業譲渡や会社分割によりＡ社に事業を移転する場合と比較して、税務上のメリットがあります。

　また、その再生計画に従事するＡ社の従業員にとっても、経営不振のＢ社に出向・転籍するよりも、Ａ社の従業員として再生事業に従事する方が心理的にも仕事に対する士気が高くなるものと考えられます。

第6章　受益証券発行信託

Q44　受益証券発行信託の概要

受益証券発行信託のしくみについて教えてください。

解説

受益証券発行信託とは、信託行為において、一又は二以上の受益権を表示する証券（受益証券）を発行する旨の定めのある信託をいいます（法185①）。

また、受益証券発行信託では、必ずしもすべての受益権について受益証券を発行しなければならないものではなく、信託行為において、特定の内容の受益権については受益証券を発行しない旨を定めることができます（法185②）。

そして、受益証券発行信託においては、信託の変更によって、受益証券発行信託以外の信託に変更できないとされ、反対に、受益証券を発行しない信託から受益証券発行信託に変更することもできません（法185③④）。

なお、受益証券発行信託は、信託法の改正（平成19年9月30日施行）により創設された制度であり、受益証券発行信託の受益権（税法上は、「受益証券」の語は使用されず、「特定受益証券発行信託の受益権」というように「受益権」という語が使用されています。）は、金融商品取引法において有価証券に該当するものとされます（金融商品取引法2①十四）。

Q45　受益証券発行信託における課税関係

受益証券発行信託の課税関係について教えてください。

解説

受益証券発行信託は、受益者が不特定多数となり、信託財産から生じる所得を受益者の所得とすることが実態に合わないこと、実務上もそれぞれの受益者の所得の計算が困難になると想定されることから、税法上は「法人課税信託」として、信託の受託者を納税義務者として信託財産から生じる所得について受託者の固有財産から生じる所得とは区分して法人税が課税されます（ただし、特定受益証券発行信託を除く。）（法法2二十九の二イ、4の6①）。

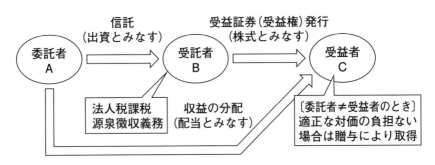

1　信託設定時の課税関係

(1)　委託者

受益証券発行信託（法人課税信託）の委託者は、その信託の受託者（受託法人）に対して出資をしたものとみなされます（所法6の3六、法法4の7九）。

この場合において、委託者により信託された資産の信託された時の価額からこれと併せて受託法人に移転した負債の移転した時の価額を減算した金額は、受託法人の資本金等の金額に含まれるものとされます（法

令14の10④）。

　金銭を信託資産等とした場合には、信託の設定によって損益は生じないため、委託者に課税関係は生じませんが、金銭以外の資産及び負債を信託資産等とした場合には、会社に対して現物出資をした場合と同様に、その資産及び負債を受託者に対して時価で譲渡したものとされ、譲渡損益を認識することになります。

(2)　**受託者**

　受託法人は、受益証券発行信託の設定に際して出資を受けたものとされますが、出資を受けることは資本等取引に該当することから、課税関係は生じません。

　受託法人は、法人課税信託の効力が生じる日に設立されたものとされ、設立の日以後2月以内に所定の事項を記載した届出書を所轄税務署長に提出しなければなりません（法法4の7七、148①）。

(3)　**受益者**

　受益証券発行信託の受益権は、株式又は出資とみなされ、受益者は株主等に含まれるものとされます。

　この場合において、その法人課税信託の受託者である法人の本来の株式又は出資は、受託法人の株式又は出資でないものとみなされ、その受託者である法人の本来の株主等はその受託法人の株主等でないものとみなされます（法法4の7六）。

　①　委託者＝受益者の場合

　　信託設定時に委託者と受益者が同一の場合には、受益者に課税関係は生じません。

　②　委託者≠受益者の場合

　　信託設定時に委託者と受益者が異なる場合には、受益者が委託者に対して適正な対価を負担せずにその信託が設定された場合には、受益

者はその信託の効力が生じた時において、その信託に関する権利を委託者から贈与により取得したものとみなされます（相法9の2①）。

　この場合において、委託者が個人で受益者が個人の場合は贈与税（信託の効力が委託者の死亡に基因して生じた場合は相続税）が、委託者が個人で受益者が法人である場合は受益者に法人税が課税されます。

　なお、受益者から委託者に対価の支払はあったが適正な対価でなかった場合には、実際に支払われた対価の額と適正な対価の額（時価）との差額について受贈益課税が生じることになります。

2　信託期間中の課税関係（信託財産に係る所得についての課税）

(1)　委託者

委託者に課税関係は生じません。

(2)　受託者

法人課税信託の受託者である法人（受託者が個人である場合には受託者である個人）は受託法人と定義され、個人であっても会社とみなされて、信託財産から生じた所得には法人税が課税されます（法法4の7柱書、三）。

　信託財産から生じる所得の計算は、受託者の固有財産と信託財産を区別して行います。また、受託者が複数の信託を受託している場合には、各信託を区別してそれぞれの信託について法人税の計算をすることになります。つまり、各信託ごとに1法人とみなして法人税の計算をします（法法4の6、4の8）。

(3)　受益者

受益者に課税関係は生じません。

3　信託期間中の課税関係（収益分配時の課税）

(1)　委託者

委託者に課税関係は生じません。

(2)　受託者

受託者に課税関係は生じません。

法人から受ける剰余金の配当で資本剰余金の額の減少に伴うもの以外のものは、配当所得とされます（所法24①）。

したがって、受託法人が受益者に対して法人課税信託に係る収益の分配を行う場合に、その収益の分配は配当所得になることから、受託法人は所得税の源泉徴収義務を負うとともに、支払調書の提出義務を負います（所法181①、225①）。

このため、受託法人は、収益の分配を行う時までに、受益者から、受益者の住所、氏名等の報告を受けるとともに、その収益の分配が法人課税信託の収益の分配である旨の通知をしなければなりません（所法224①③、法令14の10⑦）。

(3)　受益者

受益者が個人の場合は、収益の分配に係る所得は配当所得となり、配当控除の適用があります（所法24①、92①）。

また、受益者が法人の場合、法人課税信託の収益の分配は、資本剰余金の減少に伴わない剰余金の配当とみなされることから（法法4の7十）、受取配当等の益金不算入の規定の適用を受けることができます（法法23、法基通12の6-2-3）。

これらの規定は、信託財産から生じる所得について、既に受託法人に対して法人税が課税されていることから、二重課税を排除するために設けられています。

なお、受取配当等の益金不算入の適用を受ける場合において、関係法

人株式等及び非支配目的株式等の判定に当たっては、たとえ受益者がその法人課税信託の受託者である法人の株式又は出資を有していたとしても、受益者が有する受益権のみにより判定を行うこととなります（法基通 12 の 6-2-3（注））。

4　信託期間中の課税関係（元本払戻し時の課税）

(1)　委託者

委託者に課税関係は生じません。

(2)　受託者

受託者に課税関係は生じません。

(3)　受益者

法人課税信託の元本の払戻しは、資本剰余金の減少に伴う剰余金の配当とみなさます（法法 4 の 7 十）。払戻しにより受益者が支払を受ける金額のうち、払戻しの対象となった資本金等の額を超える部分の金額は、配当とみなされます（所法 25 ① 四、法法 24 ① 四）。

受益者が個人の場合は、配当控除の適用があります（所法 24 ①、92 ①）。

また、受益者が法人の場合は、受取配当等の益金不算入の規定の適用を受けることができます（法法 23、法基通 12 の 6-2-3）。

なお、払戻しにより支払を受ける金額のうち、資本金等の額が受益権の取得価額を超える部分の金額に相当する額は、譲渡に係る所得として課税されます（法法 61 の 2 ⑱、法令 119 の 9、措法 37 の 10 ③ 四、所令 61 ② 四）。

5　信託期間中の課税関係（受益権譲渡時の課税）

(1)　委託者

委託者に課税関係は生じません。

(2)　受託者

受託者に課税関係は生じません。

(3)　受益者

法人課税信託の受益権は株式又は出資とみなし、その受益者は株主等に含まれるものとされています（所法6の3四、法法4の7六、措法2の2）。

したがって、受益権を譲渡する受益者に対して、譲渡対価の額とその受益権の帳簿価額との差額について、株式等の譲渡があった場合と同様の課税が行われることになります。

6　信託終了時の課税関係

(1)　委託者

委託者に課税関係は生じません。

(2)　受託者

法人課税信託について信託が終了した場合には、その法人課税信託に係る受託法人の解散があったものとみなされます（法法4の7八）。

したがって、受託法人には、信託の終了時において、清算所得に対する法人税が課税されます。

(3)　受益者

①　受益者が帰属権利者である場合

信託終了時に受益者が受領する残余財産のうち、払戻しの対象となった資本金等の額を超える部分の金額は、配当とみなされます（所法25①四、法法24①四）。

　払戻しにより支払を受ける金額のうち、資本金等の額が受益権の取得価額を超える部分の金額に相当する額は、譲渡所得として課税されます（法法 61 の 2 ⑱、法令 119 の 9、措法 37 の 10 ③四、所令 61 ②四）。

②　受益者と帰属権利者が異なる場合

　信託終了時に、受益者以外の者が残余財産の給付を受け、その際に適正な対価を負担していない場合には、受益者から贈与（受益者の死亡に基因してその信託が終了した場合には、遺贈）を受けたものとされます（相法 9 の 2 ④）。

第7章　特定受益証券発行信託

1　特定受益証券発行信託

Q 46　特定受益証券発行信託の概要

特定受益証券発行信託のしくみについて教えてください。

解説

　信託法の改正（平成19年9月30日施行）により、これまで貸付信託、投資信託及び特定目的信託に限られていた受益権の証券化が一般的に認められています。

　受益証券発行信託の受益者は、割合的単位に細分化された受益権を有し、その受益権は転々流通することが想定されるため、受益者が信託財産に属する資産及び負債を有するものとみなすことは、実態上適当でなく、実務上の計算が困難になることが想定されます。

　そこで、受益証券発行信託のうち適正に信託事務の実施をすることができると認められるものとして一定の要件に該当する者を受託者とし、過度な課税の繰延べが生じないものとして一定の要件に該当する信託を特定受益証券発行信託として集団投資信託に追加されました。一方、このような要件を満たさない受益証券発行信託については、法人課税信託とすることとされています。

特定受益証券発行信託

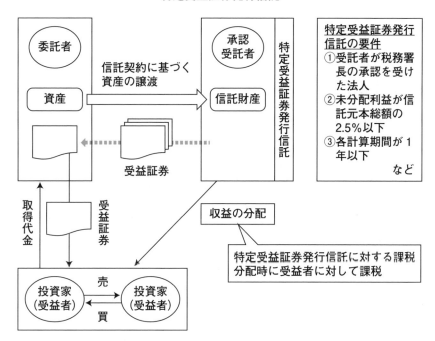

1　特定受益証券発行信託の要件

　特定受益証券発行信託とは、受益証券発行信託（法185③）のうち、次に掲げるすべての要件を満たすものをいいます（所法2①十五の五、法法2二十九ハ、法令14の4）。

①　受託者は税務署長の承認を受けた法人（承認受託者）であること。

②　各計算期間終了時における利益留保割合（各計算期間の終了の時における未分配利益の額として計算した金額のその時における元本の総額に対する割合）が1,000分の25を超えない旨の定めのある信託であること。

③　各計算期間開始の時において、その時までに到来した各算定期間の利益留保割合が1,000分の25を超えていないこと。

④　計算期間が1年を超えないこと。

⑤　受益者（受益者としての権利を現に有する者に限る。）が存しない信託に該当したことがないこと。

2　承認受託者

承認受託者とは、信託事務の実施につき一定の要件に該当するものであることについて税務署長の承認を受けた法人とされていますが、その一定の要件とは次のとおりです（法令14の4①②）。

①　次に掲げるいずれかの法人に該当すること。

・　信託会社（信託業法2条4項に規定する管理型信託会社を除く。）

・　金融機関の信託業務の兼営等に関する法律1条1項に規定する信託業務を営む金融機関

・　資本金の額又は出資金の額が5,000万円以上である法人（その設立日以後1年を経過していないものを除く。）

②　その引受けを行う信託に係る帳簿書類及び計算書類又は電磁的記録の作成及び保存が確実に行われると見込まれること。

③　その帳簿書類に取引の全部又は一部を隠蔽し、又は仮装して記載又は記録をした事実がないこと。

④　その業務及び経理の状況につき金融商品取引法24条1項《有価証券報告書の提出》に規定する有価証券報告書に記載する方法その他の財務省令で定める方法により開示し、又は会社法435条2項《計算書類等の作成及び保存》に規定する計算書類及び事業報告並びにこれらの附属明細書等について閲覧の請求があった場合には正当な理由がある場合を除き、これらを閲覧させること。

⑤　清算中でないこと。

3　承認受託者の手続と計算書類の提出

　承認受託者の承認を受けようとする法人は、所定の事項を記載した申請書を、その納税地の所轄税務署長に提出しなければなりません（法令14の4③）。

　また、承認受託者は、その法人の各事業年度終了の日の翌日以後2月を経過する日までに、その法人がその受託者である特定受益証券発行信託の各計算期間（その終了の日がその事業年度中にあるものに限る。）の貸借対照表その他財務省令で定める書類を、納税地の所轄税務署長に提出しなければなりません（法令14の4⑨）。

〈特定受益証券発行信託に該当しなくなった場合の計算期間の取扱い〉

　特定受益証券発行信託の計算期間の中途において、その承認受託者がその承認を取り消された場合又はその特定受益証券発行信託の受託者に承認受託者以外の者が就任した場合における、法人税法4条の7《受託法人等に関するこの法律の適用》第7号に掲げる「法人課税信託以外の信託が法人課税信託に該当することとなった場合にはその該当することとなった日」とは、その承認を取り消された日又は承認受託者以外の者が就任した日を含む計算期間の翌計算期間の開始の日をいうこととされています（法基通12の6-1-7）。

　したがって、その承認を取り消された日又は承認受託者以外の者が就任した日を含む計算期間については、特定受益証券発行信託に該当することとなります（同通達（注））。

Q 47　特定受益証券発行信託の課税関係

　特定受益証券発行信託の課税関係について教えてください。

解説

1　信託設定時の課税関係

(1)　委託者

　委託者は、信託財産を受託者に移転することから、資産の譲渡を行ったものとして取り扱われます。

　信託財産が金銭の場合は、その設定において損益は発生しないため、課税関係は生じません。

　信託財産が金銭以外の場合は、その資産を時価で受託者に譲渡したものとされて譲渡損益を認識することになります。

(2)　受託者

　法人が受託者となる特定受益証券発行信託は集団投資信託に該当する（法法2二十九ハ）ことから、信託財産に属する資産及び負債並びにその信託財産に帰せられる収益及び費用は、その法人の各事業年度の所得の金額の計算上、その法人の資産及び負債並びに収益及び費用でないものとみなされます（法法12③）。したがって、特定受益証券発行信託の受託者に課税関係は生じません。

　なお、「その法人の資産及び負債並びに収益及び費用でないものとみなして、法人税法の規定を適用する」のは、「その法人の各事業年度の所得の金額の計算上」に限られるのであって、それ以外の場面、例えば、委託者の所得の計算上は、私法上の権利関係と同様、信託財産に属する資産及び負債並びにその信託財産に帰せられる収益及び費用は受託者に帰属するものと取り扱われます。

　したがって、受託法人が収益を認識した時点ではその収益が帰属する者はなく課税は生じませんが、受益者に収益が分配された時点で受益者に課税されることになります。

(3)　**受益者**

受益者に課税関係は生じません。

2　信託期間中の課税関係（信託財産に係る所得についての課税）

(1)　**委託者**

委託者に課税関係は生じません。

(2)　**受託者**

上記1(2)のとおり、信託財産から生じる所得について受託者に課税関係は生じません。

(3)　**受益者**

信託財産から生じる所得について受益者に課税関係は生じません。

3　信託期間中の課税関係（収益分配時の課税）

(1)　**委託者**

委託者に課税関係は生じません。

(2)　**受託者**

収益の分配時に受託者に課税関係は生じません。

なお、特定受益証券発行信託の収益の分配は配当所得とされ（所法24①）、配当等に含まれるため、受託者は、収益の分配を行う場合には、その収益の分配について源泉徴収義務を負うとともに、配当等に係る支払調書を提出する必要があります（所法181①、225①）。また、受託者は、収益の分配を行う時までに、受益者から、受益者の住所、氏名等の報告を受けなければなりません（所法224①③）。

(3)　**受益者**

①　個人の場合

特定受益証券発行信託の収益の分配は、配当所得として所得税が課

税されますが、配当控除の適用はありません（所法24①、92①）。

② 法人の場合

　通常の配当金を受領した場合と同様、収入金額を益金として認識することになりますが、受取配当の益金不算入の規定の適用はありません（法法23①）。

4　信託期間中の課税関係（受益証券譲渡時の課税）

(1)　委託者及び受託者

委託者及び受託者に課税関係は生じません。

(2)　受益者

① 個人の場合

　特定受益証券発行信託の受益権の譲渡は、一般株式等又は上場株式等の譲渡として分離課税となります（措法37の10②五、37の11②三の二）。

② 法人の場合

　譲渡益が法人税の課税所得となります。

5　信託終了時の課税関係

(1)　委託者

受益権を有しない委託者については、課税関係は生じません。

(2)　受託者

受託者に課税関係は生じません。

(3)　受益者

① 個人の場合

　特定受益証券発行信託の受益者が、信託の終了により交付を受ける金銭及び金銭以外の資産の価額の合計額のうち、信託されている金額

に達するまでの金額は株式等に係る譲渡所得の収入金額とみなして、譲渡所得が課税されます（措法 37 の 10 ④、37 の 11 ④）。

　また、信託されている金額を超える部分の金額は配当所得の収入金額として配当所得が課税されます（所令 58 ①）。

　なお、配当控除の適用はありません。

② 　法人の場合

　受益者が法人の場合、収入金額を益金と認識しますが、受取配当等の益金不算入の規定の適用はありません（法法 23 ①）。

2　その他

Q 48　JDR（日本版預託証券）

JDR（日本版預託証券）について教えてください。

解説

　外国の有価証券を自国の証券市場（金融商品取引所など）において円滑に流通させるため、預託契約に基づいて原証券を預託させ、その預託契約に基づいて発行される「預託証券 DR（＝ Depositary　Receipt)」を取引対象とする制度があります。

　米国市場における米国預託証券 ADR（American　Depositary　Reccipt）や欧州市場における GDR（Global　Depositary　Receipt）がその顕著な例です。日本においても金融商品取引法に「預託証券」の規定が設けられていますが（金融商品取引法 2 ①二十）、外国の株式、債券、ETF（上場投資信託）など種々の有価証券の日本国内での取引を一層活性化しようと整備されたのが「日本版預託証券 JDR（Japanese　Depositary　Receipt)」です。

　JDR（日本版預託証券）は、外国の有価証券を受託有価証券（信託財産）として、日本国内において日本の信託法に基づいて発行される国内の受益証券発行信託の受益権（受益証券）です。

　ADR や GDR、あるいは金融商品取引法 2 条 1 項 20 号に規定する「預託証券」と異なり、JDR は、預託契約によるものではなく、信託法に基づく受益証券発行信託そのものであるので、受託者は信託法上の規制に服し、受益者は、信託法上の保護を受けることになるので、投資家に広範な資産運用対象を提供することになります。

　金融商品取引法は、「信託法に規定する受益証券発行信託の受益証券」は有価証券に該当すると規定し（金融商品取引法 2 ①十四）、金融商品取引法施行令は有価証券を信託財産とする受益証券発行信託を「有価証券信託受益証券」と定義しています（金融商品取引法施行令 2 の 3 三）。

　受益証券発行信託は、信託法上、信託財産が有価証券に限定されていないので、有価証券以外の資産、例えば、商品（コモディティ（Commodity））を信託財産とするものも存在しています。これを、東京証券取引所では、その内部規則の「業務規程」において「内国商品信託受益証券」と定義しています（業務規程 2 (1)）。

　有価証券信託受益証券については、東京証券取引所の「有価証券上場規程」において次のように分類しています（有価証券上場規程 2、1001）。

(1)　外国株信託受益証券

　外国株信託受益証券とは、有価証券信託受益証券のうち、受託有価証券（信託財産）が外国株券であるものをいいます。

　これは、外国の株式を信託財産とするものであるので、JDR の典型です。

(2)　外国指標連動証券信託受益証券（ETN 信託受益証券）

　外国指標連動証券信託受益証券とは、有価証券信託受益証券のうち、

受託有価証券（信託財産）が外国指標連動証券であるものをいいます。

「外国指標連動証券」とは、外国法人が外国で発行する有価証券のうち、社債券の性質を有するもの（外国社債券）であって、その外国社債券の償還価額が特定の指標 Index（金融商品市場における相場その他の指標）に連動することを目的とするものをいいます。

この「外国指標連動証券」がいわゆる ETN（Exchange Traded Note）といわれる有価証券であって、指標連動型の外国債券（外国社債）Index　Bond ということになります。東京証券取引所では、この ETN を信託財産とする外国指標連動証券信託受益証券を「ETN 信託受益証券」と呼び、この ETN 信託受益証券は、特定受益証券発行信託に該当する有価証券であるとしています。

⑶　外国 ETF 信託受益証券

外国 ETF 信託受益証券は、有価証券信託受益証券のうち、受託有価証券（信託財産）が外国 ETF であるものをいいます。

⑷　外国商品現物型 ETF 信託受益証券

外国商品現物型 ETF 信託受益証券は、有価証券信託受益証券のうち、受託有価証券（信託財産）が外国商品現物型 ETF であるものをいいます。

Q 49　ETF（上場投資信託）

ETF（上場投資信託）について教えてください。

解説

ETF とは、Exchange　Traded　Fund の略語であって、日経平均や TOPIX などの株価指数や商品価格、商品指数などの一定の指数 Index の変動率に連動するように、そのファンドの資産を運用する「投資信

託」をいいます。

ETF については、東京証券取引所の「有価証券上場規程」において次のように定められています（有価証券上場規程1001）。

(1)　内国 ETF

内国 ETF とは、国内投資信託の受益証券であって、その信託財産等の1口当たりの純資産額の変動率を特定の指標の変動率に一致させるよう運用する投資信託に係るものをいいます。

この内国 ETF は、法的には信託の受益権です。

(2)　外国 ETF

外国 ETF とは、次のものをいいます。

①　外国投資信託の受益証券であって、その信託財産等の1口当たりの純資産額の変動率を特定の指標の変動率に一致させるよう運用する外国投資信託に係るもの

②　外国投資証券であって、その信託財産等の1口当たりの純資産額の変動率を特定の指標の変動率に一致させるよう運用するもの。

外国投資証券には、「外国投資法人債券」も含まれるので、外国投資法人債券に該当する外国 ETF も存在するということになります。

結局、外国 ETF を法的に分類すると、外国投資信託の受益権、外国投資法人の投資口（外国投資証券）、外国投資法人債券の3種類があることになります。

(3)　外国 ETF 信託受益証券

外国 ETF 信託受益証券とは、有価証券信託受益証券（有価証券を信託財産とする国内の受益証券発行信託の受益権）のうち、信託される有価証券が外国 ETF であるものをいいます。

これは、法的には、国内の受益証券発行信託の受益権（受益証券）ですが、次の3種類に分類されます。

① 外国 ETF である外国投資信託を信託財産とするもの

② 外国 ETF である外国投資法人の投資口を信託財産とするもの

③ 外国 ETF である外国投資法人債券を信託財産とするもの

(4)　内国商品現物型 ETF

　内国商品現物型 ETF とは、国内の受益証券発行信託の受益権（受益証券）であって、特定の商品の価格に連動することを目的として、主としてその特定の商品をその信託財産とするもの（その受益権の口数に応じて受益者が均等の権利を有するものに限る。）をいいます。

　これは、商品取引所において上場されている貴金属など特定の商品を信託財産とする受益証券発行信託の受益権（受益証券）であり、「特定受益証券発行信託」に該当して集団投資信託となるものと、「特定受益証券発行信託」に該当せずに法人課税信託になるものに分かれます。

(5)　外国商品現物型 ETF

　外国商品現物型 ETF とは、外国有価証券のうち、受益証券発行信託の受益権（受益証券）の性質を有するものであって、特定の商品の価格に連動することを目的として、主としてその特定の商品をその信託財産とするもの（その受益権の口数に応じて受益者が均等の権利を有するものに限る。）をいいます。

　これについても、「特定受益証券発行信託」に該当して集団投資信託となるものと、「特定受益証券発行信託」に該当せずに法人課税信託になるものに分かれます。

(6)　外国商品現物型 ETF 信託受益証券

　外国商品現物型 ETF 信託受益証券とは、有価証券信託受益権（有価証券を信託財産とする国内の受益証券発行信託の受益権）のうち、信託される有価証券が外国商品現物型 ETF であるものをいいます。

　これは国内の受益証券発行信託であり、「特定受益証券発行信託」に

該当して集団投資信託となるものと、「特定受益証券発行信託」に該当せずに法人課税信託になるものに分かれます。

Q 50　障害者等への非課税信託

障害者等への非課税信託である特定贈与信託について教えてください。

解説

特定贈与信託は、特定障害者の生活の安定を図ることを目的に、その親族等が金銭等の財産を信託銀行等に信託するものです。

信託銀行等は、信託された財産を管理・運用し、特定障害者の生活費や医療費として定期的に金銭を交付します。

この信託を利用すると、特別障害者（重度の心身障害者）については、6,000万円、特別障害者以外の特定障害者（中軽度の知的障害者及び障害等級2級又は3級の精神障害者等）については3,000万円を限度として贈与税が非課税になります（相法21の4）。そして相続開始前3年の贈与加算の対象にもなりません（相法19）。

(1)　特別障害者（相令4の4②、所令10②）

次のいずれかに該当する者は特別障害者となります。

① 精神上の障害により事理を弁識する能力を欠く常況にある者又は児童相談所、知的障害者更生相談所、精神保健福祉センター若しくは精神保健指定医の判定により重度の知的障害者とされた者

② 精神障害者保健福祉手帳に精神保健及び精神障害者福祉に関する法律施行令6条3項に規定する障害等級が1級である者として記載されている者

③ 身体障害者手帳に身体上の障害の程度が1級又は2級である者と

して記載されている者

④　戦傷病者手帳に精神上又は身体上の障害の程度が恩給法別表第1号表ノ2の特別項症から第3項症までである者として記載されている者

⑤　原子爆弾被爆者に対する援護に関する法律11条1項の規定による厚生労働大臣の認定を受けている者

⑥　常に就床を要し、複雑な介護を要する者のうち精神又は身体の障害の程度が上記①又は③の者に準ずるものとして市町村長等の認定を受けている者

⑦　精神又は身体に障害のある年齢65歳以上の者で、その障害の程度が上記①又は③に準ずるものとして市町村長等の認定を受けている者

(2)　特別障害者以外の特定障害者（相令4の8）

特別障害者以外で次のいずれかに該当する者は特定障害者となります。

①　精神上の障害により事理を弁識する能力を欠く常況にある者又は児童相談所、知的障害者更生相談所、精神保健福祉センター若しくは精神保健指定医の判定により中程度の知的障害者とされた者

②　精神保健及び精神障害者福祉に関する法律45条2項の規定により精神障害者保健福祉手帳の交付を受けている者

③　精神又は身体に障害のある年齢65歳以上の者で、その障害の程度が上記①の者に準ずるものとして市町村長等の認定を受けている者

(3)　信託の受託者

信託の受託者は、信託会社及び信託業務を営む金融機関に限られます（相法21の4①、相令4の9）。

⑷　信託契約

　信託契約は、特定障害者扶養信託契約である必要があります（相法21の4①）。特定障害者扶養信託契約とは、個人が受託者と締結した金銭、有価証券その他の財産で政令（相令4の11）で定めるものの信託に関する契約で、その個人以外の1人の特定障害者を信託の利益の全部についての受益者とするもののうち、その契約に基づく信託がその特定障害者の死亡の日に終了することとされていることその他の政令（相令4の12）で定める要件を備えたものをいいます（相法21の4②）。

　［信託財産の範囲］

① 　金銭

② 　有価証券

③ 　金銭債権

④ 　立木及びその立木の生立する土地（その立木とともに信託されるものに限る。）

⑤ 　継続的に相当の対価を得て他人に使用させる不動産

⑥ 　特定障害者扶養信託契約に基づく信託の受益者である特定障害者の居住の用に供する不動産（その特定障害者扶養信託契約に基づいて上記①〜⑤に掲げる財産のいずれかとともに信託されるものに限る。）

　［信託契約の要件］

イ 　その特定障害者扶養信託契約に基づく信託は、その特定障害者扶養信託契約の締結の際におけるその信託の受益者である特定障害者の死亡の日に終了することとされていること。

ロ 　その特定障害者扶養信託契約に、その特定障害者扶養信託契約に基づく信託は、取消し又は合意による終了ができず、かつ、その信託の期間及びその特定障害者扶養信託契約に係る上記イの受益者は変更することができない旨の定めがあること。

ハ　その特定障害者扶養信託契約に基づく上記イの特定障害者に係る
　　信託財産の交付に係る金銭（収益の分配を含む。）の支払は、その特
　　定障害者の生活又は療養の需要に応じるため、定期に、かつ、その
　　実際の必要に応じて適切に、行うこととされていること。

ニ　その特定障害者扶養信託契約に基づき信託された財産の運用は、
　　安定した収益の確保を目的として適正に行うこととされているもの
　　であること。

ホ　その特定障害者扶養信託契約に、その特定障害者扶養信託契約に
　　基づく信託に係る信託受益権については、その譲渡に係る契約を締
　　結し、又はこれを担保に供することができない旨の定めがあるこ
　　と。

第8章　信託と税務申告

Q 51　信託財産である賃貸不動産の収入に係る申告

　私（A）は、所有する賃貸不動産（貸室 15 室）について、自己を受益者とし、不動産管理会社を受託者とする信託の設定を考えています。この場合、信託財産である賃貸不動産の収入については、どのように申告すればよいのでしょうか。

解説

1　信託財産に係る収益及び費用の帰属とその時期

　受益者は、その信託の信託財産に属する資産及び負債を有するものとみなし、かつ、その信託財産に帰せられる収益及び費用はその受益者の収益及び費用とみなして、所得税法及び法人税法の規定が適用されます（所法 13 ①②、法法 12 ①②）。

　受益者が個人の場合、信託財産に帰せられる収益及び費用は、その信託行為に定める信託の計算期間にかかわらず、その信託の受益者のその年分の各種所得の金額の計算上総収入金額又は必要経費に算入します（所基通 13-2）。

　したがって、受益者である A が賃貸不動産を所有するものとして、その収益及び費用については、仮に受託者における信託の計算期間が毎年 3 月末決算であったとしても、個人である A は、暦年である 1 月 1 日から 12 月 31 日までの期間の不動産所得に係る総収入金額及び必要経費に算入して、不動産所得の金額を計算することになります。

2　信託に係る所得の金額の計算

　受益者の信託に係る各種所得の金額の計算上総収入金額又は必要経費に算入する金額は、その信託の信託財産から生ずる利益又は損失をいうのではなく、その信託財産に属する資産及び負債並びにその信託財産に帰せられる収益及び費用をその受益者のこれらの金額として計算したところによります（所基通13-3）。

　すなわち、信託財産に係る不動産所得の金額の計算上総収入金額又は必要経費に算入する額は、信託に係る収益の分配として受託者から受領した金額ではなく、受益者が有する受益権に応じて有するとされる信託財産に属する資産及び負債並びにその受益権に応じて帰せられるものとされる収益及び費用を基にして計算することになります。

　したがって、信託財産を管理する受託者から受領する収益の分配金に基づいて所得金額の計算をするのではありません。

　なお、信託財産に属する資産及び負債並びに信託財産に帰せられる収益及び費用については、受託者は、毎年1回一定の時期に、信託財産に係る帳簿として、貸借対照表、損益計算書その他の書類又は電磁的記録を作成して受益者に報告しなければならないとされていることから（法37②③）、これらの書類等を基に受益者に係る不動産所得の総収入金額及び必要経費の計算をすることができます。

　ただし、信託財産に係る帳簿は、信託行為で定められた1年以下の期間をもって作成されており、必ずしも受益者の課税期間と一致しないことから、受益者は一致しない期間の収益及び費用を調整する必要があるため、信託の計算期間は受益者の課税期間に合わせておくことが適当であると思われます。

　また、消費税についても、信託の受益者は、その信託の信託財産に属する資産を有するものとみなし、かつ、その信託財産に係る資産等取引

は受益者の資産等取引とみなすとされていることから（消法14①）、賃貸不動産に係る資産等取引については、受益者の資産等取引として消費税の申告をすることになります。

3　提出書類等

　信託から生ずる不動産所得を有する個人が確定申告書を提出する場合には、不動産所得用の明細書（青色申告決算書又は収支内訳書）のほか、次に掲げる信託に関する事項その他参考となる事項を記載した明細書を確定申告書に添付しなければなりません（措令26の6の2⑥、措規18の24）。

- ①　総収入金額については、信託から生ずる不動産所得に係る賃貸料その他の収入の別
- ②　必要経費については、信託から生ずる不動産所得に係る減価償却費、貸倒金、借入金利子及びその他の経費の別

Q 52　信託に係る不動産所得が損失の場合の申告

　私は、信託を利用して不動産賃貸を行っています。損失が生じた場合には特例があるということですが、どのような規定ですか。

解説

1　特定受益者の不動産所得に係る損益通算等の特例（措法41の4の2）

　不動産所得とは、不動産、不動産の上に存する権利、船舶又は航空機の貸付け（地上権又は永小作権の設定その他他人にこれらの不動産等を使用させることを含む。）による所得をいい、不動産所得の金額の計算上生じた損失の金額は、原則として、他の所得と損益通算することが認められ

ています（所法26①、69①）。

　しかし、特定受益者（信託の受益者（受益者としての権利を現に有するものに限る。）及びみなし受益者をいう。）に該当する個人が、信託から生ずる不動産所得を有する場合において、その年分の不動産所得の損失の金額として一定の金額があるときは、その損失の金額に相当する金額は、その年中の不動産所得に係る総収入金額から必要経費を控除した金額を不動産所得の金額とする規定（所法26）、損益通算の規定（所法69①）、その他の所得税に関する規定の適用については、生じなかったものとみなされます（措法41の4の2①、以下「本特例」という。）。

　この場合における「不動産所得の損失の金額として一定の金額」とは、特定受益者のその年分における信託から生ずる不動産所得に係る総収入金額に算入すべき金額の合計額が、信託から生ずる不動産所得に係る必要経費に算入すべき金額の合計額に満たない場合における、その満たない部分の金額に相当する金額をいいます（措令26の6の2④、下図参照）。

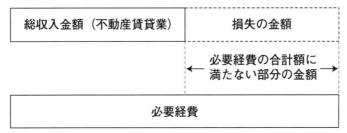

[信託による不動産所得]

　また、その年中における信託による不動産所得の損失の金額のほかに、別の黒字の信託による不動産所得の金額若しくはこれらの事業以外の一般の不動産所得の金額があったとしても、その信託による不動産所

得の損失の金額は、他の黒字の不動産所得の金額から控除（不動産所得内における損益通算）することもできません。

（注）　本特例は、租税特別措置法41条の4の2《特定組合員等の不動産所得に係る損益通算等の特例》として規定されているものです。

2　本特例の趣旨

　本特例は、当初、民法組合から生ずる所得をその組合自体を帰属主体とせずに、持分等に応じて各組合員に帰属するものとする税制上の取扱いや、貸付けの規模や業務への関与の度合いに関係なくその損失と他の所得との損益通算が可能とされている不動産所得の特質を利用した節税を図る動きの顕在化に対応して、平成17年度税制改正において、特定組合員の不動産所得に係る損益通算等の制限措置として講じられたものでした。

　このような節税スキームは、信託を利用することにより行うことも可能であることは従来より指摘されていたところであり、平成18年の信託法の改正により多岐にわたる規定の整備が行われ、信託の利用機会が大幅に拡大することが想定されたため、課税の中立・公平性の観点から、平成19年度税制改正において、信託から生じた不動産所得の損失についても民法組合と同様の措置が講じられました。

《参考》

(1)　**法人である特定受益者の信託に損失がある場合の課税の特例**

　法人が特定受益者に該当する場合において、かつ、その信託につきその債務を弁済する責任の限度が実質的に信託財産の価額とされている場合等には、その法人のその事業年度における信託による損失の額のうち、その信託財産の帳簿価額を基礎として計算した金額を超える部分の金額（信託損失超過額）は、その事業年度の所得の金額の計算上、損金

の額に算入できません（措法 67 の 12 ①）。

　この損金の額に算入されなかった信託損失超過額は、翌事業年度以後の事業年度に繰り越され、その繰り越された事業年度において生じた信託による利益の額を限度として損金の額に算入することができます（措法 67 の 12 ②）。

　なお、特定受益者である法人は、その事業年度の確定申告書に、信託損失金額、信託損失超過額等の計算に関する明細書を添付しなければなりません（措令 39 の 31 ⑰）。

⑵　不動産所得に係る損益通算の特例（措法 41 の 4 ）

　各年分の不動産所得の金額の計算上生じた損失の金額がある場合において、その年分の不動産所得の金額の計算上必要経費に算入した金額のうちに不動産所得を生ずべき業務の用に供する土地又は土地の上に存する権利を取得するために要した負債の利子の額があるときは、その損失の金額のうちその負債の利子の額に相当する部分の金額は、損益通算等の規定の適用はありません。

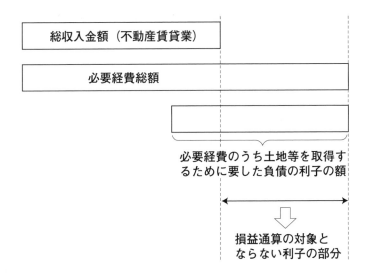

Q 53　受益権が複数に分割された場合の申告

　私は、自己が所有する賃貸不動産（貸室15室）について、長男（受益権割合50％）と長女（受益権割合50％）を受益者とする信託を設定したいと考えています。

　このように受益者が複数存在する場合には、どのように申告すればよいのでしょうか。また、青色申告特別控除はそれぞれに適用できますか。

解説

1　受益権が分割された場合の信託財産に係る収益及び費用の帰属

　受益者が複数存在する場合には、信託の信託財産に属する資産及び負債の全部についてそれぞれの受益者がその有する権利の内容に応じて有するものとみなし、その信託財産に帰せられる収益及び費用の全部がそれぞれの受益者にその有する権利の内容に応じて帰せられるものとして、所得税法及び法人税法の規定を適用するとされていることから（所令52④、法令15④）、受益者が複数存在する場合における信託財産に帰せられる収益及び費用は、その信託財産に係る各受益者が有する受益権の割合に応じて各種所得の金額の計算上総収入金額及び必要経費に算入することになります。

　したがって、受益者である長男及び長女は、信託財産である賃貸不動産を共有しているものとして、その収益及び費用については、長男及び長女のそれぞれの受益権の割合（各50％）により、暦年である1月1日から12月31日までの期間の不動産所得に係る総収入金額及び必要経費に算入して不動産所得の金額を計算することになります。

2　信託に係る所得の金額の計算

　受益者である長男及び長女の信託財産に係る不動産所得の金額の計算

上総収入金額又は必要経費に算入する額は、信託に係る収益の分配として受託者から受領した金額ではなく、長男及び長女の有する受益権の割合（各50％）に応じて有するとされる信託財産に属する資産及び負債並びにその受益権に応じて帰せられるものとされる収益及び費用を基に計算することになります。

　また、消費税についても、信託の受益者は、その信託の信託財産に属する資産を有するものとみなし、かつ、その信託財産に係る資産等取引は受益者の資産等取引とみなすとされていることから（消法14①）、賃貸不動産に係る資産等取引については受益者の資産等取引として消費税の申告をすることになります。

3　青色申告特別控除

　個人である受益者に帰せられる信託財産に係る収益及び費用については、所得税法の規定を適用して、その受益者の各種所得の金額の計算上総収入金額及び必要経費に算入するとされていることからすれば、その申告及び納税手続に関しても所得税法の規定が適用されることになります。したがって、青色申告特別控除については、信託における受益者についても適用されることになります。

　ところで、青色申告特別控除のうち55万円（65万円）の控除は、不動産所得又は事業所得を生ずべき事業を営む青色申告者で一定の要件を満たす者に適用することとされており（措法25の2①③④））、また、建物の貸付けが事業として行われているかどうかについては、事業と称するに至る程度の規模で貸付けを行っているかどうかにより判定します（形式的基準として所得税基本通達26-9参照）。そして、建物の所有が2人以上の共有の場合については、その建物全体として判定するのか、共有持分によってあん分して判定するのかが問題となりますが、原則とし

て、その建物全体で判定することになります。そうすると、受益者である長男及び長女の信託に係る賃貸不動産の貸付けが事業的規模で行われているかどうかの判定については、その建物全体で判定することとなり、賃貸不動産の貸室は15室あることから事業的規模で行っていると認められます。

したがって、長男及び長女はそれぞれ55万円（65万円）の青色申告特別控除の適用を受けることができます。

〈青色申告特別控除〉

⑴　55万円（65万円）控除

不動産所得又は事業所得を生ずべき事業を営んでいる青色申告者で、これらの所得に係る取引を正規の簿記の原則により記帳し、その記帳に基づいて作成した貸借対照表及び損益計算書を確定申告書に添付して法定申告期限内に提出している場合には、最大55万円控除することができます。ただし、下記①又は②のいずれかに該当する場合は最大65万円控除することができます（措法25の2①③④）。

①　その年分の事業に係る仕訳帳及び総勘定元帳について、電子帳簿保存を行っていること。

②　その年分の所得税の確定申告書及び青色申告決算書の提出を、確定申告書の提出期限までにe-Tax（国税電子申告・納税システム）を使用して行うこと。

⑵　10万円控除

上記以外の青色申告者については、不動産所得、事業所得及び山林所得 を通じて最大10万円を控除することとされています。

Q 54　信託受益権の目的となっている資産の譲渡

信託財産である土地を譲渡した場合の課税関係を教えてください。

解説

1　信託財産に属する資産の譲渡等

　受益者等課税信託の信託財産に属する資産が分離課税とされる譲渡所得の基因となる資産である場合におけるその資産の譲渡、又は受益者等課税信託の受益者等としての権利（信託受益権）の目的となっている信託財産に属する資産が分離課税とされる譲渡所得の基因となる資産である場合におけるその信託受益権の譲渡による所得は、原則としてその受益者等課税信託の受益者等の分離課税の譲渡所得となり、租税特別措置法31条《長期譲渡所得の課税の特例》又は32条《短期譲渡所得の課税の特例》の規定その他の所得税に関する法令の規定を適用することになります（措通31・32共−1の3）。

　したがって、信託財産である土地の譲渡又は信託受益権の目的となっている資産が土地である場合の信託受益権の譲渡は、受益者等の分離課税の譲渡所得となります。

　なお、信託財産に属する資産が譲渡所得の基因となる資産である場合のその資産の譲渡、又は受益者等課税信託の信託受益権の権利の目的となっている信託財産に属する資産が譲渡所得の基因となる資産である場合におけるその信託受益権の譲渡による所得は、原則として譲渡所得となり、所得税法33条《譲渡所得》の規定その他の所得税に関する法令の規定が適用されます（所基通33-1の8）。

2　譲渡所得の金額の計算に当たって留意すべき事項

(1)　譲渡費用

　受益者等課税信託の信託財産に属する資産の譲渡があった場合において、その資産の譲渡に係る信託報酬として受益者等が受託者に支払った金額は、資産の譲渡に要した費用として受益者等の譲渡所得の金額の計

算上控除します。

(2)　資産の取得日

　委託者と受益者等がそれぞれ一であり、かつ、同一の者である場合における受益者等課税信託の信託財産に属する資産を譲渡した場合のその資産又は受益者等課税信託の信託受益権を譲渡した場合のその信託受益権の目的となっている資産については、受益者等（この場合は委託者）が有していたものとみなされることから、これらの資産の取得の日は、受益者等（＝委託者）がこれらの資産を取得した日となります。

　なお、信託財産に属する資産が信託期間中に信託財産に属することとなったものである場合には、その資産が信託財産に属することとなった日が取得の日となります。

(3)　信託受益権の目的となっている信託財産に債務がある場合の収入すべき金額

　受益者等課税信託の信託受益権の目的となっている信託財産に債務が帰属しているケースがありますが、このような信託受益権を譲渡した時の譲渡の対価の額がその債務の額を控除した金額で支払われている場合において、その信託受益権の譲渡による収入すべき金額は、その支払を受けた対価の額にその債務の額を加えた金額となります。

　なお、受益権の目的となっている信託財産に属する資産（金銭及び金銭債権を除く。）が複数ある場合には、その信託受益権の目的となっている信託財産に属する資産の価額の比によりあん分して、個々の資産の譲渡収入金額を算定します。

(4)　信託財産に属する資産の取得費

　受益者等課税信託の委託者がその受益者等課税信託の受益者等となる信託の設定により信託財産に属することとなった資産については、その資産は受益者等（この場合は委託者）が有するものとみなされることか

ら、その受益者等（＝委託者）がその資産を引き続き有しているものとして、所得税法38条《譲渡所得の金額の計算上控除する取得費》の規定を適用して、譲渡所得の金額を計算します。

　なお、信託期間中に、受益者等課税信託の信託財産に属することとなった資産の取得費については、受託者がその資産の取得のために要した金額をもって、受益者等がその資産を取得し引き続き所有しているものとして、譲渡所得の金額を計算します。

3　確定申告書に添付する書類

　受益者等が確定申告書に添付する書類については、昭和55年12月26日付直所3-20ほか1課共同「租税特別措置法に係る所得税の取扱いについて」（法令解釈通達）の28の4-53《信託の受益者における書類の添付》に準ずるとされています。

　信託財産に属する資産は、私法上は受託者に所有権が帰属していることから、例えば、信託財産に属する資産の譲渡が収用交換等による譲渡である場合には、公共事業施行者から受託者に収用証明書が交付されることになり、このため、その資産の譲渡について譲渡所得に関する課税の特例等の適用を受けようとする者（受益者等）とその確定申告書に添付される証明書上の譲渡者（受託者）が一致しないこととなります。このような場合には、確定申告書に添付することとされている書類に、その資産の譲渡が受益者等課税信託の受益者等が受益権等を有する信託の信託財産に属する資産の譲渡である旨の受託者の証明を受ける必要があります。

〈信託財産に属する株式等の譲渡等〉

　受益者等課税信託の信託財産に属する資産が株式等である場合におけるその株式等の譲渡、又は受益者等課税信託の受益権の目的となっている信託財産に属する資産が株式等である場合におけるその受益権の譲渡による所得は、原則として株式等の譲渡所得等となり、租税特別措置法37条の10《一般株式等に係る譲渡所得等の課税の特例》又は37条の11《上場株式等に係る譲渡所得等の課税の特例》の規定その他の所得税に関する法令の規定を適用することとなります（措通37の10・37の11共—21）。

Q55　委託者が有する資産を信託した場合の譲渡所得の計算

　受益者等課税信託の委託者が自己の有する不動産を信託した場合、委託者に係る譲渡所得の金額の計算はどのようにすればよいのでしょうか。
　なお、この信託の受益者は法人です。

解説

1　所得税法67条の3《信託に係る所得の金額の計算》第3項の定め

　受益者等課税信託の委託者がその有する資産を信託した場合において、その受益者等課税信託の受益者等となる者（法人に限る。）が適正な対価を負担せずに受益者等となる者であるときは、その資産を信託した時において、委託者から受益者等となる者に対して贈与（受益者等となる者が対価を負担している場合には、その対価の額による譲渡）によりその受益者等課税信託に関する権利に係る資産の移転が行われたものとして、委託者の各年分の各種所得の金額を計算することとされています（所法67の3③）が、具体的には次のとおりとなります（所基通67の

3-1）。

⑴　法人が対価を負担せずに受益者等となる場合

　委託者が自己の所有する譲渡所得の基因となる資産を信託した時において、その委託者からその法人に対する信託財産に属する資産の贈与となることから、所得税法59条《贈与等の場合の譲渡所得等の特例》1項の規定により、その資産を信託した時における価額に相当する金額を収入金額として、委託者に係る譲渡所得の金額を計算することになります。

⑵　法人が対価を負担して受益者等となる場合

　委託者が自己の所有する譲渡所得の基因となる資産を信託した時において、その委託者から法人に対して、その対価の額により信託財産に属する資産の譲渡があったこととなることから、その対価の額を収入金額として、委託者に係る譲渡所得の金額を計算することになります。

　ただし、この場合において、その対価の額が所得税法59条1項2号に規定する著しく低い価額の対価として所得税法施行令169条に定める額（譲渡資産の譲渡の時における価額の2分の1に満たない金額）であるときは、所得税法59条1項の規定が適用され、その譲渡の時における価額に相当する金額により、信託財産に属する資産の譲渡があったものとみなされることになります。

2　信託に新たな受益者等が存するに至った場合等における信託に係る所得の金額の計算

　次のようなケースの場合についても、上記1と同様の課税関係となります。

　①　適正な対価を負担せずに信託に新たな受益者等が存するに至った
　　　場合において、その信託の新たな受益者等となる者が法人であり、

かつ、その信託の受益者等であった者が個人である場合（所法 67
の 3 ④）

② 　信託の一部の受益者等が存しなくなった場合において、既にその
信託の受益者等である者が法人であり、かつ、その信託の一部の受
益者等であった者が個人である場合（ただし、適正な対価の負担のな
い場合に限る。）（所法 67 の 3 ⑤）

③ 　信託が終了した場合において、その信託の残余財産の給付を受け
るべき、又は帰属すべき者となる者が法人であり、かつ、その信託
の終了の直前において受益者等であった者が個人である場合（ただ
し、適正な対価の負担のない場合に限る。）（所法 67 の 3 ⑥）

Q56　受託者が税務署に提出する書類

信託に関して受託者が税務署に提出すべき書類について教えてください。

解説

1 　「信託に関する受益者別（委託者別）調書」等の提出

受託者は、次に掲げる事由が生じた場合に、その事由が生じた日の属
する月の翌月末日までに「信託に関する受益者別（委託者別）調書」及
び「信託に関する受益者別（委託者別）調書合計表」の 2 種類の書類を
税務署に提出することとされています（相法 59 ③、相令 30 ②）。

① 　信託の効力が生じたこと（その信託が遺言によりされた場合は、そ
の信託の引受けがあったこと）。

② 　受益者等（みなし受益者を含む。）が変更されたこと（受益者等が
存するに至った場合又は存しなくなった場合を含む。）。

③ 　信託が終了したこと（信託に関する権利の放棄があった場合、信託
に関する権利が消滅した場合を含む。）。

④　信託に関する権利の内容に変更があったこと。

　　ただし、一定の事由に該当する場合には、上記調書を提出する必要がありません（相法 59 ③ただし書、相規 30 ⑦）。

2　「信託の計算書」の提出

　信託（集団投資信託、退職年金等信託又は法人課税信託を除く。）の受託者は、その信託の計算書を、信託会社については毎事業年度終了後 1 月以内に、信託会社以外の受託者については毎年 1 月 31 日までに、税務署長に提出しなければなりません（所法 227）。

　信託の計算書は、その信託に係る受益者別に、次に掲げる事項を記載して、受託者の事務所、事業所その他これらに準ずるものでその信託に関する事務を取り扱うものの所在地の所轄税務署長に提出することとされています（所規 96 ①）。

①　委託者及び受益者等の氏名又は名称、住所若しくは居所又は本店若しくは主たる事務所の所在地及び個人番号又は法人番号

②　信託の期間及び目的

③　信託会社は各事業年度末、信託会社以外の者が受託者である信託又は特定寄附信託は前年 12 月 31 日における信託に係る資産及び負債の内訳並びに資産及び負債の額

④　信託会社は各事業年度中、信託会社以外の者が受託者である信託又は特定寄附信託は前年中における信託に係る資産の異動並びに信託財産に帰せられる収益及び費用の額

⑤　受益者等に交付した信託の利益の内容、受益者等の異動及び受託者の受けるべき報酬等に関する事項

⑥　委託者又は受益者等が届け出た納税管理人が明らかな場合には、その氏名及び住所又は居所

⑦　信託が特定寄附信託である場合には、その旨並びに信託契約締結時の信託の元本の額及び信託財産から支出した寄附金の額、支出した年月日その他の定められた事項

⑧　その他参考となるべき事項

なお、各人別の信託財産に帰せられる収益の額の合計額が3万円（その合計額の計算の基礎となった期間が1年未満である場合には、1万5千円）以下であるときは、信託の計算書を提出する必要はありません（所規96②）。

ただし、この規定は、その信託が次に掲げる信託に該当する場合には適用されません（所規96③）。

(a) 特定寄附信託である場合

(b) 収益の額に、租税特別措置法8条の5第1項第2号《確定申告を要しない配当所得等》に掲げる利子等若しくは配当等又は同法41条の12の2第3項《割引債の差益金額に係る源泉徴収等の特例》に規定する特定割引債の償還金若しくは同条1項第2号に規定する国外割引債の償還金で上場株式等に該当する割引債に係るものが含まれる場合

【著者紹介】

安井　和彦

　東京国税局査察部、調査部、課税第一部国税訟務官室、税務大学校教授、東京国税不服審判所国税副審判官、国税審判官、総括審判官、横浜支所長などを経て、平成26年3月退職、税理士開業。東京地方税理士会税法研究所研究員、東京税理士会会員相談室相談委員として活躍中。

【主な著書】

　『逆転裁判例にみる事実認定・立証責任のポイント』、『所得税重要事例集』、『不動産賃貸の所得税Q&A』（税務研究会出版局）、『所得拡大促進税制の手引き：法人税&所得税まるごと解説！』、『税理士のための審査請求制度の手続と理論：実務に役立つQ&A』（税務経理協会）

増渕　実

　東京国税局総務部事務管理課、課税第一部国税訟務官、芝税務署副署長、東京国税不服審判所国税審判官、総括審判官、部長審判官などを経て、平成24年3月退職、税理士開業。関東信越税理士会所属。

【主な著書】

　『所得税重要事例集』、『不動産賃貸の所得税Q&A』（税務研究会出版局）

信託の全景
～法務・税務・活用～

令和3年3月31日　初版第1刷印刷　　　　　　　　　　　　　　（著者承認検印省略）
令和3年4月20日　初版第1刷発行

© 著　　者　　安　井　和　彦
　　　　　　　増　渕　　　実

発 行 所　　税 務 研 究 会 出 版 局
代 表 者　　山　　根　　　　毅

郵便番号100-0005
東京都千代田区丸の内1-8-2
鉄鋼ビルディング
振替00160-3-76223
電話〔書 籍 編 集〕 03(6777)3463
　　〔書 店 専 用〕 03(6777)3466
　　〔書 籍 注 文〕 03(6777)3450
　　（お客さまサービスセンター）

● 各事業所　電話番号一覧 ●

北海道 011(221)8348　　神奈川 045(263)2822　　中　国 082(243)3720
東　北 022(222)3858　　中　部 052(261)0381　　九　州 092(721)0644
関　信 048(647)5544　　関　西 06(6943)2251

当社 HP → https://www.zeiken.co.jp